En réalité

En réalité

Le français par les documents authentiques

David M. Stillman

Ronni L. Gordon

With the assistance of
Hervé Chenu
Lycée Balzac, Tours

HEATH

D.C. Heath and Company
Lexington, Massachusetts/Toronto, Ontario

COVER AND BOOK DESIGNER: Christine A. Beckwith
SENIOR PRODUCTION COORDINATOR: Donna Lee Porter
EDITORIAL SERVICES MANAGER: Marianna Frew Palmer

Sources

Aménager le temps, ministère de la Jeunesse et des Sports, pp. 139–140

Association des Sociétés d'Assurance pour la Prévention en Matière de Santé, brochures, pp. 206–207, 215–216

Codoroute Jeunesse, Écolauto S.A., Lyon, pp. 74–76

Comité français d'Éducation pour la Santé, brochures, pp. 200–210, 220–222

Crédit Commercial de France, brochure, pp. 272–274

L'Essor du Mali: «La FAO toujours préoccupée par la situation alimentaire en Afrique», p. 190

L'Est Républicain: «Une boulangerie proche des consommateurs», p. 37

L'Express Aujourd'hui: «Captez 16 nouvelles chaînes», pp. 281–282

Guide du voyageur TGV, SNCF, pp. 242–243

Le guide pratique de la scolarité, O.N.I.S.E.P., pp. 154–155

Guide pratique du voyageur, SNCF, pp. 96–97

Infos Jeunesse, Service Jeunesse de la Croix-Rouge française, pp. 160–161

Madame Figaro: «Mireille Mathieu va chanter en Chine mais elle ne veut pas le dire!», pp. 91–92

Marie France Sommaire: «La santé en couleurs», pp. 237–238

Ministère des Transports, brochure, pp. 228–230

Que choisir?: «Grand match—pain d'usine/pain de boulanger», pp. 10–11, 15

Secours Catholique, brochure, pp. 180–181

La Tribune du Cameroun: «Plus de 200 jeunes plants ont été mis en terre à Garoua», p. 189

Photograph Credits

Cover: Peter Menzel (Paris)

Mark Antman/The Image Works: pp. 93, 94, 239, 240
Andrew Brilliant and Carol Palmer: pp. 2, 142, 191
Beryl Goldberg: p. 192
Peter Menzel: pp. 1, 39, 40, 141

Published simultaneously in Canada

Printed in the United States of America

International Standard Book Number: 0-669-14311-1

2 3 4 5 6 7 8 9 0

Table des matières

To the Student

The purpose of *En réalité: Le français par les documents authentiques* is to help you learn to read well in French. Reading well means reading the way a native speaker of French does and for the same purposes. In each section of *En réalité* you will read material originally printed in France and other French-speaking countries. You will learn how to approach a new text and how to use what you already know as a basis for extracting the information it contains. A good reader has developed the ability to effectively and productively use techniques such as guessing the meaning of words from their context and determining how the text is organized instead of resorting to word-for-word translation.

As you work through *En réalité* with your teacher and your classmates, you will learn a lot of French, not by memorizing lists of words and expressions, but by using the new language material of each text to express ideas and opinions about the information contained in what you have read. You will use French to share these thoughts with your classmates and to find out what they think.

We hope that you will learn a great deal by reading the authentic texts included in *En réalité*. We think that you will find these readings an exciting and enjoyable way to improve your ability to read and express yourself in French.

To the Teacher

En réalité: Le français par les documents authentiques is a reader designed for intermediate-level (third- and fourth-year high school or second- and third-year college) French. It is composed entirely of authentic materials: realia pieces as well as newspaper and magazine articles from many parts of the French-speaking world. Let us explain how this text is a valuable tool for the student of French.

Traditionally, in foreign language courses, activities grouped under the heading "reading" were similar to listening, speaking, and writing activities in that their primary purpose was language acquisition. Reading was another way of building vocabulary and reviewing verb forms and patterns of syntax. Most of the texts offered to foreign language students were artificially constructed to include those vocabulary items and grammatical constructions that the students had already studied. But in our own language we do not read to improve our command of English (although this may be an unintentional benefit); we read for information. Certainly our current concern for proficiency requires us to see reading in a new light. Reading in a foreign language must mean being able to read for the reason a native speaker does: for content.

What role can authentic materials play in helping students develop true reading proficiency in the target language? They can play many roles. First of all, reading authentic materials means reading what native speakers read. When students are reading labels, menus, warning signs, instructions, advertisements, notices, newspaper and magazine articles, and so on, they are reading material written not for American students of French, but for *French speakers* by *French speakers*. Therefore the purpose of the authentic texts is to communicate information—not to teach French. When a foreign student of French reads these materials, he or she participates—through use of the reading skill—in the life of French-speaking people.

Second, authentic materials have unimpeachable cultural validity. They are prepared by and for bearers of the culture, usually within the cultural milieu, and they reflect all the cultural assumptions and knowledge shared by native speakers. Learning the cultural assumptions that lie behind the text offers the students insight into French culture. The cultural material is all the more meaningful because it helps them to read better. They learn about French culture not because there is a section about it in their textbooks, but because they need to understand a particular aspect of it in order to apprehend correctly the content of the text they have at hand. In other words, authentic materials are excellent examples of the interaction of language and culture.

Third, authentic materials can lead to meaningful reactive activities in the classroom. They can provide the basis for communication activities that resemble those of native speakers who react to and discuss the content of what they read. In an authentic situation, people don't answer questions about a text; they express their opinions about it, verify its claims, act on its advice, and perform other similar activities based on the informational content of what they have read.

In addition, reading authentic materials *does* help students to improve their command of French. Because of its carefully selected materials, *En réalité* provides texts and activities that spring from practical, real-life situations, and the vocabulary items that the materials contain are precisely the ones a foreigner needs to know. Thus students improve their ability to use French to communicate and solve problems in a variety of high-frequency situations. Put simply, authentic materials serve to develop proficiency.

En réalité brings authentic materials and their benefits to the French-language classroom. The selection of documents was made in consultation with high school and college teachers; portions of the manuscript were tested in classes at Brookline High School, Brookline, Massachusetts, and at Harvard University.

The book contains six chapters, each consisting of five or six sections. Each section is built around one or more realia pieces from France and other French-speaking countries. At the end of each of the six chapters there is a section called "Du kiosque," which features an article taken from a French-language newspaper or magazine. Each article is related to the topic of the chapter and is accompanied by a prereading orientation, a vocabulary, and comprehension activities. The reading of the realia pieces thus leads to the reading of authentic, connected prose.

Each section in *En réalité* contains the following elements:

1. Prereading

Introduction An introduction to the authentic text that prepares the students for what they are going to read, thus guiding their expectations as to content, vocabulary, and probable thrust of the message. This section is written in French.

Pour faciliter la lecture Hints for reading that encourage a global approach to the texts rather than an attempt to read by word-for-word translation. The section may contain notes about the structure of the texts, hints on scanning for outstanding features, vocabulary preparation, notes on cognates and on crucial grammatical patterns and their relationship to certain semantic functions.

Abréviations   Abbreviations that occur in the realia pieces with full French meanings and English translations if necessary.

Notes culturelles   Cultural features in the text that have to be clarified for the foreigner if he or she is to comprehend the text's message. Written in French, the cultural notes explain assumptions and bits of knowledge that all native speakers share, but that a foreigner may be totally unaware of.

2. The texts and reference material

Realia pieces   The authentic documents. (Teachers should note that, in order to preserve authenticity, accent marks have not been added to capital letters in the realia pieces if they were absent in the originals.)

Vocabulaire and **Expressions**   Words and expressions occurring in the authentic texts listed for reference only. It is expected that the students will comprehend most of the authentic documents after prereading preparation. The ''Vocabulaire'' and ''Expressions'' lists will also be useful for teachers who wish to use the texts as a basis for expanded language practice.

Supplément   Listed in the ''Vocabulaire'' section, these additional words and expressions are thematically related to the authentic documents of the lesson. In selecting them, the authors have tried to anticipate the ideas that the students will want to express in French in the communicative exercises. Only certain sections have a ''Supplément.''

3. Comprehension, expansion, and personalization (''Activités'')

Pour la compréhension du texte   Comprehension questions eliciting responses that verify the students' understanding of the text. These questions cover both details of the text and global interpretation.

Prenez la parole!   This activity moves the students from comprehension verification to personalization. When we read something, we automatically relate it to our own lives. We read for many different purposes, but each is relevant to us. ''Prenez la parole!'' contains questions that enable the students to talk about the content of the realia pieces in the context of their own experience.

Exercice de vocabulaire   A variety of exercise types designed to help the students absorb some of the more important words and expressions of each section.

Prenez la plume!   This section provides ways of reacting in writing to the content of the realia piece(s) of each section. The students may be asked to write a composition related to the text, or to design an ad or a list similar in style to the one they have read, but using content that reflects their own experience. They may be instructed to use some of the syntactical patterns of the text to perform various functions, such as giving advice or giving instructions. Most of the sections also include sentences for translation into French. These sentences are based on the words, expressions, and supplementary vocabulary in the "Supplément" section.

4. Communication

La présentation orale In this section the students are encouraged to react to the authentic texts in a variety of ways. "La présentation orale" contains two types of communication activities. The first of these is a dialog in which various techniques are used to lead the students to converse on topics related to those of the realia pieces. In many cases the students are asked to use the material of the section as a basis for carrying out an important linguistic function. For instance, in the section on traveling to the United States, the students try to convince each other about the best means of transportation for getting around the country. Additional French-language material is presented in order to make the dialog sound as authentic as possible. By performing activities like this one, the students use the realia pieces the way natives do.

The second communication activity of "La présentation orale" directs students to prepare reports, take surveys, or organize debates on aspects of the realia pieces. Again, these activities spring from the content of the texts and encourage reactions to that content that closely resemble those of the native French speaker.

Thus *En réalité* is effective for both the teaching of reading and the teaching of language. Improvement in the students' command of French derives not only from using the language to acquire information, but also from performing specifically designed language-learning activities such as those described above. It should be noted that these exercises work to develop communicative competence because they provide opportunities to acquire the vocabulary and structural patterns necessary for effective and authentic communication in French.

Using *En réalité* in Class

Learning to read effectively and efficiently involves approaching the text in three major stages: prereading, reading, and postreading—or preparation, reading, and integration. The teacher's role in class (facilitated by the structure of *En réalité*) is to organize lessons that incorporate these three phases. Prereading activities are those that define the students' expectations about what they are going to read. Among the appropriate questions a teacher can ask at this stage are the following:

A. What kind of information would you expect a menu (clothing advertisement, antismoking brochure, caterer's business card) to contain?
B. How would you expect this information to be organized?
C. Do you know any words that you would expect to see in this text?

In *En réalité* the text to be read is described in the "Introduction." After the students have been oriented as to what kind of document they are going to read, the teacher can show them how to skim and scan the text. The "Pour faciliter la lecture" section often gives suggestions for these techniques. The students can scan for headings that give clues to the structure of the content, key words, numbers, and so on. The teacher can, at this stage, make the students aware of cognates as well as any false cognates or double meanings that might mislead them. (*En réalité* points these out in the prereading sections.) The teacher should make sure that the students read the cultural notes as part of the prereading activities so that they can approach the text with more or less the same background of assumptions and knowledge that native speakers have.

For instance, for the section in Chapter 4 entitled "Le chemin de l'égalité: les femmes en France," the notes give the students clues as to how to approach the material and what to look for. Their attention is called to the different ways of organizing information in each type of text. The teacher can go through the authentic documents one by one with the students and discuss with them the structure of the information.

After this prereading phase, what should the reading phase consist of? Current research claims that reading means checking the validity of the assumptions made during the prereading phase and understanding the organization of the information contained in the text: lists, descriptions, comparisons, implications of cause and effect, and the like. For instance, if the students expect to see the types of work women do in the chart called "8 852 000 femmes travaillent," they should be able to point out where that information appears and how the different types of work are divided into categories. If they expect the article called "L'ADI: Agence de l'Informatique—Les femmes aussi . . ." to discuss what kind of work women are doing in computer science, they have to check their assumption by reading. After reading, they should be able to back up their claim by citing evidence from the text itself.

Once the students have read the documents and validated their assumptions about them, the teacher may ask the comprehension questions ("Pour la compréhension du texte"), either as an additional comprehension check or as a language-practice activity. Then the class should proceed to the personalization sections such as "Prenez la parole!". The "Exercice de vocabulaire" and "Prenez la plume!" may be assigned as homework. The "Prenez la plume!" section asks students to write a composition about a topic related to equality for women: affirmative-action measures. Expressing their ideas about the issues raised in the authentic documents will emphasize the value of the content (as opposed to the linguistic forms) and will prepare them for the communication activities.

The communication activities in "La présentation orale" further integrate the material read with the students' own experience and knowledge. French becomes a means of learning about their classmates and of exchanging ideas. In "Le chemin de l'égalité: les femmes en France," the students are asked to discuss the equality of women and to take a survey about the work situation of the mothers of their classmates.

For the newspaper and magazine articles in the "Du kiosque" section at the end of each chapter, similar procedures can be adopted. Since in these sections the reading selections consist of connected prose, strategies such as skimming paragraphs for general meaning, scanning for key words, identifying families of words, analyzing the structure of the text, and refining that analysis during the reading phase are especially helpful. Guessing the meaning of new words from their context will also be an important aspect of reading authentic prose.

En réalité includes a French-English end vocabulary that contains all the words in the text except for easily recognized cognates and pre-intermediate-level words.

The careful review that *En réalité* was subjected to in manuscript and the extensive testing done with students in high school and college classes show that it is a highly effective and productive tool for teaching reading in intermediate-level French classes. *En réalité* teaches reading in an authentic cultural context and makes language practice a meaningful communication activity that motivates students and enhances their proficiency in French.

David M. Stillman
Ronni L. Gordon

REFERENCES

Babcock, Arthur E. "Teaching Reading: Asking the Right Questions." *Foreign Language Annals,* 18 (1985), pp. 385–387.

Bernhardt, Elizabeth Buchter. "Toward an Information Processing Perspective in Foreign Language Reading." *Modern Language Journal,* 64 (1984), pp. 322–331.

Carrell, Patricia L. "Schema Theory and ESL Reading: Classroom Implications and Applications." *Modern Language Journal,* 64 (1984), pp. 332–343.

Melendez, E. Jane, and Pritchard, Robert H. "Applying Schema Theory to Foreign Language Reading." *Foreign Language Annals,* 18 (1985), pp. 399–403.

Swaffar, Janet K. "Reading Authentic Texts in a Foreign Language: A Cognitive Model." *Modern Language Journal,* 69 (1985), pp. 15–34.

Acknowledgments

En réalité: Le français par les documents authentiques could not have been written without the help and support of many dear friends from French-speaking countries. We are especially grateful to the following people for their generous efforts in helping us gather the material for this book:

Mlle Sophie Bracco (*Ajaccio*)
Mlle Anny Caudry (*Saint-Quentin*)
Prof. Louis Coustoulin
  (*Aix-en-Provence*)
Prof. Roswitha Coustoulin
  (*Aix-en-Provence*)

M. Guy Delamarre (*Paris*)
Mlle Paule Guilbert (*Saint-Quentin*)
Dr. Isabelle Philippe (*Genève*)
Les ambassades du Cameroun, de
  Madagascar, du Mali et du Sénégal,
  à Washington, D.C.

We are also indebted to the staff of the Modern Language Department of D.C. Heath and Company, to Roger D. Coulombe, Editor in Chief, and to Gail G. Smith, Managing Editor, for their suggestions and assistance in developing this book, and to Christine A. Beckwith for her original and effective design. And very special thanks go to Lawrence Lipson, our project editor, a true master of his craft whose careful work enhanced every page of *En réalité*. We are grateful for his patience, knowledge, and skill.

We dedicate this book to our children, Alexander Theodore and Miriam Bess, our never-ending source of inspiration.

D. M. S.
R. L. G.

Tout le monde à table!

Tout le monde à table!

- Mangeons au restaurant!
- Pour casser la croûte: le pain français
- Deux produits de l'est de la France
- «À bon vin, point d'enseigne.»
- On va chez le traiteur

Du kiosque — *Croissants chauds à domicile*

Mangeons au restaurant!

Introduction

Celui qui veut manger dans un restaurant en France a vraiment *l'embarras du choix, à commencer par* les grands restaurants marqués avec des étoiles dans les guides touristiques. Il y a aussi des milliers de petits restaurants qui offrent des spécialités intéressantes à des prix plus *abordables*. On trouve *également* des *brasseries* spécialisées dans les repas froids comme la *charcuterie* et la *choucroute* et des *bistros* où l'on peut manger un *steak frites* ou choisir parmi les plats d'un *menu*. Lisez la carte d'un restaurant parisien qui vous offre non seulement un repas délicieux, mais aussi une *vue imprenable* sur la cathédrale Notre-Dame.

too much to choose from/starting with

reasonable/as well/ informal restaurants
cold cuts/sauerkraut/ neighborhood restaurants
steak and French fries
fixed-price meal
unobstructed view

Pour faciliter la lecture

Scan the menu for the categories of dishes. How many are there? Is there a category without a heading? How is it set off from the others? What are the categories of the menu?

Abréviation

suppl.   supplément (*additional fee*)

Note de langue

The preposition **à** is used to label the characteristic ingredient or the style of preparation. For example:

> la salade aux lardons (*characteristic ingredient*)
> le steak de gigot à la provençale (*style of preparation*)

Notes culturelles

1. **Le menu** est un dîner à prix fixe qui comprend l'entrée et le plat principal (et, généralement, le dessert).
2. Remarquez que sur la carte le **p** français au début d'un mot (*ɟ*) ressemble au **j** américain sans le point au-dessus.
3. Le service est de 15% en France. La plupart des cartes indiquent s'il est compris dans le prix du repas ou non.
4. Le mot **maison** employé sur une carte après le nom d'un plat (par exemple, **la terrine de foie gras maison**) veut dire que ce plat est préparé selon une recette (*recipe*) spéciale du chef.

Menu

69 francs service non compris: 15%
(une entrée et un plat au choix)

Les Entrées :

La terrine de Foie gras maison . (suppl. 19 francs)

La Salade aux lardons

La Salade de gésiers confits aux pignous de Pin

L'Assiette composée de deux Terrines maison
à la confiture d'oignon

La Mousse d'avocat à la menthe

La Terrine de saumon tiède au coulis d'écrevisses

Les Œufs cocotte à la tomate

Bouillon d'étrilles en gelée au cerfeuil

L'Assiette scandinave sauce raifort

Les Poissons :

La brochette de Saint-Jacques au beurre de ciboulette

Les plats servis sans entrée : 50 francs
service non compris
15%

Les Viandes

Le confit de canard maison (suppl 20 francs)
L'Aiguillette de canard aux Myrtilles
L'Emincé de rognon de veau dijonnaise
Le blanc de volaille au sabayon de Poireaux
L'Entrecôte Bordelaise à la moëlle
Le steack de gigot à la provençale

Le crottin de chavignol sur toast chaud   20 francs
La salade au roquefort   25 francs
Légumes de saison   15 francs
Supplément beurre   5 francs

Consultez notre carte des desserts

Le Bistro du Port
"NOTRE-DAME"
RESTAURANT

DÉJEUNERS • DINERS • SOUPERS
(jusqu'à 2 heures du matin)
(FERMÉ LE MERCREDI)

Terrasse sur les bords de la Seine, face à Notre-Dame
Cadre 1900

13, quai de Montebello, Paris 5e - 354.81.06

Vocabulaire

abordable reasonable
l'aiguillette *f.* slice(s)
l'avocat *m.* avocado
le bistro (also **bistrot**) neighborhood restaurant
le blanc white (breast) meat
le bord bank (*of river*)
le bouillon broth
la brasserie restaurant serving informal meals (*lit.* beerhouse)
la brochette skewer
le cadre décor
le canard duck
le cerfeuil chervil (*herb*)
la charcuterie cold cuts
la choucroute sauerkraut
la ciboulette chives
la cocotte ramekin, baking dish
composé mixed
compris included

confit preserved (*often in fat*)
la confiture preserves
le coulis broth, sauce
le crottin de chavignol type of goat cheese
l'écrevisse *f.* crayfish (*similar to lobster*)
également as well
l'émincé *m.* thin slices
l'entrecôte *f.* rib steak
l'entrée *f.* first course, appetizer
l'étrille *f.* type of crab
le foie gras pâté made from goose or duck liver (*lit.* fat liver)
le gésier tripe (gizzard) of poultry
le gigot leg of lamb
le lardon bacon bit
la menthe mint
le menu fixed-price meal
la moëlle marrow

la mousse whipped soufflé
la myrtille whortleberry (*European blueberry*)
le pignon de pin pine nut
le plat dish (*food*)
le poireau leek
le raifort horseradish
le rognon kidney
le roquefort fermented sheep's milk cheese
le sabayon sweet sauce
le saumon salmon
scandinave Scandinavian
le service service charge
le souper late-night supper
le steak frites steak and French fries
la terrasse *outdoor section of a café*
la terrine stewpot; pâté
tiède lukewarm, with the chill out
la volaille fowl, poultry

Expressions

à commencer par starting with
(à la) bordelaise in a red-wine sauce (as in Bordeaux, city southwest of Paris)
(à la) dijonnaise in a mustard sauce (as in Dijon, city southeast of Paris)
à la provençale with garlic and tomatoes

au choix as you choose, chosen by you
en gelée in aspic (*savory gelatin mold*)
l'embarras du choix *m.* too much to choose from
la vue imprenable unobstructed view

LE RESTAURANT
"LE GRAND MANÈGE"
vous propose
son Menu des 2 Saisons

Pour la compréhension du texte

1. Quand est-ce qu'on peut manger au Bistro du Port?
2. Combien coûte le menu avec le service?
3. Qu'est-ce qu'on vous sert pour 50 francs?
4. Pour quelle entrée faut-il payer un supplément? Pour quelle viande?
5. Combien d'entrées sont à base de terrines? Lesquelles?
6. Quelles entrées sont à base de poisson ou de fruits de mer (*seafood*)?
7. Parmi les viandes, combien de plats de volaille trouve-t-on?
8. Combien de recettes régionales sont représentées sur la carte?
9. Quelles fines herbes est-ce qu'on emploie dans la préparation des plats?
10. Pourquoi n'y a-t-il pas de desserts sur la carte?

Prenez la parole!

1. Qu'est-ce qui vous fait penser que dans ce restaurant on ne sert que des légumes frais?
2. Le Bistro du Port est un restaurant parisien typique. Comparez la variété des plats proposés ici avec ceux qu'on trouve dans un restaurant typique de votre ville.
3. En quoi consiste le génie de la cuisine française? Pouvez-vous en parler un peu d'après (*according to*) les plats qui paraissent sur la carte du Bistro du Port?
4. Lisez la carte avec soin et imaginez-vous assis à la terrasse du restaurant, face à Notre-Dame. Il est neuf heures du soir et la cathédrale est illuminée. Dans ce cadre unique au monde, quelle entrée et quel plat de résistance (*main course*) commanderiez-vous?
5. Si vous pouviez retourner au restaurant une autre fois, qu'est-ce que vous choisiriez comme entrée et comme plat de résistance?

Exercice de vocabulaire

Classez ces aliments selon les catégories proposées à la suite de cette liste.

entrecôte	veau	sabayon	raifort	poireau	ciboulette
saumon	canard	coulis	roquefort	crottin	rognon
foie	lardon	gésier	avocat	menthe	tomate
bouillon	étrille	gigot	écrevisse	cerfeuil	myrtilles

(1) *poissons et fruits de mer*   (2) *viandes*   (3) *fruits*   (4) *fines herbes et légumes*

(5) *fromages*   (6) *sauces et liquides*

Prenez la plume!

Rédigeons (*Let's write*) **une carte de restaurant**

Est-ce que vous sauriez rédiger une carte de restaurant en français? Imaginez que tout d'un coup arrivent à votre école 50 étudiants français qui ne parlent pas un mot d'anglais. Comment pourraient-ils manger au cafétéria de l'école? Faites une carte des plats d'une journée typique (ou une carte composée des repas de plusieurs journées) pour orienter les nouveaux étudiants francophones (*French-speaking*). Suivez de près le modèle de la carte du Bistro du Port. L'ironie n'est pas interdite.

La présentation orale

- **Conversation:** *Allons manger au Bistro du Port*

  Vous êtes à Paris et vous avez décidé de dîner au Bistro du Port. Comme tous les restaurants français, celui-ci a affiché (*has posted*) sa carte à l'extérieur selon la réglementation nationale. Vous avez donc pu lire la carte pour voir s'il y a des plats qui vous tentent. Présentez avec un(e) camarade de classe une scène au restaurant. Il y a deux personnages: le garçon et le client (la cliente).

  1. Le client entre dans le restaurant et le garçon le salue. Le client demande au garçon une table à la terrasse.
  2. Après avoir fait asseoir le client, le garçon lui donne la carte.
  3. Le client pose des questions sur deux des entrées (par exemple, la façon de préparer le plat, s'il a un goût salé [*salty*], sucré [*sweet*], épicé [*spicy*], si c'est une entrée chaude ou froide, etc.).
  4. Le garçon demande quel plat de résistance le client va choisir: *Et comme viande? Et ensuite?*
  5. Le client pose des questions sur une des viandes ou sur le poisson ou demande ce que le chef recommande. Puis il commande un des plats.

- **Rêvons** (*Let's daydream*) **un peu**

  Vous parlez avec un ami de vos repas dans les restaurants de Paris. Chacun dit à l'autre ce qu'il a mangé et porte aux nues (*praises to the skies*) les vertus de chaque plat. Voici quelques adjectifs utiles pour les éloges (*praises*) culinaires:

  délicieux (délicieuse) delicious
  exquis(e) exquisite
  extraordinaire extraordinary
  savoureux (savoureuse) very tasty
  très bien préparé(e) very well prepared

  et quelques adverbes pour rehausser (*to enhance*) les adjectifs:

  absolument absolutely
  incroyablement incredibly
  tout à fait quite
  vraiment really

Pour casser la croûte: le pain français

Introduction

Beaucoup d'Américains, quand ils pensent à la France, voient l'image d'un homme portant un béret avec une *baguette* sous le bras. La baguette est *en effet* un symbole de la France. Mais les Français mangent moins de pain maintenant qu'avant — en partie pour *garder la ligne*, un peu parce que la qualité du pain n'est pas ce qu'elle était. Vous allez lire maintenant la description d'un «*match*» entre le pain *d'usine* et le pain *artisanal* du boulanger. C'est la revue «*Que choisir?*» de l'Union Fédérale des *Consommateurs* qui a organisé ce match. En lisant, vous allez voir que tous les pains français ne sont pas longs!

long, thin bread

in fact

keep their figures

(here) contest / mass produced

handmade

Consumers

Pour faciliter la lecture

Two of the three paragraphs that you are going to read have their key sentence first; one has it in the middle. Can you locate the key sentence of each paragraph?

Note de langue

Note the following three uses of the **-ant** form in French:

1. It can be used as an adjective.

   Verb: **croustiller** to be crunchy *or* crisp → Adjective: **croustillant** crunchy, crisp

   La croûte du pain doit être **croustillante.**

   Verb: **gagner** to win → Adjective: **gagnant** winning

   La province est sortie **gagnante** de ce match.

2. It can be used as a verbal form. In this use, which is characteristic of the written language, there is no agreement.

   Six pains **venant** d'Orléans se sont retrouvés aux meilleures places.
   Un seul pain **provenant** de Paris.

   *Six breads **coming** from Orleans found themselves together at the top places.*
   *Just one bread **coming** from Paris.*

3. When preceded by **en** it forms the **gérondif**, a verbal phrase that expresses the time when, the means, or the manner. The **gérondif** is used in both spoken and written French.

   En faisant du bon pain, ils en vendront plus.

   ***By making** good bread, they will sell more.*

Notes culturelles

1. **La baguette** est la variété de pain la plus consommée (*eaten*) en France.
2. **Un conservateur** est un produit chimique utilisé pour prolonger la fraîcheur des aliments. En France l'emploi de conservateurs dans le pain fabriqué par le boulanger est strictement défendu (*forbidden*).
3. Jack Mie est une marque française de pain de mie, préemballé et en tranches.
4. Orléans est une ville de plus de 100 000 habitants à 115 kilomètres au sud de Paris. Elle est située sur la Loire, un des fleuves principaux de France.
5. Pour les Français **la province** veut dire toute la France sauf Paris et la région parisienne.

UNION
FÉDÉRALE
DES
CONSOMMATEURS

N° 156
novembre
10 Francs

grand match
pain d'usine / pain du boulanger

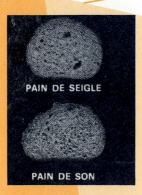

PAIN DE SEIGLE

PAIN DE SON

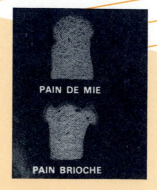

PAIN DE MIE

PAIN BRIOCHE

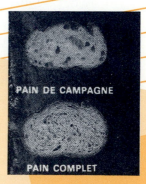

PAIN DE CAMPAGNE

PAIN COMPLET

QUE CHOISIR ?

Les consommateurs sont souvent déçus par le goût trop incertain et la mauvaise conservation du pain qu'on leur propose. Les boulangers sont-ils sur la mauvaise pente ? S'ils ne sont pas vigilants, les Français ne se détourneront-ils pas peu à peu du pain ? Ou achèteront-ils n'importe quel pain industriel inodore et sans saveur ? Nous voulons du bon pain. Ce bon pain est tout à fait réalisable au prix le plus raisonnable. Aux boulangers de le faire. Le grand match que nous avons organisé entre 35 pains spéciaux, de fabrication artisanale et industrielle, se joue sur le terrain des sensations visuelles, olfactives, gustatives.

FINALE TOUTES CATEGORIES

Pain artisanal contre pain préemballé

Sur le plan de la flaveur :
Un grand nombre de pains artisanaux et préemballés se valent dans la médiocrité. On remarque cependant qu'un seul pain artisanal a perdu un match et qu'un seul pain préemballé en a gagné un (ex aequo avec deux pains de boulangerie). La boulangerie traditionnelle l'emporte donc largement sur l'industrie. Un seul pain provenant d'une boulangerie parisienne a été jugé bon alors que six pains venant d'Orléans se sont retrouvés aux meilleures places. La province sort gagnante de ce match.

Sur le plan du naturel :
Là encore les pains de boulangerie sont gagnants : les conservateurs, utilisés dans tous les pains préemballés (sauf Jack Mie) ne sont pas autorisés en boulangerie artisanale.

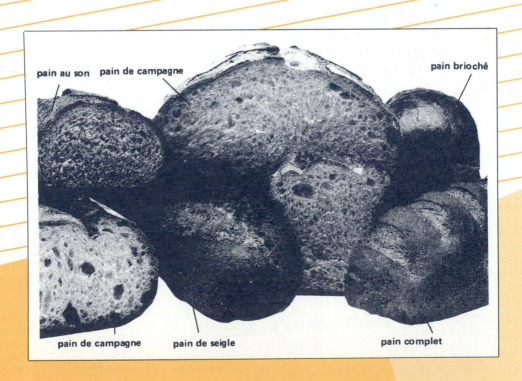

pain au son   pain de campagne

pain brioché

pain de campagne   pain de seigle

pain complet

Vocabulaire

artisanal handmade, made according to old-fashioned techniques

la **baguette** long, thin bread

le **boulanger** baker

cependant however

la **conservation** preservation, staying fresh

le **consommateur** consumer

déçu disappointed

la **fabrication** manufacture

la **flaveur** (*anglicism*) flavor

gagnant winning, a winner

le **goût** taste

gustatif pertaining to the sense of taste

inodore odorless

largement fully, by a lot

le **match** sports meet; (*here*) contest

la **mie** soft inside of the bread (*opposite of crust*)

olfactif pertaining to the sense of smell

le **pain au son** bran bread

le **pain brioché** egg bread

le **pain complet** whole wheat bread

le **pain de campagne** round, rustic-style bread

le **pain de mie** soft-crusted bread (*like American white bread*)

le **pain de seigle** rye bread

préemballer to prepackage

proposer to offer

provenant de coming from

réalisable feasible, achievable

se retrouver to meet again

la **saveur** taste

le **seigle** rye

le **son** bran

l'**usine** *f.* factory

se valoir to be the same as each other

Expressions

à + *noun* + **de** + *inf.* It's up to X to (Aux boulangers de le faire.)

casser la croûte to have a simple meal, have a bite, eat

se détourner de quelque chose to turn away from something

d'usine mass-produced

en effet in fact

être sur la bonne (mauvaise) pente to be on the right (wrong) track (*lit.* slope)

ex aequo (*Latin*) the same, at the same level

garder la ligne to keep one's figure

se jouer sur le terrain de to be played on the field of

l'emporter sur quelqu'un (quelque chose) to have the upper hand over someone (something)

n'importe quel any

sur le plan de (+ *noun*) from the point of view of

Pour la compréhension du texte

1. Est-ce que la qualité du pain français est uniforme? Expliquez votre réponse.
2. Entre quelles «équipes» de pain se joue le grand match?
3. Comment est le pain industriel?
4. Pourquoi tirez-vous la conclusion qu'on a parlé de la hausse (*increase*) du prix du pain artisanal dans le reste de l'article?
5. Qui doit se charger de produire un bon pain?
6. Combien de pains a-t-on jugés dans le test?
7. Quels critères (*standards*) a-t-on utilisés pour juger les pains?
8. Quelles sortes de pains ont gagné ce match? Où est-ce qu'ils sont fabriqués?
9. Pourquoi le pain artisanal est-il plus naturel que le pain préemballé?
10. Quels changements sont nécessaires pour empêcher le déclin du pain français?

le fournil de Pierre

- Fabrication artisanale
- Farines de froment pures sans améliorant
- Pâtisserie et Viennoiserie pur beurre

Prenez la parole!

1. Croyez-vous que le pain soit un aliment important? En mangez-vous beaucoup? Pourquoi ou pourquoi pas?
2. Parlez un peu du pain que l'on achète chez vous. Où est-ce qu'on l'achète? Est-ce qu'on préfère l'acheter préemballé au supermarché ou frais chez le boulanger? Quel goût est-ce qu'il a, ce pain?

acidulé slightly fruity	**fade** tasteless
amer bitter	**poussiéreux** powdery
brûlé burned	**rassis** stale
caoutchouteux rubbery	**(trop) salé** (too) salty
croustillant crunchy, crisp	**savoureux** delicious
(dés)agréable (un)pleasant	**sucré** sugary, sweet

3. Comment mangez-vous le pain d'habitude?

avec de la confiture with jam	**grillé** toasted
beurré buttered	**nature** plain
la **tartine** French bread and butter	

4. Mangez-vous du pain à tous les repas? Sinon, à quels repas en consommez-vous? Quelle sorte de pain?

Exercice de vocabulaire

Antonymes

Reliez (*Link*) chaque mot de la colonne A à son antonyme de la colonne B.

A

1. gagnant
2. croustillant
3. satisfait
4. fade
5. amer
6. d'usine
7. rassis

B

a. savoureux
b. sucré
c. frais
d. artisanal
e. perdant
f. caoutchouteux
g. déçu

Prenez la plume!

- ### Traduisez en français

  1. Prepackaged products don't play a big role at my house.
  2. Manufacturers use too many preservatives.
  3. Their products are often tasteless and odorless.
  4. When you try (*use* **gérondif**) natural products, you begin to turn away from factory food.
  5. Traditional methods (**la méthode**) have the upper hand over industry by a lot.

- ### Soyons des consommateurs exigeants (*demanding*)

  #### Que voulez-vous comme pain?

  Décrivez les qualités que vous, en tant que consommateur, voulez trouver dans votre pain. Parlez du goût, de l'arôme, de la conservation (*ability to stay fresh*), de la croûte, de la mie, et ainsi de suite (*and so on*). Vous pouvez préciser les différences entre le pain frais et le pain grillé parce qu'aux États-Unis nous consommons beaucoup de pain grillé. Présentez votre modèle sous forme de liste.

La présentation orale

- ## Conversation

Le pain joue un rôle beaucoup plus important dans la vie française que dans la vie des pays anglo-saxons. Traditionnellement on achète du pain frais tous les jours chez le boulanger et on en mange à tous les repas. Même l'expression **casser la croûte**, que nous avons utilisée comme titre de cette section et qui veut dire «manger», tire son origine de (*originates in*) la croûte dure du pain français que l'on casse pour rompre le pain en morceaux. Tout repas commence en rompant un morceau de pain. La revue *Que choisir?* a publié avec la description du test ses critères de qualité pour le pain. Lisez le modèle et vous verrez qu'il est assez exigeant.

CE QUE NOUS VOULONS

Nous avons un modèle de pain étalon et sa composition exacte. Voici comment le reconnaître ou le rechercher :

- bien doré, croustillant et bien cuit ;
- à la coupe se dégage une bonne odeur de froment, presque de gâteau, odeur douce et pleine sans aucune composante amère mais parfois légèrement acidulée ;

- la couleur de la mie est jaune crème et non pas blanche. La mie est bien alvéolée mais les trous ne sont pas réguliers et de tailles variées ;
- le goût en est immédiatement savoureux et loin de s'affadir en cours de mastication, le pain dégage de nouveaux arômes.

---

s'affadir   to lose its taste
alvéolé   having small holes
la **composante**   component
la **composition**   ingredients
cuit   baked, cooked
se dégager   to be let off
   (*aroma*)
doré   golden
l'**étalon** *m.*   standard

le **froment**   wheat
la **mastication**   chewing
rechercher   to look for
la **taille**   size

à la coupe   when you cut it
en cours de   during the
   process of

Maintenant décrivez le pain que vous mangez selon les normes de «Ce que nous voulons». Parlez-en avec vos camarades de classe pour voir s'ils ont les mêmes idées que vous sur le bon pain.

● Débat alimentaire

Est-ce que vous préférez les aliments frais ou les aliments préemballés? Pourquoi? Quels aliments frais sont essentiels pour vous? Avez-vous parfois des difficultés à obtenir tous les aliments frais que vous voulez? Y a-t-il des aliments préemballés que vous aimez mieux que la variété naturelle?

Divisez-vous en deux groupes pour discuter de la question des aliments naturels. Un groupe parlera en faveur des aliments naturels; l'autre groupe prendra le parti des produits préemballés et de l'emploi des additifs.

Deux produits de l'est de la France

Two products from
the east of France

Introduction

L'Emmental Grand Cru est un des fromages les
plus apréciés de Franche-Comté, région de l'est
de la France avec sa capitale à Besançon. Cette
région composée de trois départements — le
Doubs, la Haute-Saône et le Jura — est importante *tant sur le plan* industriel *que* sur le plan
agricole. Très *boisée*, la Franche-Comté est occupée en partie par
la chaîne montagneuse du Jura, qui sépare la France de la
Suisse.

both from the . . .
point of view/and
agricultural/wooded

Le fromage joue un grand rôle dans *l'alimentation* des Français. Il est souvent suivi d'un fruit, mais parfois il *sert de* dessert
à la fin d'un repas, la pâtisserie étant réservée au grand repas du
dimanche. Cette coutume est si *enracinée* qu'elle *a donné lieu à*
une expression toute faite. Pour indiquer la fin du repas on dit
en français «**entre la poire et le fromage**».

diet

is used as a

deeply rooted/has
given rise to

Le miel du Doubs est un autre produit de Franche-Comté. Il
est créé par les *apiculteurs* dans une partie du département qui
reste *à l'écart de* la société moderne.

beekeepers

far from

Pour faciliter la lecture

1. You are going to read two advertisements for food products. These are not put
   out for a special brand of cheese or honey but for the product of a particular
   region. What kind of information do you expect such ads to contain? As you
   read them, note the positive features of the products described. Do the ads
   stress tradition more than an American ad would? How?
2. Can you recognize these cognates having to do with food and nutrition?

   le calcium   la protéine
   le gourmet   la vitamine
   le phosphore

Abréviations

kg   kilogramme (*2.2 pounds*)
m   mètre (*approx. 39 inches*)

CREMERIE

Emmental français 45 % M.G., le kg	25,85
Bleu d'Auvergne Richemont 50 % M.G., le kg	29,40
Chaumes 50 % M.G., le kg	37,35
St-Paulin 40 % M.G., le kg	19,25

Notes culturelles

1. **L'apéritif** est un verre pris avant un repas, en général une boisson alcoolisée.
2. Sur le plan administratif, la France est divisée en 96 départements. Il y a aussi les DOM-TOM, les départements et territoires d'outre-mer (*overseas departments and territories*).
3. **Grand cru** est un terme qui s'applique aux vins. Un vin du cru veut dire un vin du terroir, c'est-à-dire d'une terre viticole (*wine-growing*). L'Emmental Grand Cru veut donc dire le meilleur Emmental produit dans les terres spécialisées dans sa production.
4. On appelle **plateau de fromages** les fromages assortis (*mixed*) servis comme dessert à la fin d'un repas.

Dégustez l'Emmental Grand Cru en vrai connaisseur.

Les connaisseurs apprécient le bon goût de l'Emmental Grand Cru. Servez-le en fin de repas sur votre plateau à fromages, il récompensera le palais des fins gourmets.

Délicat et raffiné, le goût de l'Emmental Grand Cru fera merveille dans vos salades, des plus sages aux plus exotiques.

Découpé en petits cubes bien réguliers, l'Emmental Grand Cru sera très apprécié par vos amis au moment de l'apéritif.

L'Emmental Grand Cru est riche en vitamines et apporte 3 éléments essentiels pour une bonne forme et une alimentation équilibrée : le calcium, le phosphore et les protéines.
Il y a autant de calcium dans 30 grammes d'Emmental Grand Cru que dans :
1 kg d'oranges,
1/4 de litre de lait.
C'est un fromage idéal tant pour les enfants en pleine croissance, que pour les adultes.

Syndicat des Fabricants et Affineurs d'Emmentals Traditionnels Grand Cru
26, rue Proudhon - 25000 BESANÇON - Tél. (81) 83.46.13

LES MIELS
EN FRANCHE-COMTÉ

RÉPARTITION GÉOGRAPHIQUE

LA SUISSE →

Vallée 300m.	Zone des plateaux de 400 à 800m.	Montagne de 800 à 1400m.
miel d'acacia miel de fleurs	miel de fleurs	miel de montagne miel de sapin miel de fleurs

Elaboré à partir du nectar des arbres des forêts ou des fleurs des prairies, le miel du Doubs est une garantie de qualité. Accolé à la Suisse, le pays reste traditionnel. La forêt recouvre 40 % du territoire. Les prairies et les pâturages occupent le reste. L'absence de culture exclut l'intervention chimique de l'homme.

DOUCEURS DU DOUBS
LE MIEL
SYNDICAT APICOLE

«MIEL DE FRANCHE-COMTE = QUALITE ASSUREE»

Production artisanale de miels sélectionnés garantie et mise en pots par l'apiculteur

Syndicat des producteurs de miel du Doubs
25115 Pouilley-les-Vignes

Vocabulaire

accolé hugging, right next to
agricole agricultural
l'alimentation *f.* diet, food habits
apicole pertaining to beekeeping
l'apiculteur *m.* beekeeper
apprécier to esteem
artisanal (by) hand (*opposite of* **industriel**)
boisé wooded, covered with forests
la chaîne montagneuse mountain range

chimique chemical
la culture farming
découper to cut up
déguster to taste; to try; to eat
la douceur sweetness
élaborer to prepare
enraciné deeply rooted
équilibré balanced
l'est *m.* east
le goût taste
le gramme gram (*approx.* ⅟₂₆ *of an ounce*)
le litre liter (*liquid measure:* 1.2 *quarts*)

le miel honey
la mise en pots packing in jars
le palais palate
la pâtisserie pastry
le pâturage pasture land
la poire pear
le produit product
raffiné refined
récompenser to reward
recouvrir to cover
la répartition distribution
le sapin fir tree
le syndicat union

Expressions

à l'écart de far from
à partir de starting with
accompagné de accompanied by
au moment de at the time of
autant . . . que as much . . . as
donner lieu à (+ *noun*) to give rise to
en connaisseur like a connoisseur
en fin de repas at the end of a meal
en partie partially

en pleine croissance growing, while they grow
faire merveille to work wonders
jouer un rôle to play a role
mettre en relief to emphasize
pour une bonne forme for keeping fit
servir de (+ *noun*) to be used as a
sur le plan (+ *adj.*) from the . . . point of view
tant . . . que . . . both . . . and . . .

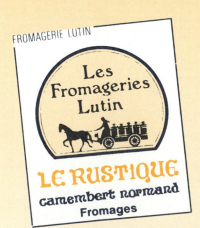

Pour la compréhension des textes

A. Dites si chacune des phrases suivantes sur l'Emmental Grand Cru est vraie ou fausse. Si la phrase est fausse, corrigez-la oralement.

1. Même les grands gourmets aiment le goût de l'Emmental.
2. L'Emmental ne peut pas être employé dans les salades.
3. L'Emmental ne peut pas être servi avant le repas.
4. Il y a beaucoup de vitamines dans l'Emmental.
5. L'Emmental est pauvre en calcium.
6. L'Emmental est le fromage idéal pour les personnes âgées.

B. Répondez aux questions suivantes:

1. Quelles sont les trois suggestions que l'on fait pour déguster l'Emmental?
2. Quand est-ce qu'on doit servir l'Emmental découpé en petits cubes?
3. Quand est-ce qu'on sert le plateau de fromages en France?
4. Quels sont les trois éléments apportés par l'Emmental Grand Cru qui sont essentiels pour une alimentation équilibrée?
5. Comparez le calcium apporté par l'Emmental avec la quantité du même élément apporté par le lait.
6. Quels facteurs géographiques garantissent au consommateur la pureté du miel du Doubs?

Prenez la parole!

1. Quels produits naturels ou biologiques (*organic*) employez-vous?
2. Comment pouvez-vous être sûr de la qualité naturelle d'un produit alimentaire?
3. Quel rôle joue le fromage dans votre alimentation? Quand le mangez-vous?
4. D'où viennent les fromages que vous mangez?

Exercice de vocabulaire

Les maillons (*links*) **de la chaîne**

Complétez les phrases avec les mots qui manquent.

1. La plupart —— fromages français sont délicieux.
2. Il a essayé l'Emmental —— grand connaisseur de fromages.
3. Le fromage —— un rôle important dans la vie des Français.
4. Le pain a donné lieu —— plusieurs expressions communes.
5. C'est l'élément —— moins important —— votre alimentation.
6. On a apporté un beau fromage —— moment —— dessert.
7. C'est un fromage qui —— merveille avec un apéritif.
8. Et il est très riche —— vitamines.

Prenez la plume!

- **Traduisez en français**

  1. The honey is prepared from the nectar of the trees of the forests.
  2. We cut the cheese into little cubes and served it at apéritif time.
  3. This diet is ideal for children who are growing.
  4. There is not as much calcium in vegetables as in cheese.
  5. Forests and pasture lands cover most of the territory.

- **Rédigeons** (*Let's write*) **une annonce**

  Faites une courte annonce (par exemple, une annonce à la radio) pour un fromage américain en suivant le modèle de cette annonce pour l'Emmental. Mentionnez dans votre annonce le nom du fromage, trois façons appétissantes (*appetizing*) de le servir et quelques aspects positifs de son rôle dans l'alimentation du consommateur. Pour commencer vous pouvez dire:

  > Dégustez les tranches (*slices*) de fromage blanc de Kraft en vrai connaisseur.

La présentation orale

- **Conversation**

  Avec un(e) ou plusieurs camarades de classe, posez des questions sur les thèmes proposés ci-dessous et répondez-y en vous fondant sur les informations des deux annonces.

  1. Géographie

     | la Franche-Comté | l'écologie de la région |
     | le Doubs | la répartition géographique du Doubs |

  2. Le fromage

     son rôle dans l'alimentation équilibrée
     son rôle dans l'alimentation des Français
     comment servir l'Emmental Grand Cru

  3. Le miel

     comment il est produit   les raisons de sa pureté

- **Résumé**

  Faites un résumé de ce que vous avez appris sur les produits agricoles de la Franche-Comté d'après (*according to*) les informations que l'on trouve dans les deux annonces et dans l'introduction.

«À bon vin, point d'enseigne.»

"For a good wine, no (need of a) sign."

Introduction

«À bon vin, point d'enseigne» — c'est-à-dire, un bon produit n'a pas besoin de recommandation parce qu'il se recommande de lui-même. Pour beaucoup de vins français, c'est bien vrai: leur réputation les précède quand ils sont exportés à l'étranger. Le vin, comme le pain et le fromage, est une des bases de la culture française. En effet, le vin *fait partie intégrante de l'alimentation* des Français. La *culture* de la *vigne* a été introduite en France par les Grecs, qui ont fondé une colonie à Marseille au 6e siècle *av. J.-C.* Elle *s'est répandue* de Provence au reste du pays avec la conquête de la Gaule par les Romains sous Jules César. Vous allez lire maintenant le *dépliant* d'un *domaine viticole* du *midi* de la France. Le domaine de Roger Sabon se trouve *aux alentours de* la petite ville de Chateauneuf-du-Pape. Ici, tout près d'Avignon, on produit un des *crus* les plus célèbres de la vallée du Rhône.

*is an integral part of the diet
cultivation/vine*

B.C./spread

folder/wine-growing estate/ south

*in the environs of
(special) wines*

Pour faciliter la lecture

Can you recognize the following cognates that appear in the folder of the Sabon vineyard?

la clientèle	prestigieux	la propriété
la maturité	proposer	sélectionner

Note also the following false cognates:

la cave (*wine cellar*)   élevé (*raised*)
l'élaboration (*preparation*)

Abréviation

av. **J.-C**.   avant Jésus-Christ (*B.C.*)

PROVENCE
Château
Vignelaure :
voyage
bien
et vieillit
à merveille

coffrets~cadeaux
PRESENTATION GRAND LUXE

1 porto Burgomestre, «Vieille réserve»
1 champagne Bories-Thomas, Carte Noire Brut   190,00

1 champagne Bories-Thomas, Carte Noire Brut   220,00
1 cognac Payrault, «Petite champagne»***

Notes culturelles

1. Sur l'étiquette de Roger Sabon se trouvent les mots **Appellation Lirac contrôlée.** **Appellation contrôlée** est un terme qui se rapporte aux quatre catégories de vins qu'il y a en France. Cette classification des vins est réglée par des normes établies et contrôlées par le gouvernement. La voici par ordre descendant:

   a. Appellation (d'origine) contrôlée—la meilleure catégorie
   b. Vin délimité de qualité supérieure
   c. Vin de pays
   d. Vin de table sans indication de provenance

2. **Le cru** désigne une terre spécialisée dans la culture (*growing*) du vin. Le vin provenant d'un cru a des caractéristiques considérées comme uniques.
3. La vallée du Rhône est la région autour du Rhône, un des principaux fleuves de France. Le Rhône coule de la Suisse à Lyon et ensuite vers le sud où il se jette dans (*flows into*) la Méditerranée près de Marseille.

Domaine Roger SABON et ses Fils

Nos VINS sont SÉLECTIONNÉS et ÉLEVÉS avec nos meilleurs soins, dans des Foudres de Chêne où ils vieillissent dans l'attente de leur MISE EN BOUTEILLES.

Les CAILLOUX roulés apportent aux VIGNES LA CHALEUR et la MATURITÉ nécessaire à l'ÉLABORATION de nos vins très APPRÉCIÉS de notre clientèle.

Nous vous proposons :

CHATEAUNEUF-DU-PAPE *Blanc*
CHATEAUNEUF-DU-PAPE *Rouge*
LIRAC *Rouge*
COTES DU RHONE *Rouge*
LE SABOUNET 12° *Rouge*

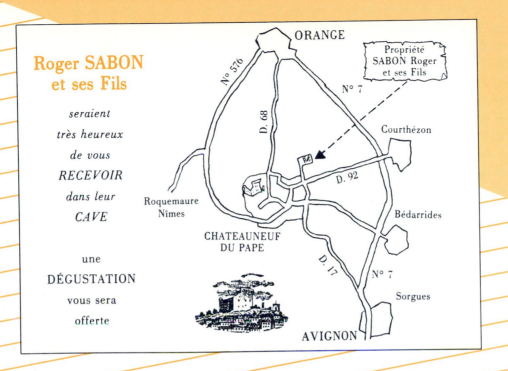

Roger SABON et ses Fils

seraient

très heureux

de vous

RECEVOIR

dans leur

CAVE

une

DÉGUSTATION

vous sera

offerte

Vocabulaire

l'alimentation *f.* diet
apprécier to esteem, value
l'attente *f.* wait, waiting
le caillou (*pl.* **cailloux**) small to medium-sized stone
la cave wine cellar
la chaleur heat
le chêne oak

cultiver to grow (*transitive*)
la culture cultivation, growing
la dégustation tasting
le dépliant folder
le domaine estate
l'élaboration *f.* preparation
le foudre large cask
la gamme range

le midi south (*of France, etc.*)
le récoltant owner (*who harvests own crop*), grower
se répandre to spread
rouler to roll (over)
le soin care
vieillir to grow old, age
la vigne vine
viticole wine-growing

Expressions

«**À bon vin, point d'enseigne**.» ''Good things are their own recommendation.'' (For a good wine, no [need of a] sign.)
à l'étranger abroad
aux alentours de in the environs of
avec nos meilleurs soins with the utmost care

dans l'attente de while waiting for
élever un vin to bring out the qualities of (cultivate) a wine
faire partie intégrante de to be an integral part of
mis en bouteilles bottled

MÉDAILLE D'OR
C. G. A. PARIS

MÉDAILLES D'OR
FOIRES D'ORANGE

DOMAINE LE CLOS DES CAZAUX

APPELLATION COTES-DU-RHONE CONTROLÉE

MIS EN BOUTEILLE PAR L'ACHETEUR

LES FILS DE G. ARCHIMBAUD, PROPRIÉTAIRES-RÉCOLTANTS A VACQUEYRAS (VAUCLUSE) FRANCE

Pour la compréhension du texte

1. Le domaine de Roger Sabon produit combien de vins rouges et combien de vins blancs?
2. Est-ce que les vins sont mis en bouteilles immédiatement?
3. À quoi servent les foudres de chêne? Les cailloux roulés?
4. Où se trouve le domaine de Roger Sabon par rapport aux villes d'Avignon et d'Orange? (au nord de, au sud de, à l'est de, à l'ouest de)
5. Qu'est-ce qu'on offre aux visiteurs de la cave?
6. Que pense la clientèle des vins produits par Sabon?

Prenez la parole!

1. Est-ce qu'on produit des vins aux États-Unis? Dans quelles régions? Pouvez-vous trouver des étiquettes américaines pour les comparer avec celles des vins français que vous avez vues dans cette section?
2. Qu'est-ce que vous allez boire aujourd'hui avec vos repas? (Vous pouvez vous référer au petit vocabulaire qui se trouve un peu plus loin, à la rubrique **La présentation orale.**)
3. Parmi les boissons très appréciées aux États-Unis on trouve les jus de fruits. Les étiquettes des bouteilles ou des boîtes de jus de fruits donnent beaucoup d'informations. Lesquelles pourraient se comparer avec les quatre catégories de vins établies par le gouvernement français?

Exercice de vocabulaire

Les mots apparentés (*related*)

Reliez (*Link*) chaque verbe au substantif ou à l'adjectif qui dérive de la même racine (*root*).

verbes	substantifs et adjectifs
1. vieillir	a. plein
2. attendre	b. appréciation
3. cultiver	c. dépliant
4. soigner	d. vieux
5. déguster	e. mise
6. remplir	f. culture
7. apprécier	g. chaleur
8. chauffer	h. attente
9. mettre	i. dégustation
10. déplier	j. soin

«À bon vin, point d'enseigne.»   **27**

Prenez la plume!

- **Traduisez en français**

  1. They will be happy to receive you on their estate.
  2. This wine has been cultivated with the utmost care.
  3. Their wines age in large oak casks.
  4. The vines need the warmth furnished (brought) by the stones.
  5. A wine tasting will be offered to our clientele.

- **Composition**

  Quelles sont vos idées sur les boissons alcoolisées? En consommez-vous? Quand? Combien? Croyez-vous qu'elles soient mauvaises pour la santé? Comment faut-il les consommer? Autant qu'on désire? Avec modération? Seulement de temps en temps? Pas du tout? Quelles boissons alcoolisées consomment les gens de votre âge? Écrivez un bref paragraphe où vous présentez vos idées à ce sujet.

La présentation orale

- **Conversation**

  Comme nous l'avons vu, les Français considèrent le vin comme un aliment — on le boit à table en mangeant. Qu'est-ce qu'on boit chez vous aux repas? Est-ce que toute la famille boit la même chose? Préparez un exposé (*talk*) où vous parlez des boissons que vous consommez.

  Voici quelques mots qui peuvent vous être utiles.

la **bière** beer	l'**eau minérale** *f.* mineral water
le **café** coffee	le **jus de fruits** fruit juice
le **citron pressé** lemonade	le **lait** milk
l'**eau** *f.* water	le **thé** tea
l'**eau gazeuse** *f.* soda	

  Des débuts de phrases possibles:

  Chez nous on boit + *partitive* + *beverage* à table/aux repas/au dîner.
  Le dimanche toute la famille se réunit à table et nous buvons . . .
  Pour les fêtes on sert + *partitive*
  Notre religion interdit (*forbids*) la consommation de . . .

- **Débat sur les boissons alcoolisées**

  Maintenant vous allez discuter des boissons alcoolisées de différents points de vue: alimentaire, social, moral, religieux . . . Le professeur divisera la classe en deux groupes. Un groupe sera favorable à l'emploi modéré des boissons alcoolisées et contre l'interdiction de ces boissons. L'autre groupe prendra le parti contraire.

On va chez le traiteur

Introduction

Qu'est-ce qu'on fait en France si *on a une faim de loup* et si on ne veut pas aller *faire son marché* et préparer son repas? On va chez le traiteur pour acheter des plats *tout faits*. Dans la boutique du traiteur on peut obtenir un déjeuner modeste pour une seule personne ou *commander* un dîner splendide pour 150 *invités*. Un bon traiteur offre à sa clientèle tous les éléments du repas: hors-d'oeuvre, poissons, viande, légumes, *crémerie, cave*, pains et *pâtisserie*. Regardons maintenant la *carte commerciale* d'un traiteur parisien nommé Layrac.

one is as hungry as a bear (lit. wolf)/do the food shopping

ready-made

order

guests

dairy (cheeses)/wine cellar/pastry business card

Pour faciliter la lecture

1. Layrac's business card organizes its information into lists. How many lists do you see when you scan it? What information does each one contain?
2. Can you recognize these cognate words and phrases that you will find in the text of the business card?

coordonner   la qualité

les détails pratiques   la réception

Notes culturelles

1. Le traiteur français est un peu différent du «caterer» américain. Il ne s'occupe pas seulement des réceptions mais a souvent une boutique où il vend des plats tout faits. Les mets (*dishes*) qu'il élabore sont exposés dans des vitrines somptueuses.
2. **Le petit zinc** est la partie de Layrac Traiteur où l'on peut prendre un café et déguster (*taste*) la pâtisserie. Le mot **zinc** veut dire **comptoir de café** (*café counter*) dans le français familier. Les comptoirs des marchands de vins et des cafés sont souvent revêtus (*coated*) de zinc.
3. **Le lunch** (pluriel: **lunchs** ou **lunches**) et **le cocktail** sont deux anglicismes qui sont aussi des emprunts (*borrowings*) culturels: des façons de manger ou de boire imitées des coutumes anglo-saxonnes.
4. **La Muniche** est la partie de la boutique de Layrac spécialisée en huîtres (*oysters*) et choucroutes (*sauerkraut*). On a choisi le nom de Munich, ville allemande, à cause de la choucroute, spécialité allemande.

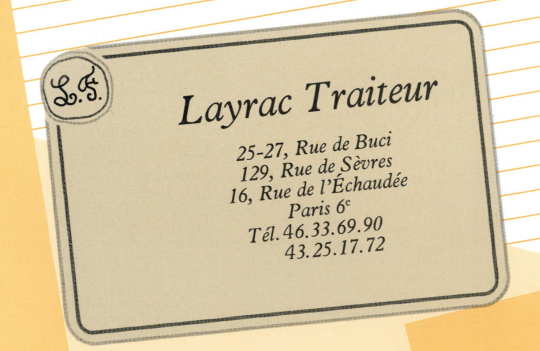

Layrac Traiteur

25-27, Rue de Buci
129, Rue de Sèvres
16, Rue de l'Échaudée
Paris 6e
Tél. 46.33.69.90
43.25.17.72

Les Frères Layrac

Le Petit Zinc
La Muniche
Les Boutiques
Le Service Traiteur

vous proposent...

Pour vos Déjeuners, Dîners, Cocktails, Lunchs à domicile ou en salon, Réceptions de toute importance

... Des produits de qualité élaborés dans leurs nouvelles cuisines centrales de la rue de Sèvres,

... Une équipe attentive qui vous conseillera, coordonnera et veillera à tous les détails pratiques.

- Location de salons, châteaux, bateaux...

Vocabulaire

la **boutique** shop, store
la **carte commerciale** business card
la **cave** wine cellar; selection of wines
  commander to order

  conseiller to advise
la **crémerie** dairy cheeses
le **domicile** residence
  élaborer to prepare
l'**équipe** *f.* team, staff
l'**invité** *m.* guest

la **location** renting
la **pâtisserie** pastry; pastry shop; pastry department
le **produit** product
le **salon** reception hall
le **traiteur** caterer

Expressions

à domicile at your home
avoir une faim de loup to be as hungry as a bear (*lit.* wolf)
de toute importance of any size
faire son marché to do the food shopping (marketing)

tout fait ready-made (*note the feminine:* **toute faite**)
veiller à quelque chose to see to something

Le Chalet Rose
Restaurant-Traiteur de 1er ordre
Cadre chaleureux
Terrasse fleurie
Réservation souhaitée

Avenue du Bois de la Cambre 49

Traiteur
Joseph Thonus
& Fils

Organisation complète de banquets, déjeuners, diners, cocktails, mariages, etc.

Réceptions tout genre.
Cuisine et services soignés.

Avenue des Pinsons 17
Rhode-Saint-Genèse

Pour la compréhension du texte

1. Combien d'établissements et de téléphones ont les Frères Layrac?
2. Où est-ce que Layrac apporte les repas commandés?
3. Trouvez dans le texte une locution que soit le contraire de «à domicile».
4. Comment est-ce que les Frères Layrac peuvent être sûrs de la qualité des produits qu'ils servent?
5. Quels sont les services spéciaux offerts par Layrac Traiteur?
6. Comment est-ce que le personnel de la maison aidera le client?
7. Que demanderiez-vous à Layrac si vous vouliez organiser une réception inoubliable?

Prenez la parole!

1. Est-ce que vous accorderiez votre confiance à Layrac pour une réception importante? Pourquoi?
2. Quels aspects de son service aimez-vous?
3. Est-ce que Layrac offre ce que vous cherchez dans le service d'un traiteur? Précisez.
4. Y a-t-il une boutique de plats préparés de luxe près de chez vous? Comment sont les vitrines? Qu'est-ce qu'on y voit?
5. Est-ce que les supermarchés chez vous font un certain effort pour rendre plus intéressante l'exposition des produits? Est-ce que l'on essaie de donner l'illusion d'une boutique dans certains rayons du supermarché? Donnez des exemples.

Exercice de vocabulaire

Rayez (*Cross out*) de chaque groupe de mots celui qui ne convient pas (*doesn't fit*).

1. crémerie, domicile, pâtisserie, cave
2. traiteur, équipe, invité, loup
3. location, établissement, boutique, marché

Prenez la plume!

- **Traduisez en français**

1. We organize receptions of any size.
2. The caterer sees to all the details.
3. Our staff can coordinate a reception at your home.
4. If you don't want to do any food shopping, you can buy a ready-made lunch at the caterer's shop.

- **Rédigeons** (*Let's write*) **des cartes commerciales**

  Imaginez qu'il vous faut préparer une carte commerciale pour une organisation d'étudiants, pour un établissement commercial ou pour un restaurant. Utilisez la structure de la carte des Frères Layrac:

  1. nom de l'établissement ou de l'organisation comme sujet
  2. expression telle que (*such as*) **vous propose(nt)**, **vous offre(nt)**, **met(tent) à votre disposition** comme verbe
  3. liste de détails

  Un exemple:

  > **L'organisation des étudiants en biologie**
  > **vous propose**
  > **une adhésion** (*membership*) **gratuite pour l'homme ou la femme**
  > **de science de l'avenir** (*futur*).
  >
  > - un colloque (*symposium*) mensuel
  > - des rabais (*discounts*) importants sur les livres scientifiques
  > - l'occasion de connaître d'autres étudiants passionnés par la science

  Faites deux ou trois cartes commerciales pour des associations différentes.

La présentation orale

- **Conversation:** *Comment faire une commande* (*How to place an order*) *par téléphone*

  Téléphonez à Layrac Traiteur pour demander que l'on organise une réception pour vous. Précisez le nombre d'invités, la date, l'occasion — c'est-à-dire l'événement — que vous voulez fêter (*celebrate*) (un baptême [*baptism*], un mariage, le baccalauréat [*secondary school diploma*], la collation d'un titre universitaire [*graduation*], une première communion, un anniversaire, etc.) et le lieu (*place*). Demandez-lui de vous conseiller sur le choix des plats. N'oubliez pas de demander un devis (*estimate*).

  Commencez la conversation de cette façon:

  > VOUS: Allô, 46.33.69.90?
  > TRAITEUR: Oui, monsieur (mademoiselle). Vous désirez?
  > VOUS: . . .

- **Causerie:** *Et pour vos réceptions à Bruxelles, une galerie de traiteurs*

  Qu'est-ce que vous feriez à Bruxelles si vous aviez besoin des services d'un traiteur? Vous chercheriez la rubrique (*section*) **Traiteurs** dans les pages jaunes et vous liriez les annonces. Notez bien que Bruxelles est une ville bilingue — le français et le néerlandais (*Dutch*) y sont officiels. (On emploie parfois le mot **flamand** [*Flemish*] pour se référer au néerlandais de la Belgique.) Vous remarquerez qu'une des annonces, celle de La Mère Morel, est écrite en français à gauche et en néerlandais à droite. Vous n'aurez pas beaucoup de difficulté à lire ces annonces, surtout si vous jetez un coup d'oeil sur (*glance at*) le vocabulaire ci-dessous.

le **détail** retail
le **devis** estimate
le **diplômé** graduate
la **direction** management
le **foie gras** goose liver pâté
le **gibier** game
   gratuit free (*no cost*)
le **homard** lobster
   hôtelier pertaining to hotels
l'**huître** *f.* oyster
le **matériel** (**de table**) tableware
la **poissonnerie** fish store
la **province** the Belgian provinces (*Belgium exclusive of Brussels, the capital*)

le **repas d'affaires** business meal
le **saumon** salmon
le **séminaire** seminar, conference
   soigné careful
la **soirée** evening party

à emporter to take out
d'après according to
en plus de in addition to
sur place at your location
tout genre all kinds

La Mère Morel

Morel depuis 3 generations

SPECIALITES
Tartes aux
légumes - poissons

PLATS A EMPORTER
Vins
Réceptions - Banquets
Séminaires - Mariages
Baptêmes etc...

SERVICE TRAITEUR
Huitres - Homards
Saumon - Foie gras
Gibier

Fermé le lundi

Nouvelle direction

65 Rue Kelle
BRUXELLES 1150

Morel sedert 3 generaties

SPECIALITEITEN
Groententaarten -
vis enz...

MEENEEMGERECHTEN
Wijnen
Recepties - Banketten
Seminaries - Huwelijken
Dopen enz...

DIENST TRAITEUR
Oesters - Kreeften
Zalm - «Foie gras»
Wild

Gesloten op maandag

Nieuwe direktie

Kelle straat 65
BRUSSEL 1150

☎ **(02) 763 10 03**

LA BOUQUETIERE

*SERVICE TRAITEUR COMPLET
A DOMICILE*

BUFFETS - RECEPTIONS
(location de matériel)
Tout est préparé dans notre maison
Cuisines & service soignés
Repas chauds a emporter
Gibier en saison

DEVIS GRATUIT SUR PLACE

Restaurant ouvert le midi
Fermé le dimanche

**Rue Darwin 64
1060 BRUXELLES**

☎ **(02) 343 82 93**

TRAITEUR
J.B. Honnay
*Spécialiste de la belle réception
à domicile*

*Magasin :
42, rue des Carmes
5000 - Namur*

☎ *(081) 22 24 94 (2 lignes)*
Privé : (081) 40 07 65

Maintenant parlez des annonces avec vos camarades de classe. Servez-vous des questions suivantes comme guide.

1. Quels sont les services qui apparaissent dans toutes les annonces sauf celle de La Mère Morel?
2. À part le néerlandais, en quoi l'annonce de La Mère Morel est-elle différente des autres annonces?
3. Quels sont les traiteurs qui ont aussi un magasin de détail? Comment le savez-vous?
4. Quelques-unes des annonces ont un ou plusieurs détails qui les distinguent des autres. Identifiez ces aspects caractéristiques des traiteurs suivants: L'assiette du pêcheur, Grimod, J.B. Honnay, La Bouquetière.

Du kiosque

Croissants chauds à domicile

Le petit déjeuner français — une tasse de café ou de chocolat et un peu de pain avec du beurre (la tartine), parfois un croissant ou une brioche — est simple, mais délicieux. Et chez les boulangers on peut avoir du pain frais tous les matins. Mais à Nancy il n'est plus nécessaire de descendre dans la rue et d'aller chez le boulanger. Une nouvelle entreprise vous apporte des croissants chauds tous les matins!

Avant de lire

1. Nancy est une ville de plus de 100 000 habitants de l'est de la France, en Lorraine. Nancy est un centre industriel et commercial important.
2. Dans l'article que vous allez lire, il s'agit de la création d'une entreprise. L'article en étudie l'évolution de l'idée à la réalisation. Remarquez en le lisant toutes les étapes (*steps*) du développement de l'entreprise.

Une boulangerie proche des consommateurs

Grâce à Chantal, une jeune femme dynamique qui voulait créer une entreprise originale, on peut depuis quelques mois à Nancy être servis chez soi en croissants, brioches et pains au chocolat.

Ça lui trottait dans la tête depuis quelque temps déjà : aussi Chantal Muller, une jeune femme qui voulait créer sa propre entreprise, cherchait ce qui lui conviendrait le mieux, qui n'existait pas encore sur Nancy, qui pourrait rendre des services et qui enfin pouvait être lucratif.

Alors pourquoi ne pas créer un service de distribution de croissants chaque matin à domicile? Avec l'aide d'une amie qui l'aida financièrement, Chantal trouvait un petit local et tandis qu'on l'aménageait quelque peu, elle prit son bâton de pèlerin pour aller chez quelques boulangers amis effectuer des stages de fabrication.

L'achat d'un four, la fabrication des croissants et brioches, des pains au chocolat et des pains à tartiner. Une ligne téléphonique et voilà l'entreprise créée.

Désormais chaque matin, à partir de trois pièces Chantal livre aux particuliers, mais aussi aux comités d'entreprises, aux administrations ces viennoiseries.

Tour à tour Chantal et Antonia fabriquent la nuit et livrent à domicile dès le petit matin leur production au prix de 3 F pièce, livraison comprise. Un service de pizzas chaudes vient d'y être ajouté. Cela méritait d'être dit.

(De *L'Est Républicain*)

VOCABULAIRE

l'achat *m.* purchase
l'administration *f.* government office
aida *simple past of* **aider**
ajouter to add
aménager to fix up, equip, outfit
aussi (*beginning a sentence*) so, therefore
le bâton staff, stick
la brioche French roll made with butter and eggs
le comité d'entreprise worker-management board of a company
compris included
le consommateur consumer

le croissant French crescent roll
désormais henceforth, from that moment on
effectuer to carry out, perform
l'entreprise *f.* business
la fabrication manufacture
fabriquer to manufacture
financièrement financially
le four oven
la livraison delivery
livrer to deliver
le local place, premises
le pain au chocolat chocolate-filled roll

le particulier individual
le pèlerin pilgrim
prit *simple past of* **prendre**
le stage training period
tandis que while
tartiner to butter
la viennoiserie sweet roll

EXPRESSIONS

à domicile delivered to your home
à partir de trois pièces with a minimum order of three pieces
au prix de 3 F (Francs) pièce at a price of 3 francs each
chez soi at one's own home

convenir à quelqu'un to be suitable for someone
dès le petit matin starting in the early hours of the morning
être servi en to be served with
grâce à thanks to
la nuit at night
mériter d'être dit to be worth mentioning
proche de near, close to
quelque peu somewhat
rendre des services to be useful
sur Nancy in Nancy
tour à tour taking turns
trotter dans la tête à quelqu'un to run through someone's head (*said of an idea*)

Pour la compréhension du texte

1. En quoi la boulangerie «Bonjour! . . . Croissants» est-elle différente des boulangeries traditionnelles?
2. Pourquoi est-ce que Chantal a monté (*set up*) cette entreprise?
3. Où a-t-elle obtenu l'argent pour la monter?
4. Quelles sortes de pain est-ce que Chantal fabrique? Comment a-t-elle appris à les faire?
5. Qu'est-ce qu'il a fallu acheter pour fabriquer des croissants?
6. À qui est-ce qu'elle livre ses croissants? Combien coûtent les croissants?
7. Est-ce qu'elle travaille seule? Expliquez.
8. Est-ce que «Bonjour! . . . Croissants» est en expansion? Justifiez votre réponse.

La vie de tous les jours

VARIETES FRANÇAISES

La vie de tous les jours

- **Une semaine de télévision en France**
- **À l'écran à Paris — On va au cinéma ce soir!**
- **La musique: une affaire de goût**
- **Achetons des vêtements!**
- **Sur la route**
- **Les grands moments de la vie**

Du kiosque— *Le secret de Mireille Mathieu*

Une semaine de télévision en France

Introduction

Il y a en France trois *chaînes de service public concurrencées par* trois chaînes privées et par les chaînes *dites* périphériques, c'est-à-dire des pays voisins, comme Radio-Télévision Luxembourg. On présente des films, des *informations*, des séries, des *émissions* culturelles, des matchs . . . Il y a des programmes français et étrangers, et parmi ces derniers beaucoup de programmes américains, que vous reconnaîtrez en *retraduisant* leurs titres français! Lisons les pages de télévision du «*Figaro*»: une présentation des émissions du soir des trois chaînes nationales pour une semaine et «l'audiensomètre» — un *sondage mené* parmi les *téléspectateurs*.

government-run channels in competition with so-called

news broadcasts

translating back Parisian daily paper

poll taken/viewers

Pour faciliter la lecture

Note that in the preview ''Sept Jours de Télévision,'' the type of show (**film, série, variétés**) is the first piece of information given for each program. The photos are of well-known actors and actresses starring in the shows. In the poll ''L'audiensomètre tv-figaro,'' each vertical column totals 100 percent of the viewers sampled. You will also see that the poll asks about more shows than appear in ''Sept Jours de Télévision.''

Abréviation

h   heures

Télévision Française 1

Antenne 2

France-Régions 3

Notes culturelles

1. Les trois chaînes nationales françaises sont: TF1 (Télévision Française 1), A2 (Antenne 2) et FR3 (France-Régions 3). Les chaînes privées sont Canal Plus, La Cinq et TV6. Il y a une autre chaîne périphérique — Télé Monte-Carlo — qui transmet de la principauté de Monaco sur la Côte d'Azur.
2. Maigret, inspecteur de la police française, est un personnage créé par Georges Simenon, auteur belge de langue française dont les romans policiers (plus de 80) sont connus dans le monde entier (*throughout the world*).
3. Les films francais sont: *La belle Américaine* (1961); *La dame de Malacca* (1937); *Une femme mariée* (1964); *Hibernatus* (1969); *Le thé à la menthe* (franco-algérien, 1984).

SEPT JOURS DE TÉLÉVISION

	Lundi	**Mardi**	**Mercredi**	**Jeudi**	**Vendredi**	**Samedi**	**Dimanche**
TF1	FILM 20 h 35 **Soleil vert** Charlton Heston	SÉRIE 20 h 35 **Le Véto** Avec : Sady Rebbot, Marie-Christine Descouard, Anne Teyssèdre	TÉLÉFILM 20 h 35 **Le Grand Môme** Paul Leski	SÉRIE 20 h 30 **Columbo** Avec : Peter Falk, Jack Cassidy, Nehemiah Persoff	VARIÉTÉS 20 h 35 **Grand public** Nana Mouskouri	SÉRIE 20 h 35 **Julien Fontanes, magistrat** Avec : Jacques Balutin, Jacques Morel, Françoise Fleury	FILM 20 h 30 **Jeune et innocent** Derrick de Marney
A2	SÉRIE 20 h 35 **Les Cinq Dernières Minutes** Avec : Raymond Souplex Jean Daurand, Claudine Coster	FILM 20 h 35 **Le Thé à la menthe** Abdel Kechiche	TÉLÉFILM 20 h 35 **Vous êtes avec moi Victoria** Avec : Ludmila Mikael, Jean Sorel, Béatrice Agenin	FILM 20 h 35 **Hibernatus** Claude Gensac	FILM 22 h 50 **Une femme mariée** Avec : Macha Méril, Bernard Noël, Philippe Leroy	VARIÉTÉS 20 h 35 **Champs-Élysées** Sophie Marceau	SÉRIE 20 h 35 **Maigret se défend** Avec : Jean Richard, Robert Manuel, Thérèse Quentin
FR3	FILM 20 h 35 **La Belle Américaine** Robert Dhéry	FILM 20 h 35 **Tony Rome est dangereux** Avec : Frank Sinatra Jill Saint-John Sue Lyon	VARIÉTÉS 20 h 35 **Show MTV Video** Witney Houston	FILM 20 h 35 **La Quatrième Dimension** Avec : Dan Ayroyd Albert Brooks Vic Marrow	SÉRIE 20 h 35 **Cinq Filles à Paris** Sophie Carle	SÉRIE 22 h 25 **Mission casse-cou** Avec : Michael Brandon Glynis Barber	FILM 22 h 30 **La Dame de Malacca** Edwige Feuillère

l'audiensomètre tv-figaro

Samedi

Sondage samedi soir d'un échantillon de **300** téléspectateurs sur tout le territoire français, réalisé pour *Le Figaro* par Konso-France

	Avant 20 heures		20 heures à 20 h 30		Après 20 h 30	
A1	**20 %**	Cocoricocoboy	**22 %**	Journal	**25 %**	JULIEN FONTANES *Indice de satisfaction : 14/20*
a2	**16 %**	Affaire suivante	**28 %**	Journal	**33 %**	CHAMPS-ÉLYSÉES *Indice de satisfaction : 14/20*
FR3	**4 %**	Championnat de France d'orthographe	**6 %**	Disney Channel	**12 %**	DISNEY CHANNEL *Indice de satisfaction : 14/20*
CANAL PLUS	**2 %**	Top 50	**3 %**	Top 50	**2 %**	BOXE *Indice de satisfaction : N. P.*
LA CINQ 5	**5 %**	Star Trek	**4 %**	Star Trek	**3 %**	LES HOMMES D'ARGENT *Indice de satisfaction : N. P.*
Périphériques	**1 %**	Divers	**2 %**	Divers	**3 %**	DIVERS
	52 %	n'ont pas regardé la télévision	**35 %**	n'ont pas regardé la télévision	**22 %**	n'ont pas regardé la télévision

Note: *Cocoricocoboy* est une émission comique; *Affaire suivante* présente des interviews.

Vocabulaire

la **boxe** boxing
le **casse-cou** daredevil
la **chaîne** channel
le **championnat** championship
se **défendre** to defend
oneself
divers various
l'**échantillon** *m.* sample,
sampling
l'**émission** *f.* broadcast

le **grand public** general
public
l'**indice** *m.* index
les **informations** *f. pl.* news
le **magistrat** magistrate,
judge
mener to take, conduct
(*poll*)
la **menthe** mint, peppermint
le **môme** kid, child (*coll.*)

l'**orthographe** *f.* spelling
réaliser to carry out,
direct
retraduire to translate
back
le **sondage** poll
le **téléfilm** made-for-TV
film
le **téléspectateur** viewer
les **variétés** *f. pl.* variety
show, review

Expressions

concurrencé par in competition with
de service public government-run
le thé à la menthe peppermint tea

Supplément

chouette swell, great, terrific
les **dessins animés** *m. pl.* cartoons
l'**écran** *m.* screen
éducatif educational
embêtant boring, annoying (*coll.*)

ennuyeux boring
l'**enquête** *f.* survey
le **magnétoscope** videocassette recorder (VCR)
passionnant thrilling,
very interesting
le **petit écran** TV
le **reportage** documentary

la **télé en couleurs** color
TV

**allumer (mettre)/éteindre
(fermer) le poste** to turn
on/turn off the set
passer un film to show a
film

2ᴱᴹᴱ CHAINE
20H35 Citations du Président
20H40 Holmes et Yoyo (7ème épisode)
21H00 Journal télévisé de la 2
21H20 Télé-7-Jours
21H40 Série : «Hardcastle and MacCormick» (8ème épisode)
22H30 Variété : « Demain c'est dimanche »

Pour la compréhension des textes

1. Quelles sortes d'émissions est-ce qu'on peut voir le soir en France?
2. Quelles émissions et quels films américains va-t-on passer pendant la semaine, selon «Sept Jours de Télévision»?
3. À quelle heure (selon «L'audiensomètre tv-figaro») y a-t-il des informations à la télé? Sur quelles chaînes?
4. Parmi les trois chaînes de service public (TF1, A2, FR3), laquelle attire moins de téléspectateurs que les autres?
5. À quelle heure trouve-t-on le plus grand nombre de spectateurs devant la télé? À quelle heure est-ce que la plupart des Français ont leur poste éteint?
6. Quel programme a attiré le plus haut pourcentage de téléspectateurs?
7. Quel sport a-t-on présenté à la télé samedi soir? Quel concours (*contest*)?

Prenez la parole!

1. Réfléchissez un peu à l'heure et au jour où l'on présente le «Disney Channel». Ce samedi on a présenté Winnie l'Ourson (*Winnie the Pooh*), Mickey, Donald et Zorro. Qu'est-ce que cela vous apprend (*teach*) au sujet de l'attitude des adultes français envers les dessins animés? Est-ce que l'on aurait passé cette émission à la même heure aux États-Unis? Pourquoi ou pourquoi pas?
2. Regardez les programmes annoncés dans «Sept Jours de Télévision». Quelle émission est-ce que vous choisiriez chaque jour? Pourquoi?
3. Quelles sortes d'émissions est-ce qu'on aime regarder chez vous? Y a-t-il des émissions que tout le monde regarde ensemble?
4. Combien d'heures passez-vous devant la télévision en semaine? Et pendant le week-end? Est-ce qu'on a fait des efforts chez vous pour réduire le nombre d'heures qu'on passe devant la télévision? Pourquoi?

Exercice de vocabulaire

Reliez (*Link*) les définitions de la colonne A aux mots de la colonne B.

A	B
1. enquête d'opinion	a. fermer
2. fraction représentative d'une population	b. championnat
	c. réaliser
3. épreuve finale d'une série de matchs	d. orthographe
4. appareil d'enregistrement d'images	e. sondage
5. personne qui regarde la télé	f. magnétoscope
6. arrêter le poste	g. téléspectateur
7. diriger l'exécution de	h. échantillon
8. manière correcte d'écrire les mots	

Prenez la plume!

- **Traduisez en français**

    1. Please turn off the TV. I want to study.
    2. They took a poll of a sampling of 300 viewers.
    3. We watched the American spelling bee finals last night.
    4. The made-for-TV film was thrilling, but the serial was boring.
    5. The general public likes news and films.

- **Composition**

    Écrivez un paragraphe sur *vos* Sept Jours de Télévision. Ne faites pas simplement une liste des programmes, mais essayez de décrire en termes généraux vos goûts (*tastes*), vos préférences, les heures où vous regardez la télévision, et ainsi de suite (*and so on*). Parlez un peu aussi du rôle de la télévision dans votre vie. Est-elle importante pour vous, ou pourriez-vous vous en passer (*do without it*) sans beaucoup de difficulté?

La présentation orale

- **Enquête**

    Vous allez faire «l'audiensomètre» de votre école. Choisissez un échantillon de 20 étudiants et essayez de connaître leur vie de téléspectateurs. Faites une liste des émissions d'une soirée particulière et calculez le pourcentage de l'échantillon qui a regardé chaque émission. Pour en savoir plus, élargissez (*broaden*) le plan du sondage. Ajoutez-y des questions sur le nombre d'heures que la personne interrogée passe chaque jour devant le petit écran, le nombre de postes de télé dans chaque foyer (*home*), les émissions regardées par les autres membres de la famille, et ainsi de suite. Il serait intéressant aussi de déterminer l'indice de satisfaction pour chaque émission. Chaque étudiant doit essayer de trouver un échantillon différent pour pouvoir ensuite comparer ses résultats avec ceux de ses camarades. Les sondeurs (*pollsters*) peuvent travailler par groupes de deux.

- **Débat:** *La télé — mérites et défauts*

    Est-ce que la télé est une bonne chose? Est-ce qu'elle instruit le grand public? Ou est-elle une menace qui mine (*undermines*) la capacité intellectuelle de notre société? Est-ce qu'elle crée un public mieux informé ou un public plus passif? Organisez-vous en deux groupes — l'un qui défend la télé, l'autre qui l'accuse.

À l'écran à Paris — On va au cinéma ce soir!

Introduction

On the screen in Paris — We're going to the movies tonight!

Est-ce que vous aimez le cinéma? Est-ce que vous y allez souvent? Quelles sortes de films préférez-vous — les films d'aventures ou les films *d'épouvante*, les films romantiques ou les films *policiers*, les comédies musicales ou les drames historiques, les documentaires ou les westerns, les films américains ou les films étrangers? Les 200 cinémas de Paris (beaucoup d'entre eux ont des salles multiples) offrent toutes les semaines des films français, des films étrangers (la plupart américains) et des films classiques. *Vous n'avez qu'à choisir*! Lisons des annonces de films et des *programmes de cinéma*. Est-ce que vous reconnaissez les films américains avec leurs titres français?

horror

detective

All you have to do is choose!
movie listings

Pour faciliter la lecture

1. Remember that the conditional perfect of **devoir** means *should have*. Can you translate these sentences from the ad for the movie *Le caviar rouge*?

   Elle n'aurait jamais dû voir.
   Il n'aurait jamais dû savoir.

2. French film ads do not ordinarily give the name of the theater(s) where you can see the film. To find out where a film is showing, you need to consult a magazine like *Pariscope* or *L'officiel des spectacles*. (See Note culturelle 1.)

Abréviations

av, Av avenue
C.V. carte vermeille (*"red card": for people over 60*)
Étud. étudiants
F francs
h heures
(H) accessible aux handicapés
int.—13 ans interdit (*prohibited*) aux moins de 13 ans

M° métro
mn minutes
0h zéro heures (minuit)
perm permanent (*continuous showing*)
Pl. place (*seat*)
sf sauf (*except*)
suppl. supplémentaire (*additional*)
T.R. tarif réduit

v.f. version française (*foreign film dubbed in French*)
v.o. version originale (*foreign film in the original language with French subtitles*)

Les jours de la semaine: **lun**., **mar**., **mer**., **jeu**., **ven**., **sam**., **dim**.

Notes culturelles

1. Les programmes de cinéma qui paraissent dans cette section sont tirés de deux revues hebdomadaires (*weekly*): *Pariscope* et *L'officiel des spectacles*. Ces magazines publient tous les loisirs de Paris et de la région parisienne. Les mots **Voir films en exclusivité** sur une annonce renvoient à (*refer to*) la section de ces magazines qui s'appelle «Films en exclusivité», où le lecteur trouvera une description du film et les salles où on le passe (*where it is being shown*).

2. Les chiffres 8, 13, 14 (14e) et 15 marquent des arrondissements (divisions administratives) de la Ville de Paris. Paris est divisé en 20 arrondissements.

3. Astérix est le protagoniste d'une bande dessinée (*comic strip*) très appréciée en France.

4. Les Césars sont des prix de cinéma qu'on attribue en France tous les ans. Les Césars sont l'équivalent français des «Oscars» américains.

| **8** | champs-élysées madeleine - st-lazare | **13** | gobelins | **15** | grenelle - vaugirard |

95 MARIGNAN CONCORDE PATHE 27-33 Av des Champs-Elysées. 43.59.92.82. M⁰ Franklin-Roosevelt. Park angle Berri - Champs Elysées. Perm de 13h30 à 24h. Sam séance suppl à 24h. Pl : 33 et 35 F. Pour les — 18 ans et + 60 ans, du Dim 20h au Mar 19h. CV et étud du Mar au Ven aux trois premières séances (sf fêtes). Pl : 23 F. Lun tarif unique : 23 F.
7 salles :
Rocky IV **v.o.** et **v.f.** Dolby stéréo (2 salles).
Salle **v.o.** : séances : 13h55, 16h, 18h05, 20h15, 22h20. Sam séance suppl. à 0h30.
Salle **v.f.** : séances : 14h, 16h, 18h10, 20h15, 22h20. Sam séance suppl. à 0h35.
Haut les flingues **v.o.**
Séances : 13h45, 15h45, 17h55, 20h, 22h05. Sam séance suppl. à 0h20.
Le Caviar rouge
Séances : 13h50, 15h50, 18h, 20h05, 22h10. Sam séance suppl. à 0h20.
Silverado **v.o.**
Séances : 14h, 16h30, 19h10, 21h50. Sam séance suppl. à 0h25.
Retour vers le futur **v.o.**
Séances : 13h30, 15h40, 17h50, 20h, 22h15. Sam séance suppl. vers 0h30.

175 FAUVETTE 73 Av des Gobelins. 43.31.60.74. M⁰ Place-d'Italie. Perm de 13h30 à 24h. Sam Séance suppl. vers 0h15. Pl : 30 F. C.V. : 20 F jusqu'à 18h (sf Sam, Dim). Lun tarif unique : 20 F. Pour les — 18 ans et + 65 ans du Dim 20h, au Mar 19h. Pl : 20 F.
Peur bleue **v.f.** Int — **13 ans** (Mer, Jeu).
Ginger et Fred **v.o.** Dolby stéréo. A partir de Ven.
Subway

| **14e** | alésia montparnasse |

GAUMONT-SUD, 73, av. Général-Leclerc. 43.27.84.50, M⁰ Alésia (H). Pl : 30 F. T.R. 19 F : Lundi et moins de 18 ans, + de 60 ans du dim. 20h au mar. 19h. Etud., C.V. : du lun. au ven. jusqu'à 18h.
1) Séances : 13h40, 16h20, 19h, 21h40. Film 20 mn après :
L'HONNEUR DES PRIZZI
2) Séances : 14h, 16h35, 19h10, 21h45. Film 25 mn après :
TARGET
3) Séances : 13h55, 16h, 18h05, 20h10, 22h15. Film 20 mn après : **L'EFFRONTEE**
4) Séances : mer., sam., dim. 14h, 16h. Film 25 mn après :
◆ **ASTERIX ET LA SURPRISE DE CESAR**

MONTPARNOS, 16, rue d'Odessa, M⁰ Montparnasse, 43.27.52.37. Pl : 32 F. T.R. 21 F : Lundi et moins de 18 ans et + de 65 ans. Jeu. et mar. jusqu'à 19h. Etud., cartes jeunes et militaires (sauf ven. à partir de 19h, sam. et dim.).
1) Séances : 13h25, 15h30, 17h40, 19h45, 21h50. Film 20 mn après. Sam. séance suppl. à 24h :
RECHERCHE SUSAN, DESESPEREMENT
(v.o.)

205 14 JUILLET BEAUGRENELLE 16 Rue de Linois (14 Centre Beaugrenelle). M⁰ Charles-Michel. 45.75.79.79. Pl : 32 F. Etud. C.V., chômeurs (sf du Ven soir au Dim soir et Fêtes) : 22 F. Lun, tarif unique : 22 F. Familles nombreuses : 22 F (sf Sam, Dim).
Soleil de nuit **v.o.** Dolby stéréo.
Séances : 13h55, 16h30, 19h05, 21h40.
L'Honneur des Prizzi **v.o.** Dolby stéréo.
Séances : 13h55, 16h30, 19h05, 21h40.
L'Effrontée
Séances : 14h15, 16h15, 18h15, 20h15, 22h15.
Sans toit ni loi
Séances : 13h40, 15h50, 18h, 20h10, 22h20.
Plenty **v.o.**
Séances : 14h, 16h30, 19h, 21h30.
Target **v.o.**
Séances : 13h30, 15h40, 17h50, 20h05, 22h15.

Poulet contre Privé
La pègre va en baver...

CLINT
EASTWOOD
·
BURT
REYNOLDS

CLINT EASTWOOD BURT REYNOLDS
dans "HAUT LES FLINGUES"
Avec Aussi JANE ALEXANDER MADELINE KAHN
RIP TORN IRENE CARA
RICHARD ROUNDTREE TONY LO BIANCO
Produit par FRITZ MANES
Musique de LENNIE NIEHAUS Histoire de SAM O BROWN
Scénario de SAM O BROWN et JOSEPH C STINSON
Réalisé par RICHARD BENJAMIN

HAUT LES FLINGUES!

TECHNICOLOR ■ □□ DOLBY STEREO ™
Dans certaines salles
DISTRIBUE PAR WARNER COLUMBIA FILM
FROM WARNER BROS
A WARNER COMMUNICATIONS COMPANY

POUR LES SALLES VOIR LIGNE PROGRAMME
Astérix
ET
LA SURPRISE
DE
CESAR

G

ROSANNA ARQUETTE · AIDAN QUINN et MADONNA dans le rôle de SUSAN

Une vie
si scandaleuse
qu'il faut
deux femmes
pour l'assumer!

**RECHERCHE SUSAN
DÉSESPÉRÉMENT**

"Une réussite inégalable dans
l'histoire de l'animation."
la presse unanime.

Walt Disney
PICTURES présente

**Taram
et
Le Chaudron Magique**

□□ DOLBY STEREO ™ DANS CERTAINES SALLES

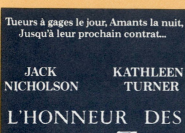

Tueurs à gages le jour, Amants la nuit,
Jusqu'à leur prochain contrat...

JACK
NICHOLSON

KATHLEEN
TURNER

L'HONNEUR DES
PRIZZI

Un film de
JOHN HUSTON

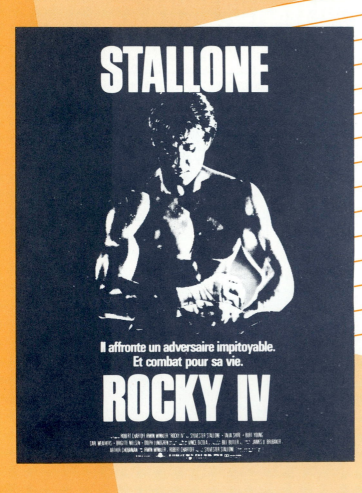

STALLONE

Il affronte un adversaire impitoyable.
Et combat pour sa vie.

ROCKY IV

ROBERT CHARTOFF IRWIN WINKLER "ROCKY IV" SYLVESTER STALLONE · TALIA SHIRE · BURT YOUNG
CARL WEATHERS · BRIGITTE NIELSEN · DOLPH LUNDGREN · VINCE DI COLA · BILL BUTLER · JAMES D. BRUBAKER
ARTHUR CHOBANIAN · IRWIN WINKLER · ROBERT CHARTOFF · SYLVESTER STALLONE

La première fois c'était en mai.
Depuis, à chaque pleine lune,
ça recommence...

PEUR
BLEUE

PRIX LOUIS DELLUC

Marie-Laure REYRE
présente

CHARLOTTE GAINSBOURG

l'effrontée

un film de
CLAUDE MILLER

avec
BERNADETTE LAFONT
et JEAN-CLAUDE BRIALY

Europe 1. ugc

VOIR FILMS EN EXCLUSIVITE

"UN FILM IRRÉSISTIBLE

... 3 fabuleux comédiens héros d'un "suspense" admirablement agencé...

... solos et duos d'une virtuosité et d'une inspiration à couper le souffle."

LE FIGARO

BARYSHNIKOV
HINES

UN FILM DE TAYLOR HACKFORD

SOLEIL
DE NUIT

Distribué par WARNER-COLUMBIA FILM

© 1985 COLUMBIA PICTURES INDUSTRIES, INC.
TOUS DROITS RÉSERVÉS

PARIS 2 Rue Pavillon

12 Nominations aux "CESARS 86"

MEILLEUR FILM
MEILLEURE ACTRICE
MEILLEUR ACTEUR etc...

SUBWAY

ISABELLE ADJANI   LUC BESSON   CHRISTOPHE LAMBERT

À l'écran à Paris — On va au cinéma ce soir!   **51**

VOIR FILMS EN EXCLUSIVITE
LE PREMIER GRAND WESTERN DEPUIS...
LA FIN DU WESTERN !
PREMIÈRE.

SILVERADO

COLUMBIA FILMS .... LAWRENCE KASDAN "SILVERADO" - KEVIN KLINE - SCOTT GLENN - ROSANNA ARQUETTE
JOHN CLEESE - KEVIN COSTNER - BRIAN DENNEHY - DANNY GLOVER - JEFF GOLDBLUM - LINDA HUNT
.... CAROL LITTLETON ...... JOHN BAILEY ...... BRUCE BROUGHTON
...... CHARLES OKUN - MICHAEL GRILLO ...... LAWRENCE KASDAN - MARK KASDAN ...... LAWRENCE KASDAN

Elle n'aurait jamais dû voir.
Il n'aurait jamais dû savoir.

Le Caviar Rouge

Un film de
Robert Hossein
Ecrit par Frédéric Dard et Robert Hossein
Robert Hossein – Candice Patou – Ivan Desny

Un film de Robert Hossein d'après le roman de : Frédéric Dard - Robert Hossein : Éditions Fleuve Noir - Paris. Adaptation et dialogues de Frédéric Dard et Robert Hossein. Musique composée par Jean-Claude Petit et Claude-Michel Schönberg. Gheorghe Zamfir, flûte de Pan. Disques Phonogram. Producteur délégué : Yves Peyrot. Une coproduction franco-suisse Philippe Dussart s.a.r.l. - Slotint - Télévision Suisse Romande (S.S.R.). Distribution Hachette-Première. Diffusion C.I.C.

POUR SALLES VOIR FILMS EN EXCLUSIVITE
AU NOM DU PÈRE ET DU FILS...
EN 1986, PARTEZ DU BON FILM
GENE HACKMAN   MATT DILLON

TARGET

LE NOUVEAU FILM DE ARTHUR PENN   G

Vocabulaire

l'**adversaire** *m.* adversary, enemy
affronter to face
agencé arranged, put together
l'**amant** *m.* lover
l'**angle** *m.* corner of the street
le **chaudron** caldron
le **chômeur** unemployed person
combattre to fight
le **comédien** actor (*not necessarily comic*)
le **contrat** contract
désespérément desperately

l'**écran** *m.* screen
effronté fresh, nervy
l'**épouvante** *f.* terror, fright
la **famille nombreuse** family with 3 or more children
la **fête** holiday
le **film d'épouvante** horror movie
le **film policier** detective movie
le **flingue** weapon (*slang*)
impitoyable merciless
inégalable unequaled
la **pègre** underworld

la **peur bleue** terrible fear
la **pleine lune** full moon
le **programme de cinéma** movie listing
rechercher to seek
le **retour** return, trip back
la **réussite** success
la **séance** performance, showing
le **tarif réduit (T.R.)** reduced ticket price
le **tarif unique** one price for all
le **tueur** killer
unanime unanimous
la **virtuosité** talent, skill

Expressions

à couper le souffle that can take your breath away, breathtaking
à gages hired, for wages
à partir de starting from
en baver to sweat blood

en exclusivité first run (*of movies*)
Haut les flingues! Up with your weapons!
Vous n'avez qu'à choisir. All you have to do is choose.

Supplément

la **caméra** movie camera
le **chef-d'oeuvre** (*pron./ʃɛdœvr/*) masterpiece
le **cinéma d'art et d'essai** art movie theater
le **cinéma de route** drive-in (*rare in France*)
le **cinéphile** movie buff
la **fiche technique** credits (*film*)

le **film muet** silent film
le **film parlant** talking film
les **prises de vue** *f. pl.* shooting (*film*)
le **réalisateur** (la **réalisatrice**) director
la **reprise** revival
le **son** sound

dans ce film il s'agit de this film is about

doubler un film en anglais to dub a film in English
jouer bien (mal) to act well (badly)
jouer le rôle de to play the role of
tourner un film to shoot a film

Pour la compréhension des textes

1. Quels films américains voyez-vous parmi les annonces?
2. Quels noms de réalisateurs français pouvez-vous trouver dans les annonces?
3. Quelles sortes de films sont représentées parmi les titres des annonces?
4. Combien de salles est-ce qu'il y a au cinéma Marignan Concorde Pathé?
5. Quel film passe-t-on dans deux de ces salles? Avec quelle différence?
6. Est-ce que tous les cinémas offrent les mêmes tarifs réduits? Quels groupes peuvent en profiter? Quand?
7. Parmi tous les films annoncés, lesquels pourraient être recommandés aux enfants?
8. Essayez de classer les films suivants à partir de (*based on*) l'annonce: *Le caviar rouge*, *Peur bleue*, *L'effrontée*.
9. Lesquels des cinémas offrent la possibilité de voir un film très tard le samedi?

Prenez la parole!

1. Comment sont les cinémas chez vous? Voyez-vous beaucoup de films en exclusivité? Y a-t-il aussi des cinémas d'art et d'essai ou des cinémas spécialisés dans les reprises?
2. Combien coûte un billet de cinéma dans les salles de votre quartier? Est-ce que les cinémas offrent des séances permanentes? Est-ce qu'il y a aussi des cinémas de route?
3. Combien de fois par mois allez-vous au cinéma? Quels genres de films préférez-vous?
4. Croyez-vous que le magnétoscope (*VCR*) concurrence (*competes with*) les salles de cinéma d'une façon importante? Expliquez votre opinion.
5. Est-ce que vous allez voir de temps en temps des films étrangers? Est-ce que vous préférez la version originale ou la version américaine (c'est-à-dire doublée en anglais)? Connaissez-vous des films français? Lesquels? Est-ce qu'ils vous ont plu?
6. Si vous étiez à Paris et s'il vous fallait choisir un des films dont vous avez vu les annonces, lequel choisiriez-vous et pourquoi?
7. Comparez les horaires des films à Paris avec ceux des cinémas de chez vous.
8. Est-ce que vous avez vu un ou plusieurs des films annoncés ici? Qu'est-ce que vous en avez pensé? Essayeriez-vous de le revoir si vous étiez à Paris?

Exercice de vocabulaire

Complétez chaque phrase avec le mot ou l'expression convenable (*appropriate*).

1. Pour voir des films artistiques, on va dans un cinéma ——.

   a. de route   b. d'art et d'essai   c. salle

2. Je n'aime pas les films ——. Je ne vais voir que les versions originales.

   a. d'épouvante   b. inégalables   c. doublés

3. T'accompagner pour voir encore un film policier avec ces tueurs que tu adores? Ah, non! Tu sais que —— ne m'intéresse point!

   a. la pègre   b. la séance   c. l'écran

4. Regarde toutes ces caméras dans cette rue-là! On dirait qu'on y —— un film.

   a. tourne   b. recherche   c. voit

5. Ce film policier a deux —— excellents.

   a. réalisateurs   b. cinéphiles   c. comédiens

6. C'est très commode (*convenient*) ici. Il y a un parking ——.

   a. au retour   b. à l'angle   c. au son

COLLECTIONNEZ LES AFFICHES DE CINÉMA

Prenez la plume!

- ### Traduisez en français

   1. Let's look at the credits to see the name of the director.
   2. The unemployed have a right to (**ont droit à**) a reduced ticket price.
   3. This detective (police) film is about hired killers.
   4. It's a film that can take your breath away.
   5. There are no performances in the morning.

- ### Composition

   Écrivez un paragraphe sur un film qui vous a plu ou qui ne vous a pas plu. Dites quand vous l'avez vu, avec qui vous êtes allé(e) le voir et pourquoi vous l'avez ou ne l'avez pas aimé. De quoi s'agissait-il dans le film? Quels acteurs y jouaient un rôle? Qu'est-ce que vous avez pensé de l'intrigue (*plot*)? De la photographie? Du dialogue? De la virtuosité du réalisateur ou de la réalisatrice?

La présentation orale

- **Conversation:** *Comment chercher des renseignements sur un film*

  Jouez cette scène avec un(e) camarade de classe. Choisissez un des films des programmes de cinéma par arrondissement et téléphonez au cinéma pour vous renseigner sur les films. N'oubliez pas de dire «bonjour» à la personne qui répond. Parmi les choses que vous pouvez demander, il y a: la langue du film, les heures des séances, si vous pouvez amener vos enfants, s'il y a un tarif réduit pour les titulaires (*holders*) de carte de famille nombreuse, le prix d'un billet . . . Après vous être renseigné(e), prenez congé (*say good-bye*) convenablement de la personne avec qui vous avez parlé.

- **Discussion:** *Comment recommander un film*

  Voici encore une scène à jouer avec un(e) camarade de classe. Est-ce que vous sauriez conseiller à quelqu'un *en français* d'aller voir un certain film? La scène se joue de la façon suivante:

  Pensez à un film que vous avez vu qui plairait à votre ami(e). Conseillez-lui d'aller le voir. Pour commencer la conversation, choisissez un début de dialogue comme:

  > Écoute, Jean-Pierre.
  > Oh, tu sais, Monique . . .
  > Ah, je voulais te dire quelque chose, Sabine.

  Ensuite présentez le sujet de votre conseil:

  > J'ai vu un film épatant (*terrific*)!
  > Si tu aimes les films . . . [genre de film], tu devrais voir . . . [nom du film].
  > Il faut absolument que tu voies le film qu'on passe à . . . [nom du cinéma ou de la ville].

  Maintenant dites à votre camarade trois choses sur le film. Naturellement votre camarade répondra à chaque chose que vous lui direz. Il (elle) finira par vous dire s'il (si elle) a l'intention d'aller voir ce film:

  Réaction positive:

  > Je te remercie de ton conseil. Je vais . . .
  > C'est une excellente idée! Je vais . . .

  Réaction négative:

  > Franchement je ne sais pas si . . .
  > Oh, mais tu sais très bien que je n'aime pas . . .

La musique: une affaire de goût

Introduction

Quel genre de musique aimez-vous le plus? Le rock? Le jazz? La musique populaire? La musique classique? *Quels que soient vos goûts*, vous serez bien servis en France et au Canada, comme vous verrez en lisant les annonces et les textes de cette section. Des concerts de musique classique à Montréal, un nouveau club de jazz à Lyon, une petite *notice* sur le grand compositeur de rock français, Jean-Michel Jarre — lequel des textes parle de votre musique? Auquel des concerts iriez-vous si vous pouviez?

Whatever your tastes may be

note

Pour faciliter la lecture

Note that the names of most musical instruments and their players are cognates in English and French:

la clarinette	le (la) clarinettiste
la flûte	le (la) flûtiste
la guitare	le (la) guitariste
le piano	le (la) pianiste
la trompette	le (la) trompettiste
le violon	le (la) violoniste
le violoncelle	le (la) violoncelliste

LA FLUTE LYRIQUE
au 18ᵉ siècle
Les plus beaux adagios...

Abréviations

boul. boulevard
h, **H** heures
no numéro
OSM Orchestre symphonique de Montréal
rég. régulier
TF1 Télévision Française 1 (*French national TV station*)
4tet quartette (*jazz quartet*)

Bal musette
avec
Jo PRIVAT
ses solistes
et la chanteuse
MURIEL

Notes culturelles

1. Les Concertos brandebourgeois sont une oeuvre musicale pour orchestre très connue du compositeur allemand Johann Sebastian Bach (1685–1750).
2. Ludwig van Beethoven (1770–1827, allemand), Gioacchino Rossini (1792–1868, italien) et Carl Reinecke (1824–1910, allemand) sont des compositeurs du 19ᵉ siècle.
3. La place des Arts est un centre culturel à Montréal.
4. Jean-Michel Jarre est connu à l'étranger pour ses spectacles de rock sur une vaste échelle (*large-scale*), comme celui qu'il a organisé à Lyon pour fêter l'arrivée du Pape Jean-Paul II en 1986. Ses concerts emploient les techniques de son et d'éclairage les plus avancées pour créer ce qu'il appelle un «concert total».
5. Auxerre est une ville située à 162 kilomètres au sud-est de Paris.
6. La place de la Concorde est une vaste place élégante au coeur de Paris avec au centre un obélisque égyptien du temple de Louksor.
7. La Fourvière est une des deux collines sur lesquelles est construite la ville de Lyon, la deuxième ville de France. La Fourvière domine (*overlooks*) la Saône, fleuve important, et le concert de Jean-Michel Jarre a su profiter du site naturel pour ses effets d'éclairage.

TOUT SUR JEAN-MICHEL JARRE

Je suis une fan de Jean-Michel Jarre et j'aimerais tout savoir sur lui : sa date de naissance, où il est né, où il habite, s'il est marié, etc.
Isabelle Raints, 89000 Auxerre.

Jean-Michel Jarre est le fils de Maurice Jarre, un compositeur très connu qui faisait la musique de nombreux films. Jean-Michel est né le 24 août 1948, à Lyon. Depuis toujours il s'intéresse à la musique. Son premier disque « Oxygène » qu'il a composé, interprété et réalisé seul en studio, a été à la tête de tous les hit-parades avec plus de cinq millions d'albums vendus. Il est marié à Charlotte Rampling, l'actrice de cinéma et est père d'une ravissante fillette. Il habite une très jolie propriété dans la région parisienne.

JEAN-MICHEL JARRE

Un son et lumière géant sur petit écran, c'était sur TF1 le 12 septembre dernier, le concert de Jean-Michel Jarre à Houston, enregistré en avril dernier à l'occasion du 25e anniversaire de la NASA. Un million de personnes assistait à cet événement de la part d'un compositeur connu pour ses shows donnés dans quelques-uns des sites les plus prestigieux du monde: place de la Concorde, Place Tien Au Men à Pékin... et le 5 octobre Jean-Michel Jarre donnera un grand spectacle sur la colline de Fourvière à l'occasion de la venue, le 5 octobre à Lyon, du pape Jean-Paul II.

Vocabulaire

l'**abonnement** *m.* subscription
s'abonner to subscribe
Alger Algiers
apprécier to enjoy, savor
la **caisse** savings bank
le **chef d'orchestre** conductor
commanditer to sponsor
le **compositeur** composer
le **concours** contest
conjointement jointly
la **date de naissance** date of birth
diriger to conduct (*orchestra*)
économiser to save (*money*)

enregistrer to record
l'**événement** *m.* event
la **fiducie** trust (*bank*)
la **fillette** little girl
le **flûtiste** flutist
géant giant
le **goût** taste
le **guichet** ticket window
interpréter to perform
le **lauréat** prizewinner
la **lumière** light
le **maître** master, conductor
manquer to miss
montréalais of Montreal
la **notice** note, account
l'**orchestre des jeunes** *m.* young people's orchestra

l'**ouverture** *f.* overture
populaire of the people, people's
prestigieux prestigious
le **prodige** prodigy, genius
la **propriété** estate
ravissant delightful, lovely
réaliser to direct
la **série** series
le **siège** seat
le **site** place
le **son** sound

Expressions

à compter de starting from
à la tête de at the top of
à l'occasion de on the occasion of
assister à to attend
au + *address* at
de la part de by
depuis toujours + *present tense* has always been

en vente on sale
s'intéresser à to be interested in
le son et lumière sound and light show
quel que + *subjunctive of* **être** whatever
sur petit écran on TV
sur une vaste échelle large-scale

Supplément

l'**artiste** *m. or f.* performer

avoir lieu to take place
jouer de + *name of instrument* to play (*an instrument*)
prendre des billets to buy tickets

MERCREDI 25 DECEMBRE à 17 h.
CONCERT DE NOËL
TROMPETTE et ORGUE

Pour la compréhension des textes

1. Combien d'argent est-ce qu'on peut économiser en s'abonnant à la série de concerts Esso à Montréal?
2. Qui est Mi Dori?
3. Quel orchestre dirige M. Jérôme Kaltenbach? Quels morceaux (*pieces*) va jouer cet orchestre?
4. Quel rôle a joué la Fédération des caisses populaires Desjardins dans la présentation du concert de l'Orchestre des Jeunes du Québec?
5. Où est-ce qu'on peut prendre des billets pour ce concert? Pourquoi faut-il arriver de bonne heure?
6. Comment s'appelle le nouveau club de jazz à Lyon? Quand est-ce qu'il va ouvrir ses portes au public? En quoi consiste son programme?
7. Qu'est-ce que vous savez sur la vie personnelle de Jean-Michel Jarre?
8. Comment est-ce que le public a accueilli son premier disque?
9. Quand Jean-Michel Jarre a-t-il donné un concert aux États-Unis?
10. En l'honneur de quel événement important dans sa ville natale de Lyon a-t-il organisé un concert spectaculaire?

Prenez la parole!

1. Parmi les différents types de musique représentés ici, lequel vous intéresse le plus? Est-ce que vous vous intéressez à des genres de musique qu'on n'a pas mentionnés ici? Auxquels?
2. Est-ce que vous avez assisté à des concerts cette année? Auxquels? Combien ont coûté les billets? Où est-ce que vous les avez pris?
3. Est-ce que vous jouez d'un instrument? Duquel? Depuis combien de temps? Si vous n'en jouez pas, quel instrument étudieriez-vous si vous aviez le temps?
4. Est-ce que vous écoutez souvent de la musique? Quel genre de musique? Est-ce que vous préférez les disques, les cassettes ou les «compact discs»? Pourquoi?
5. Est-ce qu'il y a une salle de concerts près de chez vous? Quels concerts est-ce qu'on y offre? Est-ce que vous y êtes déjà allé(e)?

ROLAND HUBERT en accord avec JOHNNY STARK
présente
LA GRANDE RENTREE A PARIS
DE
MIREILLE MATHIEU

Exercice de vocabulaire

Complétez chaque phrase avec le mot convenable (*appropriate*).

1. Cet artiste a très bien —— la chanson.

   a. économisé   b. interprété   c. commandité

2. Un nouveau —— d'orchestre va diriger l'orchestre symphonique.

   a. chef   b. géant   c. fillette

3. Si tu ne prends pas tes billets aujourd'hui, tu vas —— le concert.

   a. réaliser   b. assister   c. manquer

4. Les deux banques ont commandité —— le concert.

   a. depuis   b. prestigieusement   c. conjointement

5. Les billets sont en vente au ——.

   a. siège   b. guichet   c. son

6. Après le concours, les —— ont donné un petit concert.

   a. abonnés   b. fiducies   c. lauréats

Concours de Rock and Roll
avec l'orchestre Roll Over

Prenez la plume!

- **Traduisez en français**

  1. This year we will subscribe to a series of jazz concerts.
  2. We can save a lot of money if we subscribe to all the concerts.
  3. We will buy the tickets at the ticket window of the concert hall.
  4. They are on sale every day from 9:00 A.M. to 5:00 P.M. (*use 24-hour clock*) starting November 1.
  5. We will attend the first concert on January 15.

- **Rédigeons** (*Let's write*) **une annonce**

  Quand aura lieu le prochain concert dans votre école? Rédigez une annonce en français pour cet événement. Vous pouvez suivre le modèle des annonces canadiennes ou inventer votre propre style. L'important est de donner les informations nécessaires: programme avec le nom des artistes, dates, heures, prix des billets, réductions (s'il y en a), et ainsi de suite. Est-ce qu'on vous permettra d'afficher ces annonces dans l'école?

La présentation orale

- ### Conversation: *Au guichet*

  Imaginez que vous travaillez au guichet d'une grande salle de concerts à Montréal. Qu'est-ce que vous diriez à chaque client ou cliente? Jouez la scène avec des camarades de classe.

  CLIENT: Avez-vous des billets pour le concert de ce soir?
  VOUS: . . . (*Répondez affirmativement, puis donnez-lui les prix.*)
  CLIENT: J'en prends quatre à X dollars.
  VOUS: . . . (*Dites-lui que le concert commencera à 8 heures 30 précises.*)

  CLIENTE: Je voudrais savoir quand aura lieu le prochain concert de l'Orchestre des Jeunes.
  VOUS: . . . (*Donnez-lui les dates et les heures [au moins trois].*)
  CLIENTE: Qu'est-ce qu'il y aura au programme?
  VOUS: . . . (*Indiquez-lui au moins deux morceaux qu'on va jouer.*)
  CLIENTE: Donnez-moi s'il vous plaît deux fauteuils d'orchestre (*orchestra seats*) pour . . . (*précisez la date*).

  CLIENT: On m'a dit qu'il y aurait une série de concerts de jazz ici.
  VOUS: . . . (*Dites-lui que c'est vrai et dites-lui quand la série commencera. Offrez-lui un programme.*)
  CLIENT: Les billets sont assez chers.
  VOUS: . . . (*Expliquez-lui qu'il y a une réduction si l'on s'abonne à la série de concerts. Précisez.*)
  CLIENT: . . . (*Choisissez un des jours pour votre abonnement; les concerts auront lieu le vendredi soir, le samedi soir et le dimanche après-midi.*)

- ### Discussion: *La musique à l'école*

  Que doivent faire les écoles pour enseigner la musique? Apprendre aux élèves à jouer d'un instrument? Organiser des classes d'éveil (*introductory activities*) et d'appréciation? Organiser des orchestres? Encourager tous les types de musique, y compris (*including*) le rock? Quelles activités musicales sont déjà à la disposition des étudiants (*available to the students*) dans votre école? Qu'est-ce que les étudiants en pensent?

Achetons des vêtements!

Introduction

La France est depuis longtemps un des premiers pays dans le domaine de la *mode* et de la *haute couture*, mais la plupart des Français *mettent*, comme nous, le *prêt-à-porter*. Pour s'acheter des vêtements on peut aller dans les *grands magasins tels qu'*Au Printemps, établissement commercial parisien qui a des *succursales* dans d'autres villes de la France, ou dans des petites boutiques. Et quand il y a des *soldes* au Printemps, on peut *économiser* sur les «*fringues*», comme vous le verrez dans ce *dépliant*.

fashion
high-fashion dress-
    making/put on
ready-to-wear
    clothes
department stores
    such as
branches
sales
save (money)/clothes
    (*slang*)
folder

Pour faciliter la lecture

1. In these short descriptions of articles of clothing on sale, the fabric that the garment is made of is an important feature. Note that French designates the material by the preposition **en**:

une veste en laine	a woolen jacket
une chemise en coton	a cotton shirt

2. In ads like these the language is often elliptical, that is, parts of phrases and sentences may be left out. For example, the preposition **de** is missing in **semelle cuir** (*leather sole*). Several words are omitted in **Le 8 ans** (= **Le modèle pour garçons de 8 ans**).

Abréviation

cm   centimètre (*2.54 cm = 1 inch*)

le prêt-à-porter

Note de langue

Notice how the different meanings of the English verb *to save* have equivalents in four French verbs:

économiser	to save money (*pay less than expected*)
épargner	to save money (*put money away*)
gagner du temps	to save time
sauver une vie	to save a life

Note culturelle

Les tailles (*clothing sizes*) **et les pointures** (*shoe sizes*) **en France**

Dames: robes et ensembles

Taille américaine:	8	10	12	14	16	18	20
Taille française:	38	40	42	44	46	48	50

Dames: chaussures

Pointure américaine:	6	7	8	9
Pointure française:	36	38	38½	40

Hommes: vestes et pardessus

Taille américaine:	36	38	40	42	44	46	48
Taille française:	46	48	50	52	54	56	58

Hommes: chemises

Taille américaine:	14	15	16	17	18
Taille française:	36	38	41	43	45

Hommes: chaussures

Pointure américaine:	7	8	8½	9	9½	10	11
Pointure française:	40½	42	42½	43	43½	44	45

PRINTEMPS

DU 25 SEPT. AU 5 OCT.

LES 8 JOURS EN OR

A **MOI** LES FOLIES!

Pardessus en cachemire,
col ouvert, croisé,
2 boutons, poches rabat
60 % cachemire,
20 % laine,
20 % polyamide.
1 400 F. **895 F.**

Manteau vison allongé,
grandes emmanchures
(sauf à République
et Tours).
45 000 F. **26 900 F.**

-36%

-35%

-40 %

Botte haute, en cuir lisse
et agneau velours,
semelle cuir, talon 3 cm.
1 125 F. **725 F.**
(sauf à Printemps République
et Nancy).

-35 %

Parka garçon
100 % coton,
doublure moutonnée
100 % acrylique.
Le 8 ans : 399 F. **259 F.**

MOI, JE SUIS RAVIE DE MES FOLIES, ELLES VALENT DE L'OR

-37%

-36%

Ensemble d'intérieur
en satin 100%
soie naturelle,
finitions bord côte
coton.
1250 F. **790 F.**

-38%

PRINTEMPS
LES AFFAIRES EN OR

Veste droite,
2 poches ville,
bouclette,
97% laine, 3% coton,
sans fente.
950 F. **595 F.**

Blouson droit,
agneau voilé.
manches montées,
fermeture zip,
2 poches biais,
2595 F. **1595 F.**

Vocabulaire

l'**affaire** *f.* bargain
l'**agneau velours** *m.* plush lamb's wool
l'**agneau voilé** *m.* type of lambskin
allongé long
le **biais** slant
le **blouson** windbreaker
le **bord** hem
la **botte** boot
la **bouclette** bouclé fabric (*nubby, rough-textured*)
le **bouton** button
le **cachemire** cashmere
le **col** collar
la **côte** ribbing
croisé double-breasted
le **cuir** leather
le **dépliant** folder
la **doublure** lining
droit single-breasted
économiser to save (*pay less*)

l'**emmanchure** *f.* sleeve hole
l'**ensemble** *m.* woman's suit
la **fente** opening, slit (*back of jacket*)
la **fermeture zip** zipper (*usually* la **fermeture éclair**)
la **finition** finishing
la **folie** passion, fondness, extravagance
les **fringues** *f. pl.* clothes, "threads" (*slang*)
le **grand magasin** department store
la **haute couture** high-fashion dressmaking
la **laine** wool
lisse smooth
la **manche montée** sleeve sewn at the shoulder
mettre to put on

la **mode** fashion
moutonné fleecelike
le **pardessus** overcoat
la **poche** pocket
la **poche ville** side pocket
le **polyamide** a synthetic fabric
le **prêt-à-porter** ready-to-wear clothes
le **rabat** flap
sauf except
la **semelle** sole (*shoe*)
la **soie** silk
les **soldes** *m. pl.* (clearance) sale
la **succursale** branch (*of business*)
le **talon** heel
la **veste** sport jacket
le **vison** mink

Expressions

d'intérieur at home, lounging
en or made of gold, golden
être ravi de to be delighted with
valoir de l'or to be worth gold

SOLDES
CUIR

Blousons à partir de	795 F
Pantalons à partir de	490 F
Jupes à partir de	290 F
Robes à partir de	790 F
Tee-shirts à partir de	290 F

Supplément

Vêtements

le **blue-jean** jeans
la **casquette** cap
les **chaussures** *f. pl.* shoes
l'**écharpe** *f.* scarf
le **pantalon** pants
le **pull** sweater
le **T-shirt** T-shirt

Vêtements pour femmes

les **bas** *m. pl.* stockings
le **chemisier** blouse
le **foulard** scarf (*silk*)
la **jupe** skirt
la **robe** dress
le **slip** panties
le **soutien-gorge** brassiere

Vêtements pour hommes

le **caleçon** undershorts
les **chaussettes** *f. pl.* socks
le **costume** suit
la **cravate** tie
le **maillot de corps** undershirt
le **slip** briefs

Pour la compréhension du texte

1. Quel est le vêtement le plus cher de l'annonce?
2. Est-ce qu'il y a quelque chose pour toute la famille? Expliquez votre réponse.
3. Quelle est la différence entre une veste et un blouson? Entre un pardessus et un parka?
4. Parmi les vêtements montrés dans l'annonce, lesquels sont pour l'hiver?
5. Décrivez l'ensemble d'intérieur pour femmes.
6. Est-ce qu'il y a des vêtements de sport ici ou est-ce que ce sont tous des vêtements élégants?

Prenez la parole!

1. Lequel de ces vêtements vous intéresse le plus? Lequel voudriez-vous acheter si vous pouviez?
2. Préférez-vous les tissus naturels comme la laine, le coton et la soie ou les tissus artificiels? Pourquoi?
3. Où préférez-vous acheter vos vêtements? Dans un grand magasin comme Au Printemps ou dans une petite boutique? Pourquoi?
4. Comment s'habillent les étudiants de votre école? Sont-ils très soucieux (*preoccupied*) de leur tenue (*the way they dress*)?
5. Est-ce que la mode et les vêtements sont très importants? Pourquoi?

Exercice de vocabulaire

Classez les mots suivants selon les catégories proposées ci-après (*below*).

coton	doublure	talon	cravate	col
ensemble	manche	costume	laine	bouton
poche	veste	fermeture	chaussette	caleçon
bas	soie	bord	semelle	acrylique

(1) *pour hommes*   (2) *pour femmes*   (3) *tissus*   (4) *parties de vêtements*

AUX TROIS QUARTIERS

17 BD DE LA MADELEINE - PARIS

Prenez la plume!

- ## Traduisez en français

  1. You can save a lot of money if you buy your clothes when there are (clearance) sales.
  2. She is delighted with her new lounging suit.
  3. My windbreaker has a fleece lining, so (**donc**) I'm not cold in the winter.
  4. I put (*present tense*) the same overcoat on every day.
  5. There are bargains in all the branches of this department store.

- ## Composition

  Écrivez un paragraphe de 8 à 10 phrases sur vos vêtements. Où les achetez-vous? De quoi vous souciez-vous le plus (*what are you most concerned about*) quand vous achetez des vêtements: du prix ou du style? Quels vêtements vous vont le mieux (*look best on you*)? Quelle importance attachez-vous aux vêtements?

La présentation orale

- ## Conversation: *Dans une boutique*

  Jouez une scène avec un(e) camarade de classe. Vous allez dans une boutique (ou dans un magasin de chaussures) pour acheter quelque chose. Le vendeur (la vendeuse) vous aide et vous conseille. Choisissez trois vêtements (y compris [*including*] une paire de chaussures, si vous voulez) et posez les questions nécessaires pour décider si chaque vêtement fait votre affaire (*is what you need*). Il vous faudra aussi répondre aux questions du vendeur (de la vendeuse): des questions sur votre taille, sur les couleurs que vous désirez, et ainsi de suite (*and so on*). Regardez la **Note culturelle** (page 66) pour avoir une idée des tailles et des pointures françaises.

  Voici des phrases qui peuvent vous être utiles.

  Pour le vendeur (la vendeuse):

Vous désirez, monsieur (madame, mademoiselle)?	Can I help you, sir (ma'am, miss)?
Quelle est votre taille?	What size do you wear (*clothing*)?
Quelle est votre pointure?	What size do you wear (*shoes*)?
Vous le/la (les) voulez en quelle couleur?	What color do you want it (them) in?
Ça va, monsieur?	How's that, sir?
Nous avons des soldes intéressants.	We have some nice things on sale.
Vous pouvez payer à la caisse.	You can pay at the cashier's.

Pour le client (la cliente):

Je voudrais (J'aimerais) un(e) . . ./ **une paire de** . . .	I'd like a . . ./a pair of . . .
Je fais un (Ma taille est) (40).	I'm a size (40).
Ce pantalon est trop long (court, large, serré).	This pair of pants is too long (short, big, tight).
Je n'aime pas la couleur.	I don't like the color.
Je peux l'essayer (les essayer)?	Can I try it (try them) on?
Ça fait mon affaire.	It's just what I want.

● **Compte rendu** (*Report*): *Les vêtements comme cadeaux*

Quand avez-vous offert pour la dernière fois (*was the last time you gave as a gift*) un vêtement à quelqu'un? Pour quelle raison? Qu'est-ce que vous avez choisi et où l'avez-vous acheté? Est-ce que votre cadeau a plu à la personne qui l'a reçu? Faites un petit compte rendu sur ce sujet (*topic*) ou parlez-en avec un(e) camarade.

Pulls **CACHEMIRE**

TOUS COLORIS — TOUS MODÈLES

Venez juger la qualité et comparez les prix

Maison du Cachemire

9, rue Richepance (dans la cour Fleurie)
métros Madeleine ou Concorde

Sur la route

Introduction

Comme vous le savez sans doute, *rouler* sur la route n'est pas toujours facile. Il faut donc que toute personne *désireuse de passer son permis de conduire* étudie le *code de la route*. Une connaissance des règles est utile aussi pour ceux qui *circulent* à bicyclette. Lisons quelques pages du «*Codoroute Jeunesse*» publié par Écolauto *S.A.* à Lyon. Ce livre explique aux jeunes les règles de priorité et donne des conseils pour *dépasser* un autre véhicule en toute sécurité.

to ride

who wants to take his or her driving test
rules of the road

ride

Inc. (S.A. = Société Anonyme)

pass

Pour faciliter la lecture

1. The rules of the road are expressed in the first person singular so that young readers will learn them almost as slogans describing their own behavior. This is a very effective way of using language to personalize a text. Compare the following three sentences warning children not to play in the road:

   Ne pas jouer sur la chaussée.
   Ne jouez pas sur la chaussée.
   Je ne joue pas sur la chaussée.

2. Notice this potentially confusing pair of words relating to driving:

   passer   to continue on through   **dépasser**   to pass (*move ahead of*)

Abréviation

m   mètre

interdiction de dépasser

Note culturelle

La France est un des pays du monde où il y a le plus d'automobiles. En 1984 il y avait 20 600 000 voitures particulières (*private*) en France, soit (*that is*) 377 voitures pour 1 000 habitants. Aux États-Unis dans la même année il y avait 530,7 voitures pour 1 000 habitants, 401 en Allemagne fédérale, 346 en Italie, 289 en Grande Bretagne et 220,6 au Japon. Parmi les marques de voitures françaises les plus connues, citons Renault, Citroën et Peugeot.

DESCRIPTION DE LA ROUTE

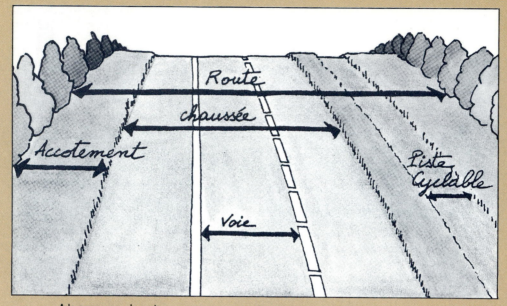

A la campagne : la route.
La piste cyclable est une chaussée exclusivement réservée aux cycles et cyclomoteurs.

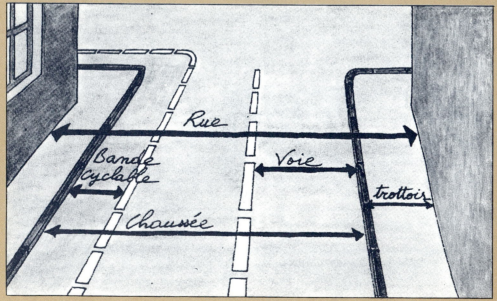

En ville : la rue.
La bande cyclable est une voie de la chaussée exclusivement réservée aux cycles et cyclomoteurs.

LES REGLES DE PRIORITE

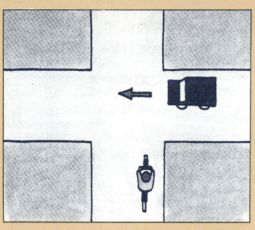

un devoir pas un droit

CAS GENERAL

à la campagne
à la ville

A une intersection, en l'absence de signalisation, je dois laisser le passage à celui qui vient de ma droite.

Une piste cyclable est considérée comme une voie de la chaussée principale qu'elle longe.

LA SIGNALISATION PEUT CHANGER CETTE REGLE

les feux, les signes de l'agent, les signaux

je peux passer

A l'intersection, les usagers de l'autre route doivent me laisser le passage. Cette priorité n'est valable que pour l'intersection annoncée.

La route que j'emprunte est prioritaire, je bénéficie de la priorité de passage aux intersections.

je dois céder le passage

Je m'arrête et je dois laisser passer les véhicules venant de droite et de gauche.

CÉDEZ LE PASSAGE

Je dois laisser passer les véhicules venant de droite comme de gauche. Je m'arrête si c'est nécessaire.

Ma route n'est plus prioritaire. Je respecte la priorité à droite sauf indication contraire

Je dois céder le passage aux véhicules venant à ma droite.

DEPASSER *seulement en toute sécurité.*

Le dépassement est une manœuvre dangereuse : je ne dois l'effectuer qu'en toute sécurité.

Quand je suis sur le point d'être dépassé, je serre à droite sans accélérer.

Avant de dépasser je vérifie que :
- ma visibilité est bonne,
- je ne suis pas sur le point d'être dépassé,
- je ne gêne pas les usagers en face,
- mon allure est suffisante pour dépasser et reprendre ma place.

Alors :
- j'avertis en tendant le bras,
- je vérifie encore derrière moi,
- je me porte à gauche en laissant 1 m pour les piétons et les autres cycles,
- je dépasse rapidement.

Ensuite :
- je tends le bras à droite,
- je reviens progressivement sur ma droite.

Est-ce prudent de dépasser ?
Non, je gêne le véhicule venant en face.

Vocabulaire

l'**accotement** *m.* shoulder (*road*)
l'**agent** *m.* policeman
l'**allure** *f.* pace
avertir to warn
la **bande cyclable** bicycle lane
la **chaussée** roadway
circuler to travel, ride
le **cyclomoteur** motorbike
le **dépassement** passing (*car*)
dépasser to pass (*car*)
le **devoir** duty
le **droit** right (*privilege*)
effectuer to carry out, accomplish

ensuite then, afterwards
le **feu** traffic light
gêner to be in the way of
longer to run, go alongside of
la **manoeuvre** maneuver, move
passer to continue on through
le **permis de conduire** driver's license
le **piéton** pedestrian
la **piste cyclable** bicycle path
prioritaire having priority

la **priorité** priority
progressivement gradually
rouler to ride
la **signalisation** traffic signal (sign)
le **signe** gesture, sign
tendre to stretch out
le **trottoir** sidewalk
l'**usager** *m.* (*here*) user of the road
valable valid
vérifier to check
la **voie** lane (*road*)

Expressions

bénéficier de quelque chose to have the privilege of something
céder le passage to yield (*traffic*)
désireux de who wants (desiring) to
emprunter une route to take (drive on) a road
en face opposite, from the opposite direction
en toute sécurité when it's absolutely safe (to)
être sur le point de faire quelque chose to be about to do something
laisser le passage to yield (*traffic*)

le code de la route rules of the road, traffic laws
passer son permis de conduire to take one's driving test, go for one's driver's license
reprendre sa place to get back to one's place
sauf indication contraire unless otherwise posted
se porter à gauche to proceed to the left
serrer à droite to keep as far right as possible, stay to the right

Supplément

la **circulation** traffic
le **clignotant** directional signal, blinker (*car*)
le **losange** diamond-shaped form
le **panneau** road sign

ralentir to slow down
le **vélo** bicycle (*coll.*)
la **vitesse maximale** speed limit
la **vitesse minimale** minimum speed

au bord de la route at the side of the road
garer sa voiture to park one's car

Pour la compréhension du texte

1. Quelle est la règle générale de priorité pour les intersections qui n'ont pas de signalisation?
2. Pourquoi est-ce que les cyclistes qui empruntent la piste cyclable doivent obéir à cette règle aussi?
3. Comment la règle de priorité est-elle modifiée par un panneau (*road sign*) rouge octogonal disant «STOP»? Par un triangle bordé de rouge avec un X noir?
4. Que signifie le panneau ayant la forme d'un losange blanc avec un losange jaune placé au milieu?
5. Quand faut-il s'arrêter en s'approchant d'un panneau qui dit «Cédez le passage»?
6. Que doit faire un cycliste qui est sur le point d'être dépassé?
7. Quelle est la règle la plus importante pour le cycliste ou pour l'automobiliste qui veut dépasser un autre véhicule?
8. Comment est-ce que le cycliste avertit les autres usagers de la route qu'il a l'intention de dépasser?
9. Quelle distance est conseillée entre la bicyclette qui dépasse et le cycle dépassé?
10. Que doit faire le cycliste qui vient de dépasser une autre bicyclette avant de reprendre la bande cyclable?

Prenez la parole!

1. Est-ce que vous roulez souvent à bicyclette? Est-ce que vous employez votre bicyclette comme moyen de transport? Expliquez quand et comment.
2. Est-ce qu'un cycliste peut rouler en toute sécurité dans votre ville? Est-ce qu'il y a des pistes et des bandes cyclables qui longent les routes et les rues? Est-ce que les autres usagers de la route respectent les droits des cyclistes? Précisez en donnant des exemples.
3. Est-ce que vous obéissez à toutes les règles de la route quand vous allez à bicyclette? Auxquelles est-ce que vous n'obéissez que rarement? Mettez-vous un casque (*helmet*) quand vous êtes à bicyclette? Pourquoi ou pourquoi pas?
4. Quels sont les intersections les plus dangereuses de votre quartier? Pourquoi le sont-elles? Qu'est-ce qu'il faudrait faire pour les rendre plus sûres?
5. Quand on conduit une voiture, qu'est-ce qu'il faut faire pour en dépasser une autre en toute sécurité? Est-ce que la manoeuvre doit s'effectuer de la même façon que le dépassement à bicyclette? Précisez les similarités et les différences.

Exercice de vocabulaire

Les parties d'un tout

Chaque mot ou expression de la colonne A représente un élément d'une catégorie de la colonne B. Reliez (*link*) la partie et le tout.

A	B
1. cycliste	a. chaussée
2. voie	b. code de la route
3. bande cyclable	c. signalisation
4. clignotant	d. usager de la route
5. règles de priorité	e. rue
6. panneau	f. voiture

Prenez la plume!

- ### Traduisez en français

  1. When you want to pass a car, check that you are not in the way of cars coming in the opposite direction.
  2. When a car is about to pass you, keep as close to the right as possible and don't accelerate.
  3. I must yield to vehicles coming from both the right and the left.
  4. If the (road) sign says "yield," you have to stop if necessary.
  5. If you are on a bicycle, you should slow down at each intersection and look to the right and the left.

- ### Composition

  Rédigez (*Write*) des règles de sécurité pour les trois cas suivants. Donnez trois ou quatre recommandations pour chaque manoeuvre. Employez **je** pour le premier cas, **vous** pour le deuxième cas et **on** pour le troisième cas.

  1. traverser la rue en toute sécurité
  2. circuler à bicyclette en groupe
  3. garer sa voiture ou sa bicyclette

La présentation orale

- ### Conversation: *Monsieur l'agent surveille la circulation*

  Vous êtes agent de police dans une ville française. Que diriez-vous aux personnes imprudentes dans les cas indiqués ci-dessous (*below*)? Pour interpeller (*call to*) la personne négligente, vous pouvez vous servir des mots suivants:

Attention!	Look (Watch) out!
Écoutez!	Listen!
Hé, vous là-bas!	Hey, you! (*coll.*, *impatient*)
Dis donc!	Hey, you! (*coll.*, *impatient*)

Notez **Attention à** + *danger*:

Attention à la bicyclette!	Look out for the bicycle!
Attention au train!	Watch out for the train!

Les cas d'imprudence:

1. Une vieille dame n'emprunte pas le passage pour piétons (*crosswalk*).
2. Un enfant de 12 ans laisse sa bicyclette au bord de la rue, mais sur la chaussée.
3. Des enfants jouent à la balle (*play ball*) sur la bande cyclable.
4. Une voiture ne donne pas la priorité à la voiture venant de droite.
5. Un jeune couple traverse quand le feu est rouge.
6. Une bicyclette emprunte la voie de gauche où il y a des voitures venant en face.

• **Discussion:** *Comment réduire le nombre d'accidents*

Organisez-vous en groupes pour discuter des problèmes de la circulation dans votre région. Qu'est-ce qu'on peut faire pour réduire le nombre d'accidents? Comment peut-on protéger les piétons, les enfants et les personnes âgées des dangers de la circulation? Analysez les endroits dangereux de votre ville et les attitudes des automobilistes et des piétons qui contribuent aux problèmes et aux dangers de la circulation.

Les grands moments de la vie

Introduction

La vie des Français est marquée par des événements importants: la *naissance*, la *profession de foi*, la *collation d'un titre universitaire*, le *début professionnel*, les *fiançailles*, le mariage, la naissance des enfants et ensuite des *petits-enfants*, la *retraite*, le début de la *vieillesse* et, à la fin du *parcours*, la mort. Les mêmes joies, les mêmes tragédies touchent notre vie et aussi celle des gens qui nous entourent. Ce sont ces bons et mauvais moments que nous voulons *partager* avec nos *proches* et avec nos amis, parfois *moyennant* une annonce *insérée* dans un journal. Partageons les grands moments de quelques personnes en regardant les *avis* des *carnets* des journaux du monde francophone.

birth/communion
graduation/start of
  one's career/en-
  gagement
grandchildren
retirement/old age
(life's) road

to share
relatives/by means of
placed
notices/notices
  sections

Pour faciliter la lecture

There are some false cognates in the announcements you are going to read:

actuellement (*at present*) le cabinet (*professional office*)
assister à (*to attend*) la maternité (*maternity ward*)
l'avis (*notice*) la retraite (*retirement*)

Abréviations

le carnet du jour

H   heures   **Tél**. téléphone

6. Madagascar est une république constituée d'une grande île située à l'est du continent africain, dans l'océan Indien. La capitale de Madagascar est Antananarivo. Comme Madagascar est une ancienne colonie française, le français reste une langue officielle à côté du malgache, la langue indigène de l'île.

7. La Légion d'honneur est un ordre national français institué par Napoléon en 1802. On reçoit cette distinction en récompense de services rendus à la nation. Les membres de la Légion d'honneur (les légionnaires) portent un ruban rouge sur la gauche de la poitrine.

8. **La galette des Rois** est un gâteau plat (*flat*) contenant une fève (*bean*). Le jour des Rois (le 6 janvier, jour des Rois mages [*Magi*]) on coupe la galette en morceaux pour tirer au sort (*draw lots*). La personne qui trouve la fève dans son morceau sera couronné roi ou reine de la journée. Partager ce gâteau se dit **tirer les Rois**.

Naissances
Genève

Adolescence
Auvergne

Claire, Christophe et leurs parents sont heureux de vous annoncer la naissance de leur petite soeur et fille

Sandrine

le premier avril 1987

*Maternité
de l'Hôpital
cantonal*

*Danielle et Serge
BOUVIER
32, avenue de Miremont
1206 Genève*

Paris

M. et Mme Jean-Louis Robert ont la joie de vous annoncer la naissance de leurs neuvième et dixième petits-enfants, les jumeaux

André et Charlotte

enfants de
Marc et Catherine
le 5 mai 1987
à Boulogne-Billancourt

PUY-DE-DOME

Pascal Compte 16 ans

Arbitre officiel de football

Pascal Compte, 16 ans, d'Aigueperse (Puy-de-Dôme) vient d'être nommé arbitre officiel de football, ayant obtenu des notes excellentes à l'examen.

A 18 ans, titulaire d'une licence senior, Pascal Compte pourra arbitrer tous les matchs, en revanche il ne pourra plus être joueur comme c'est le cas actuellement.

De notre correspondant à Aigueperse, M. Paradis.

Fiançailles
Paris

M. et Mme Jacques VIGNAT

ont la joie de vous faire part des fiançailles de leur fille

Isabelle

avec

M. Thierry ASTIER

fils du général Étienne Astier et de Mme. née Solange de Saint Rémy

Mariage
Le Liban

GEORGE AUGUSTE ZOGHBI — SUZANNE ZAATINI JADAYEL

Nous avons appris avec plaisir le mariage de M. Georges Auguste Zoghbi et de Mlle Suzanne Zaatini Jadayel, célébré en l'église de l'Annonciation, à Beyrouth, en présence d'une foule de parents et d'amis.

Après la cérémonie religieuse, une grande réception était offerte dans les salons de l'église, à laquelle assistaient plus de 500 personnes.

Aux jeunes mariés nous présentons nos meilleurs vœux de bonheur.

Vie professionnelle
Tunis

OUVERTURE D'UN CABINET DE CONSULTATION MÉDI- CALE

Le Dr Ali Chérif

Spécialiste en Pneumo-Phtisiologie, Asthme et Allergie Respiratoire.

Informe ses amis et son aimable clientèle de l'ouverture de son cabinet de consultation médicale au 24, rue d'Amilcar - Tunis - Tél. 341.655.
Horaire: 8H30 - 13H
15H - 19 H

Genève

Le docteur

Marie COLOMBIER

ancien médecin assistant à la Clinique de pédiatrie de Genève (Prof. J. Caupert)
ancien interne en dermatologie pédiatrique des hôpitaux de Paris

a le plaisir de vous annoncer qu'elle a

ouvert son cabinet médical

Reçoit sur rendez-vous

**97, rue des Deux-Ponts
1205 Genève - Tél. 60 93 76**

Nominations
Paris

Le journaliste

Philippe GARNIER

(ancien correspondant
de notre journal)
vient d'être nommé au grade
de chevalier de la Légion d'honneur.

Retraite
Limousin

BRIGNAC — Mme Marguerite Clément a cédé son commerce de chaussures à son fils Émile. Nous souhaitons à Mme Clément une bonne retraite.

3ᵉ âge
Midi-Pyrénées

MONTFAUCON — Le club du 3ᵉ âge a tiré les rois et a fêté le 11 le 100ᵉ anniversaire de Mme Solignac; cérémonie du Centenaire au foyer St-Jean où Mme Solignac est pensionnaire.

AGEN — Noces d'or: les quatre frères Chevan—André, Roland, Didier et Vincent—leurs épouses, enfants et petits-enfants ont célébré ensemble leurs 50 ans de mariage chacun. Toutes nos félicitations!

On nous prie d'annoncer le rappel à Dieu de

Mme Pierre DESVIGNES
née Françoise Templier,

survenu à Paris le 17 novembre 1986 a l'âge de soixante-seize ans après une brève maladie.

La cérémonie religieuse aura lieu en l'église Saint-Sulpice, place Saint-Sulpice, Paris (6ᵉ), le mercredi 19 novembre, à 14 heures. Cet avis tient lieu de faire-part.

Madagascar

AVIS DE DECES

Mme RAMANANARISOA Germaine
Mlle RAMANANARISOA Christine
Mlle RAMANANARISOA Jeanine
et toute la famille
ont la douleur de vous
faire part du décès de

RAMANANARISOA Roger

survenu le vendredi 3 avril 1987.
La levée du corps aura lieu le dimanche 5 avril 1987 à 14 heures à son domicile à Antananarivo. L'inhumation se fera au caveau familial à Ambohitantely.

CET AVIS TIENT LIEU DE FAIRE-PART

Vocabulaire

actuellement at present
ancien former
l'**anniversaire** *m.* birthday
l'**arbitre** *m.* referee
arbitrer to referee
l'**avis** *m.* notice
le **bonheur** happiness
bref (brève) brief, short
le **cabinet** professional office
cantonal pertaining to a **canton** (*administrative division of Switzerland*)
le **carnet** notices section (*newspaper*)
le **caveau familial** family vault, crypt
céder to give up, yield, hand over
le **centenaire** hundred-year-old person
le **chemin** road
le **chevalier** knight
la **collation d'un titre universitaire** graduation
le **commerce** business, store
le **début professionnel** start of one's career
le **décès** death, passing

découper to cut up
le **domicile** home, residence
la **douleur** pain, grief
l'**épouse** *f.* wife, spouse
se faire to be done
fêter to celebrate
les **fiançailles** *f. pl.* engagement, betrothal
le **football** soccer
la **foule** crowd
le **foyer** home
le **gâteau de mariage** wedding cake
l'**inhumation** *f.* burial
insérer to place (*newspaper ad*)
les **jeunes mariés** *m. pl.* the newlyweds
la **joie** joy
le **joueur** player
les **jumeaux** *m. pl.* twins
la **licence** degree
la **maladie** illness
le **match** competitive game (*sports*)
la **maternité** maternity ward
moyennant by means of
la **naissance** birth

les **noces d'or** *f. pl.* golden wedding anniversary
nommer to name, nominate
la **note** mark, grade
l'**ouverture** *f.* opening
partager to share
le (la) **pensionnaire** resident (*of a school or institution*)
le **petit-enfant** grandchild
la **pneumo-phtisiologie** *diseases of the lungs, especially tuberculosis*
les **proches** *m. pl.* relatives
la **profession de foi** communion
le **rappel à Dieu** return(ing) to God
la **retraite** retirement
le **salon** reception room
senior high-level (*sports term*)
souhaiter to wish
survenir to happen
le **titulaire** holder
le **troisième (3e) âge** old age
la **vieillesse** old age

Expressions

assister à to attend
au grade de to the rank of
avoir la joie de + *inf.* to be thrilled to
avoir le plaisir de + *inf.* to be happy to
avoir lieu to take place
cet avis tient lieu de faire-part please accept this as the only notification
comme c'est le cas as is the case
en revanche on the other hand
faire part de to inform (let know) about, announce (*an event*)

la levée du corps aura lieu the funeral procession will leave
présenter ses meilleurs voeux de to offer one's best wishes for
prier quelqu'un de faire quelque chose to request someone to do something
son aimable clientèle his esteemed (*lit.* kind) clientele (*medical practice*)
sur rendez-vous by appointment
Toutes nos (mes) félicitations! Our (My) heartiest congratulations!

Pour la compréhension des textes

1. Qui annonce la naissance de Sandrine? Celle d'André et de Charlotte?
2. Dans quel département français habite Pascal Compte? Quel examen vient-il de passer? Quels résultats est-ce qu'il a eus?
3. Pourquoi est-ce que les deux médecins ont mis des annonces dans les journaux de leurs pays? Est-ce que ces médecins utilisent le même système pour recevoir leurs clients? Expliquez.
4. Qu'est-ce qu'Isabelle Vignat et Thierry Astier viennent de faire? Qui en a fait part?
5. Est-ce que les jeunes mariés libanais se sont mariés «dans la plus stricte intimité»? Expliquez.
6. Quel grand moment a marqué la vie de Philippe Garnier? La vie de Marguerite Clément?
7. Quel grand moment a marqué la vie de Mme Solignac? La vie des frères Chevan? Comment est-ce qu'on a fêté ces moments spéciaux?
8. Quand aura lieu l'enterrement (*burial*) de Roger Ramananarisoa? Le défunt (*the deceased*) est de quel pays?
9. Qu'est-ce qui a causé la mort de Françoise Desvignes? À quel âge?

Prenez la parole!

1. Est-ce que dans votre famille on a marqué un moment important en insérant une annonce dans un journal? C'était pour quel événement? Pour quels événements avez-vous envoyé des faire-part (*announcements*) personnels?
2. Quel genre de mariages préfère-t-on dans votre famille? Des célébrations intimes ou de grandes réceptions? Décrivez-en une.
3. Est-ce qu'on joue au football chez vous? Si on n'y joue pas, quels sports préfère-t-on? Qui est l'arbitre?
4. De quelles professions sont les gens qui insèrent des annonces dans les journaux de votre ville? Est-ce que vous cherchez des services professionnels dans les annonces? Expliquez pourquoi ou pourquoi pas.
5. Est-ce que vous connaissez des cas comme celui de Mme Marguerite Clément, c'est-à-dire d'un commerce cédé de mère ou de père en fils ou en fille au moment de la retraite? Parlez-en.
6. Regardez les avis de décès dans le journal de votre ville et comparez-les avec ceux de Madagascar et de Paris. Quelles différences remarquez-vous?

Exercice de vocabulaire

Les mots employés dans un avis de journal diffèrent sensiblement (*noticeably*) du vocabulaire de tous les jours. Quand on essaie de rehausser (*raise*) le ton d'un texte, on emploie un style plus soutenu (*lofty, dignified*). Pouvez-vous relier (*link*) les mots ou les expressions ordinaires de la colonne A avec leurs équivalents soutenus de la colonne B?

A	B
1. enterrement	a. décès
2. maison	b. céder
3. mort	c. son aimable clientèle
4. faire savoir	d. domicile
5. arriver	e. inhumation
6. remplacer	f. faire part
7. donner	g. survenir
8. ses patients	h. tenir lieu de

Prenez la plume!

- **Traduisez en français**

  1. Mr. and Mrs. Charles Verdier have the pleasure of announcing (to you) the birth of their first granddaughter.
  2. I wish you a happy retirement, sir.
  3. We celebrated the ninetieth birthday of our grandmother at the home where she is a resident.
  4. We are grieved to inform you of the passing of Armand Rochefort.
  5. Burial will take place on Sunday at the family vault.

- **Écrivons une lettre**

  Étudiez les phrases suivantes, qu'on a placé dans un ordre fortuit (*random*). Ensuite choisissez parmi elles pour composer deux petits mots (*notes*), le premier pour féliciter Hervé et Claire Louvet de la naissance de leur fils Jacques et le second pour présenter vos condoléances à la famille Rénier pour la mort de M. Rénier. Parce que vous n'êtes pas un ami intime de ces gens, vous écrivez dans un style assez soutenu. Commencez vos petits mots par:

  Monsieur et Madame:

  et

  Madame:

Ma pensée est avec vous dans ce moment de tristesse.

Je vous adresse mes félicitations pour l'heureuse nouvelle.

Je viens d'avoir la pénible surprise d'apprendre le décès de . . .

Je participe au chagrin (*sorrow*) qui vous accable (*oppresses*)/au déchirement (*loss*) que vous éprouvez (*feel*).

Votre fils Jacques ne saurait mieux faire que de vous ressembler à tous deux.

L'arrivée de votre fils me fait le plus grand plaisir.

Je connaissais assez M. Rénier pour apprécier . . .

Je voudrais exprimer à la maman tous mes souhaits (*wishes*) de prompt rétablissement (*recovery*).

Je voudrais que vous sachiez combien je suis proche de vous en ce moment de douleur.

Pour la fin du petit mot:

Recevez tous mes compliments.

Croyez que je prends sincèrement part à votre chagrin.

Croyez à ma compassion et à toute mon amitié.

Veuillez accepter mes plus vives félicitations.

La présentation orale

- **Conversation**

Donnez un coup de fil (*Make a phone call*) aux personnes suivantes pour présenter vos voeux (*good wishes*) ou vos condoléances dans les circonstances indiquées:

un couple qui vient d'avoir un enfant
un ami qui vient d'être nommé arbitre officiel de basketball
un(e) ami(e) qui vient de se fiancer
un(e) ami(e) qui vient de perdre sa mère

Quelques phrases utiles:

Quelle merveilleuse nouvelle!
Ce que je suis content(e) pour toi!
Je veux te féliciter.
Toutes mes félicitations!

Quel coup dur!
Quelle tragédie!
Je suis vraiment désolé(e) (*terribly sorry*).
Mes sincères condoléances.

naissances

anniversaires

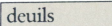

deuils

messes

- **Autre conversation:** *Un coup de fil pour donner des nouvelles*

Voici une scène à monter avec un(e) autre étudiant(e). Lisez les avis suivants du carnet d'un journal français. Imaginez que les personnes mentionnées sont des connaissances (*acquaintances*) à vous dont vous n'avez pas de nouvelles depuis longtemps. Vous téléphonez donc à votre amie Gisèle (à votre ami Guy) pour lui dire ce que vous venez d'apprendre. Votre ami(e) vous posera toutes les questions nécessaires (Quand? Où? Pourquoi? Comment? etc.) pour connaître tous les détails.

M. et Mme Richard Jourdan
ont la joie de vous annoncer
la naissance de
Sabine
soeur de Baudoin
le 15 octobre 1987
Marseille

M. Antoine
GILBERT
vient d'être nommé
Directeur
des Établissements Girard
Fabrique de pantalons

M. et Mme Jean Forestier
et leurs enfants,
les Docteurs Luc Desjardins
et Sylvie Desjardins
et leurs enfants,
Mlle Béatrice Forestier
et toute la famille
ont la douleur de vous faire
part du décès, dans sa
71e année, de

Mme Constance FORESTIER
née Marie-Thérèse Ménard

décédée subitement
le 30 août 1987
à Paris.

Les obsèques auront lieu le mercredi,
2 septembre, à 14 heures,
en l'église de Saint Vincent de Paul,
Paris 10e.

Du kiosque

Le secret de Mireille Mathieu

Mireille Mathieu est une chanteuse française très appréciée dans son pays et à l'étranger. Appelée familièrement «Mimi», elle représente la tradition de la chanson française populaire.

Avant de lire

1. Le Palais des Congrès est un lieu de réunions ultramoderne situé dans l'ouest de Paris.
2. L'Association des concerts Colonne est un orchestre français qui joue de la musique classique.
3. *Télé 7 Jours* est l'équivalent français de «TV Guide».
4. **La thalassothérapie** est un système de traitement médical qui emploie l'eau de mer. C'est une thérapie assez réputée en France.

MIREILLE MATHIEU VA CHANTER EN CHINE
MAIS ELLE NE VEUT PAS LE DIRE!

PAR SIMONE BIBAL

Elle est parmi nous, pour un mois, au Palais des Congrès. Dans ce restaurant chinois où nous bavardons (pourquoi chinois? Chut, c'est un secret), elle en parle et en parle encore. Les méchants qui insinuent qu'on lui souffle ses réponses peuvent aller se rhabiller: elle n'attend même pas les questions! Gentillesse, spontanéité, vivacité, cette toute petite bonne femme toute pâle est du concentré de vitamines. Les bras vous en tombent. Elle est fabuleuse, Mimi, non? Elle va au charbon partout dans le monde pour chanter la France, elle est sympathique. Je ne veux plus entendre un seul ricanement dans les rangs, c'est du bon travail de grande pro. Elle m'entraîne vers un grand bouddha hilare, décrète en riant: «Vous posez vos mains comme ça sur son ventre, ça porte bonheur, du moins c'est ce que j'ai décidé.» Elle traîne ses sacs, me commande un thé et enchaîne: «Je nous fais un petit cadeau, au public et à moi,

après douze ans d'absence: au lieu des quelques musiciens et du « synthé » habituels, 60 musiciens des Concerts Colonne dirigés par Jean Claudric et des violons. C'est un cœur qui va vibrer. »

Douze ans d'absence, c'est très long, mais Mireille voyage beaucoup, elle est même la seule chanteuse française connue dans le monde entier et même en… chut, c'est un secret. «C'est ma manière à moi de servir modestement la chanson française.» Ce qui ne l'empêche pas d'être prophète en son pays (elle a été élue l'artiste la plus aimée par *Télé 7 Jours*), où elle va chanter à la fois les chansons de son nouvel album, *Made in France*, qui fait un tabac, et de son autre album, *Les Plus Belles Chansons françaises*, qui fait un deuxième tabac. Son agenda de 1986 donne envie d'aller se reposer tout de suite: après le Palais des Congrès (deux heures chaque soir), une tournée en France, suivie d'une autre à l'étranger

(où? Chut, c'est un secret), suivie d'un séjour à Mexico en mai pour soutenir l'équipe de France de foot, suivi d'un show à New York, le 4 juillet (fête de l'Indépendance), pour les cent ans de la statue de la Liberté, suivi d'une tournée en septembre, plus un disque avec Plácido Domingo pour les sinistrés de Mexico, plus un disque avec Barry Manilow. Elle adore travailler, ça tombe bien: «C'est très dur, mais je fais ce métier comme une sportive. La voix est un don de Dieu, mais il faut la faire travailler, comme un muscle. J'ai une discipline de fer, je dors onze heures par nuit, je surveille mon régime et je fais une cure de thalassothérapie par an.» Le travail conserve: Mimi ne fait pas ses trente-neuf ans.

Mireille, qui a quitté l'école à treize ans et demi pour aider ses parents, a réalisé son rêve de petite fille: «Grâce à Dieu, je peux faire ce métier. Sinon, quoi d'autre? Mère de famille ! »

Mireille ne dira pas un mot sur sa vie privée, mais c'est vrai que, depuis vingt ans, elle aide sa nombreuse famille : sa mère, ses six sœurs, ses sept frères et ses neuf neveux et nièces tous venus d'Avignon pour la voir (« presque un wagon de T.G.V. ! »), avec une grande absence, celle de son père qui les a quittés l'été dernier. Une année dure pour Mireille, très sensible à toutes les catastrophes qui se sont abattues sur le monde. « Si j'étais une fée, je souhaiterais que tout le monde soit heureux... et pour moi ? Faire comme Maurice Chevalier, mon parrain dans la chanson : chanter jusqu'à quatre-vingts ans ! » S. B.

(De *Madame Figaro*)

VOCABULAIRE

bavarder to chat
la **bonne femme** woman (*affectionate term*)
le **concentré de vitamines** vitamin concentrate
conserver (*here*) to keep you looking young
décréter to decree, affirm
le **don** gift
élu elected
enchaîner to go on, continue (*in a conversation*)
entraîner to drag, lead over
la **fée** fairy
le **foot** soccer
hilare laughing
insinuer to hint
méchant mean, unkind

le **métier** line of work
Mexico Mexico City
nombreux large
le **parrain** godfather
poser to place
la **pro** professional (*slang*)
le **ricanement** snicker
le **séjour** stay
le **sinistré** disaster victim (*Mexico City earthquake*)
souffler to prompt
souhaiter to wish
soutenir to support
le **sportif** athlete
surveiller to watch, watch over
le **synthé** synthesizer
le **T.G.V. (Train à Grande Vitesse)** *French high-speed train*
la **tournée** tour
traîner to drag

le **ventre** stomach
la **vivacité** liveliness
le **wagon** railway car

EXPRESSIONS

à la fois at the same time, both
s'abattre sur to befall
aller au charbon to exert oneself, work tirelessly (*slang*)
aller se rhabiller to try something else (*slang*)
Ça tombe bien. It comes at the right time.
chanter la France to sing about France
Chut! Sh!
dans les rangs in the ranks
de fer iron (*adj.*)
du moins at least

empêcher quelqu'un de faire quelque chose to keep someone from doing something
être prophète en son pays to be listened to even in one's own country
faire ses trente-neuf ans to look her 39 years
faire un petit cadeau à quelqu'un to give someone a small gift
faire un tabac to be a huge success (*slang*)
faire une cure to go for (medical) treatment
les bras vous en tombent you are very surprised (shocked)
ma manière à moi my own way
porter bonheur to bring good luck
Quoi d'autre? What else?

Pour la compréhension du texte

1. Quel est le secret de Mireille Mathieu?
2. Comment est Mireille Mathieu?
3. Qu'est-ce que Mireille explique au journaliste sur le Bouddha?
4. Quel est le petit cadeau dont elle parle?
5. Pourquoi est-ce qu'elle voyage beaucoup?
6. Qu'est-ce qui démontre sa popularité en France?
7. Dans quels pays a-t-elle chanté en 1986?
8. Comment explique-t-elle sa réussite malgré son agenda chargé?
9. Comment est sa famille?
10. Qu'est-ce qu'elle souhaite pour le monde et pour elle-même?

3

AGENCE DE VOYAGES

VOYAGES A FORFAITS
CROISIERES
TOURS DU MONDE

Les voyages

Les voyages

- «Guide pratique du voyageur»
- Aux Caraïbes aussi on parle français
- En France (1): les Maisons de Province
- En France (2)—On part pour l'Auvergne
- Vers l'Amérique (1): vols affrétés Paris–USA
- Vers l'Amérique (2)—Nous arrivons aux USA!

Du kiosque — *Les vacances en France*

«Guide pratique du voyageur»

Introduction

La France a un excellent *réseau ferroviaire*. Il est possible de voyager en train presque partout en France. Les trains *desservent* la plupart des villes, et l'*horaire* des trains est assez *commode*. Les *chemins de fer* français sont nationalisés; l'*entreprise* publique qui les administre s'appelle la Société Nationale des Chemins de Fer Français, connue surtout par ses initiales SNCF. La lecture suivante est tirée d'une brochure intitulée «*Guide pratique du voyageur*». Les informations que l'on y trouve sont utiles aussi pour l'étranger qui *se rend* en France et qui compte *se servir du* train pour connaître le pays.

railroad system

stop at
schedule/convenient
railroads/company

goes
using the

Pour faciliter la lecture

This text gives polite advice to travelers, telling them what to do and why. The sentences have the following structure:

advice	**justification**
imperative (sometimes present or future)	future or present

Example: Prenez le train. Vous arriverez reposé à votre destination.

Can you find advice phrased this way in the text?

Note de langue

Notice the required use of the preposition **de** after certain verbs and expressions:

décider de + *verb*   to decide to do something

disposer de + *noun*   to have something available

être sûr de + *verb*   to be sure to do something

oublier de + *verb*   to forget to do something

Notes culturelles

1. Sur les horaires des moyens de transports en France, on indique en bleu et en blanc les heures de moindre affluence (*nonpeak hours*). On appelle ces heures **la période bleue** et **la période blanche**.
2. **Composter** un billet veut dire le faire marquer par un **composteur**. Les composteurs sont des machines placées à l'entrée des quais dans les gares françaises. Le composteur marque le billet du voyageur pour le rendre valable (*valid*).
3. On trouve un tableau de composition affiché dans beaucoup de gares de France. Ce tableau montre les différentes voitures dont sont composés les trains.

Comment bien voyager

1. VOUS AVEZ DÉCIDÉ DE PRENDRE LE TRAIN. VOUS CHOISISSEZ VOTRE HORAIRE EN PÉRIODE BLEUE OU BLANCHE, VOUS VOYAGEREZ PLUS CONFORTABLEMENT...

2. ...ET VOUS DISPOSEREZ DE TARIFS RÉDUITS PLUS NOMBREUX.

3. VOUS ACHETEZ VOTRE BILLET. N'OUBLIEZ PAS DE PRENDRE UNE RÉSERVATION. VOUS SEREZ AINSI SÛR D'ÊTRE ASSIS.

4. LE JOUR DE VOTRE DÉPART, ARRIVEZ QUELQUES MINUTES EN AVANCE POUR PRENDRE TRANQUILLEMENT VOTRE TRAIN.

5. DANS LA GARE, DIRIGEZ-VOUS VERS LE TABLEAU GÉNÉRAL DES TRAINS AU DÉPART POUR REPÉRER LE NUMÉRO DE VOTRE QUAI.

6. N'OUBLIEZ PAS DE COMPOSTER VOTRE BILLET AVANT D'ACCÉDER AU QUAI. C'EST CE QUI REND VOTRE BILLET VALABLE.

7. REPÉREZ LE NUMÉRO DE VOTRE VOITURE (INDIQUÉ SUR LA RÉSERVATION) SUR LE TABLEAU DE COMPOSITION DES TRAINS OU A L'EXTÉRIEUR DE LA VOITURE.

8. VOTRE PLACE EST INDIQUÉE A L'INTÉRIEUR DES COMPARTIMENTS SUR LES VOLANTS MARQUE-PLACE. LE VOYAGE COMMENCE.

Vocabulaire

accéder to have access
le **chemin de fer** railroad
commode convenient
le **départ** departure
desservir to stop at
l'**entreprise** *f.* firm, company
l'**extérieur** *m.* outside
ferroviaire rail, railroad (*adj.*)
les **grandes lignes** *f. pl.* intercity trains

l'**horaire** *m.* timetable, schedule
l'**intérieur** *m.* inside
intituler to entitle
pratique practical
le **quai** platform
repérer to locate, find
le **réseau** network; (*here*) system
le **tableau** information board
le **tarif** rate

tranquillement leisurely
valable valid
la **voiture** passenger car (*train*)
le **volant marque-place** reservation card holder (*on back of seat*)
le **voyageur** traveler

Expressions

accéder au quai to walk (step) onto the platform
compter faire quelque chose to intend (plan) to do something
se diriger vers (+ *place*) to go over to, walk toward
disposer de quelque chose to have something available
en avance early (*opposite of* **en retard**) (**arriver en avance/arriver en retard**)

être sûr de faire quelque chose to be sure to do something
se rendre à (**en**) to go to (*formal style*)
rendre quelque chose (+ *adj.*) to make something (*adj.*) (**Ça rend votre billet valable.** That makes your ticket valid.)
se servir de quelque chose to use something

Supplément

manquer son train to miss one's train
profiter de quelque chose to take advantage of something

ACTIVITÉS

Pour la compréhension du texte

1. Quels sont les avantages des périodes bleues et blanches?
2. Pourquoi est-ce qu'on a besoin d'une réservation? Comprenez-vous la différence entre **billet** et **réservation**? Expliquez-la.
3. Quand on arrive à la gare, comment peut-on savoir à quel quai il faut aller pour prendre son train?
4. Expliquez ce que veut dire **composter le billet**.
5. Qu'est-ce qu'il faut faire pour trouver sa place dans le train?

Voyagez, bougez, toute l'année! Avec le Carré Jeune SNCF, de 12 à 25 ans, pour 140 F, 4 voyages à 50% de réduction en période bleue et 20% de réduction en période blanche! Carrément moins cher! Le Carré est valable un an, en 1re et 2e classe sur toutes les lignes de la SNCF (sauf banlieue de Paris). Et vous pouvez en acheter autant de fois que vous voulez!

Prenez la parole!

1. Est-ce que le train dessert votre ville? Quelles arrivées et quels départs y a-t-il tous les jours? D'où viennent les trains et vers quelles villes vont-ils?
2. Quand vous allez prendre le train ou le car (*intercity bus*), est-ce que vous arrivez en avance? Pourquoi?
3. Pour prendre le car chez vous, est-ce qu'il faut prendre son billet à l'avance ou sur place, juste avant le départ?
4. Est-ce que le billet de train ou de car vous donne automatiquement une réservation pour une place assise?
5. Qu'est-ce qui est meilleur dans votre région: le service de trains ou de cars? Pourquoi?

Exercice de vocabulaire

Les maillons (*links*) **de la chaîne**

Deux jeunes Français parlent des vacances. Complétez chaque phrase du dialogue avec le mot qui manque. Marquez l'espace en blanc d'un X si la phrase est complète telle quelle (*as it is*).

1. —Tu sais? J'ai décidé —— passer mes vacances en Afrique.
2. —C'est fantastique! Quand est-ce que tu comptes —— faire ce voyage?
3. —J'avais l'intention de —— rendre au Sénégal en février.
4. Je dispose —— trois semaines de vacances.
5. —Tu es sûr —— passer des vacances extraordinaires.
6. —Ce qui —— le Sénégal intéressant pour un Français, c'est que tout le monde y parle français.
7. —Tu n'oublieras pas —— me rapporter un beau cadeau! Quelle ligne aérienne (*airline*) est-ce que tu vas prendre?
8. —Air Afrique, qui dessert —— les villes d'Afrique francophone.

Prenez la plume!

- **Traduisez en français**

1. My family plans to take the train to (**pour**) Strasbourg tomorrow.
2. French travelers have many reduced rates available, and we took advantage of them.
3. We have already bought our tickets and made (*use* **prendre**) our (seat) reservations. That way we are sure to be seated.
4. We'll get to the station a few minutes early because we don't want to miss the train.
5. We won't forget to have our tickets validated before stepping onto the platform.

- **Composition**

Vous souvenez-vous d'un voyage que vous avez fait en train, en car ou en avion? Pouvez-vous en décrire le départ? Dans un bref paragraphe, parlez de la façon dont vous avez organisé le départ. Décrivez la préparation du départ, en donnant des détails semblables à ceux que vous avez lus dans la brochure de la SNCF. Commencez par la décision de partir et allez jusqu'au moment du départ.

AVEC LE TRAIN,
redécouvrez le plaisir de voyager!

La présentation orale

● **Conversation:** *Donnez des conseils!*

(Voyez **Pour faciliter la lecture,** page 95.)

Donnez trois conseils aux nouveaux étudiants qui vont aller au lycée ou à l'université en septembre. Employez **vous** parce que vous parlez à plusieurs personnes.

Des exemples:

N'arrivez pas en retard. Les professeurs n'aiment pas ça.
Essayez de parler au proviseur (*principal*). Il pourra vous orienter.

● **Projets de voyage**

Les trains européens offrent beaucoup de commodités (*conveniences*) aux voyageurs, commodités que nous n'avons pas aux États-Unis. Les Chemins de Fer Belges permettent aux touristes de parcourir (*to travel up and down*) la Belgique à vélo (*by bicycle*) en organisant un service de location (*renting*) de bicyclettes dans un grand nombre de gares du pays.

Lisez l'extrait d'une brochure de la SNCB (vous pourrez deviner maintenant le sens des initiales). Puis expliquez à un(e) ami(e) comment fonctionne ce programme de **train + vélo** et pourquoi cette formule est commode et bien organisée. Essayez de convaincre votre ami(e) de faire un tour de Belgique avec vous en train et à vélo.

Avant de lire le texte, faites attention à ce petit vocabulaire:

alléchant   tempting, enticing   **la restitution**   returning
louer   to rent

Notez: **aller bon train**   to go at a good pace

Pourquoi a-t-on donc choisi comme titre de la brochure «Pédalez bon train»?

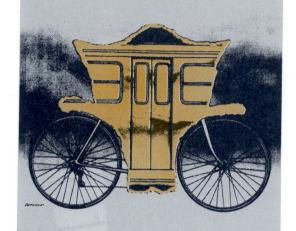

pédalez
bon train

train
+vélo

54 gares de location et 94 gares
de restitution-Prix par jour:105F

Ⓑ Chemins de Fer Belges

Pédalez bon train

Découvrir à vélo les plus beaux coins du pays. Voilà qui est alléchant. Mais comment ?
En louant un vélo à la gare, en descendant du train.
C'est le service **« train + vélo ».**
Toute l'année.
54 gares de location et 94 gares de restitution.

Prix de location :	voyageurs ferroviaires	autres
• par jour	105 F	135 F
• à partir de 3 jours (par jour)	90 F	120 F
• groupes voyageant avec un billet collectif (par jour)	90 F	–

Aux Caraïbes aussi on parle français

They speak French in the Caribbean too

Introduction

Saviez-vous qu'un Français peut voyager aux Caraïbes sans sortir du territoire français? C'est vrai! Deux îles des Caraïbes — la Guadeloupe et la Martinique — *anciennes* colonies de la France, sont aujourd'hui des *Départements d'Outre-Mer* ou DOM. Depuis 1946 les habitants de ces îles sont des citoyens français ayant tous les droits des Français de France. L'annonce suivante est pour un voyage en Guadeloupe organisé par Air France.

former

Overseas Departments

Pour faciliter la lecture

1. This text is a series of lists describing the features of the resort area called Salako. Note the structure of the elements of the lists: some are complete sentences, some are not. Identify the different lists of the text (there are also lists within lists). What is the focus of each one?
2. Notice the following false cognates in the text of the ad:

   les dames (*checkers*)
   l'initiation (*introduction*)
   le massif ([*flower*] *bed*)
   le passionné (*enthusiast*)

Abréviation

F francs (*French monetary unit*)

5.500ᶠ aller-retour

AIR FRANCE

Horaire de poche au départ de   **PARIS**

Notes culturelles

1. La Guadeloupe a été découverte par Christophe Colomb en 1493. Les Français ont commencé la colonisation de l'île en 1635. Le chef-lieu (*administrative center*) de la Guadeloupe est la ville de Basse-Terre.
2. Le Salako est le nom de l'hôtel où les voyageurs sont logés en Guadeloupe.

LE SALAKO EN GUADELOUPE

9 JOURS 6 630 F
en demi-pension, vin inclus
Départ de Paris

* **Bordeaux**   6 550 F
* **Lyon**   6 550 F
* **Marseille**   6 550 F
* **Mulhouse**   6 550 F
(exemples de prix
du 1er au 17 novembre)
* 8 jours/6 nuits

LES PRIX FONDENT
EN NOVEMBRE
ET DECEMBRE

OFFRE SPÉCIALE   RÉDUCTION POUR ENFANT

Une vue imprenable sur la baie,
une plage de sable blanc,
un jardin aux allées dallées qui sinuent
entre les massifs de fleurs,
une architecture moderne,
voici le Salako sur la Pointe de Verdure.

• Un cadre idéal pour profiter
du soleil des Tropiques
et de tous les plaisirs de l'eau :
pédalos, voiliers, masques, palmes
et tubas sont mis à votre disposition.
• Et aussi... des initiations collectives
de planche à voile et de plongée.
• Puis le soir, vous vivrez
au rythme antillais sur des airs
de biguine.

EN VEDETTE...

LES PLAISIRS DE LA MER DES CARAÏBES

La mer des Caraïbes est un paradis pour les passionnés de planche à voile.
Le vent est régulier, l'eau calme.
Initiation collective gratuite, cours individuels payants.
La flore et la faune sous-marine réservent bien des plaisirs aux plongeurs.
Initiation à la plongée : cours gratuit en piscine.
Forfaits pour des sorties de plongée.

VIVRE AU SALAKO

• Initiation collective de planche à voile.
• Palmes, masques, tubas pour plongée en apnée. Initiation avec moniteur en piscine.
• Ski nautique (payant).
• Jeux de société : cartes, échecs, loto, dames, scrabble... Ping-pong.
• Soirée folklorique avec orchestre local. Initiation à la célèbre danse de la « biguine ».

Vocabulaire

l'**air** *m.* tune
l'**allée** *f.* walk, path
ancien (ancienne) former
antillais West Indian
la **biguine** beguine (*West Indian dance*)
le **cadre** (*here*) setting
les **Caraïbes** *f. pl.* the Caribbean
dallé paved with flagstones (**la dalle**)
les **dames** *f. pl.* checkers
la **demi-pension** room and half board (*one meal: lunch or dinner*)
les **échecs** *m. pl.* chess

fondre to melt; (*here*) to come down
le **forfait** package deal
gratuit free (*no charge*)
l'**initiation** *f.* introduction
le **jeu de société** board game
la **masque** diver's mask
le **massif** bed (*of flowers*)
le **moniteur** coach
la **palme** flipper (*diver's*)
le **passionné** enthusiast
payant (*here*) extra charge
le **pédalo** pedal boat
la **piscine** swimming pool

la **planche à voile** windsurfing
la **plongée** deep-sea diving
la **plongée en apnée** snorkeling
sinuer to wind (*of a road; rare*)
le **ski nautique** waterskiing
la **soirée** evening party
la **sortie** (*here*) excursion, expedition
sous-marin undersea
le **tuba** snorkel
le **voilier** sailboat
la **vue imprenable** unobstructed view

Expressions

en vedette featuring
la flore et la faune flora and fauna (*plants and animals*)
mettre quelque chose à la disposition de quelqu'un to make something available to someone

profiter de quelque chose to take advantage of something
réserver un plaisir à quelqu'un to have a treat in store for someone

Supplément

dire + *ind. obj.* (*usually with* **ça** *as subject*) to be appealing to someone

Ça te dit? Do you like the idea?
Ça ne me dit rien.
Ça ne me dit pas grand'chose. } I don't find that at all appealing.

La natation

la **brasse**   breaststroke
la **nage libre** (le **crawl**)   crawl
la **nage (brasse) papillon**   butterfly stroke
plonger   to dive

nager sur le dos to do the backstroke

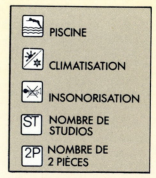

PISCINE
CLIMATISATION
INSONORISATION
ST NOMBRE DE STUDIOS
2P NOMBRE DE 2 PIÈCES

ACTIVITÉS

Pour la compréhension du texte

1. Quel est le prix du voyage et qu'est-ce qui est inclus dans ce prix?
2. Quels sont les mois où le voyage coûte le moins cher?
3. Comment est l'hôtel Le Salako?
4. Quels plaisirs aquatiques est-ce qu'on y offre au voyageur?
5. Comment est-ce qu'on peut apprendre à faire de la planche à voile ou du ski nautique?
6. Si l'on n'aime pas trop les sports nautiques, quelles autres distractions (*diversions*) y a-t-il au Salako?

Prenez la parole!

1. Une semaine en Guadeloupe comme celle décrite dans cette annonce, ça vous dirait? Pourquoi ou pourquoi pas?
2. Aimez-vous la natation? Quelle est votre nage préférée? Nagez-vous la brasse ou la brasse papillon?
3. Quels sports nautiques pratiquez-vous? Où les pratiquez-vous? Quand? Quand et où est-ce que vous avez appris à les pratiquer?
4. Qu'est-ce que vous faites pendant les vacances? Préférez-vous faire du sport ou jouer à des jeux de société? Quels sports aimez-vous? Quels jeux de société?
5. Est-ce que vous avez déjà passé des vacances dans un endroit comme la Guadeloupe? Où? Qu'est-ce que vous y avez fait pour vous amuser? Est-ce que vous aimeriez y retourner? Pour quoi faire?

Exercice de vocabulaire

Reliez (*Link*) les mots et les expressions de la colonne A à ceux de la colonne B qui ont à peu près le même sens.

A	B
1. Tu aimerais ça?	a. gratuit
2. le crawl	b. Ça te dirait?
3. un jeu de société	c. un air
4. une mélodie	d. la biguine
5. aller en voyage	e. payant
6. non gratuit	f. la nage libre
7. sans argent	g. les échecs
8. une danse antillaise	h. partir en vacances
9. l'introduction	i. le moniteur
10. l'instructeur	j. l'initiation

Prenez la plume !

Rédigeons (*Let's write*) **une annonce**

Voici des détails sur un voyage à Madagascar. Lisez le résumé et faites-en une annonce semblable à celle d'Air France pour Le Salako en Guadeloupe.

Madagascar est une très grande île à l'est du continent africain, dans l'océan Indien. Ancienne colonie française, Madagascar est indépendant depuis 1960.

Pour connaître Madagascar on peut choisir un des forfaits offerts par Montparnasse Voyages. Le forfait comprend le voyage aller et retour sur Air Madagascar, les transferts de l'aéroport d'Antananarivo (la capitale) à Fort Dauphin et 7 jours/6 nuits à l'Hôtel Méridien de Fort Dauphin, sur la côte sud de l'île. L'hôtel est situé sur une plage éblouissante (*dazzling*) de sable blanc. Parmi les sports gratuits que l'on y offre aux voyageurs sont le tennis, le golf (9 trous), la planche à voile et la plongée. On offre aussi une initiation au ski nautique et la location (*renting*) de masques et de palmes. Et les voyageurs trouveront à leur disposition des jeux de société. La nuit il y a des soirées dansantes avec orchestre.

Les prix du forfait sont à partir de 12 570 F, pension complète (*full board*). Des repas somptueux qui comprennent des plats typiques de l'île et une abondance de fruits tropicaux font le plaisir de tous les participants.

Pour obtenir une brochure détaillée sur le forfait, veuillez (*kindly*) écrire à Montparnasse Voyages, 22, rue Thibaud, 75014 Paris ou téléphoner à l'agence (45.13.75.09) et demander Mlle Cléry.

La présentation orale

- ### Conversation

  Avec un(e) camarade de classe, préparez une conversation basée sur l'annonce d'Air France (ou basée sur celle que vous avez écrite pour Madagascar). Ce sera un dialogue entre un agent de voyages et un voyageur.

  Vous pouvez commencer de cette façon:

  VOYAGEUR: Qu'est-ce que vous avez comme voyages organisés aux tropiques cet hiver? J'ai envie de soleil.

  AGENT: Je peux vous proposer une semaine à la Guadeloupe (un forfait à Madagascar) . . .

- ### Pour le voyageur étranger

  Résumez dans un petit exposé (*talk*) les activités qui sont à la disposition d'un voyageur qui veut passer une semaine dans votre ville ou dans votre région. Quelle est la meilleure saison de l'année pour son séjour (*stay*)? Où peut-il se loger? Qu'est-ce qu'il peut faire pour s'amuser? Aidez le voyageur en lui donnant les renseignements nécessaires sur l'endroit où vous habitez.

En France (1): les Maisons de Province

Introduction

 Quand on pense à la France, on pense toujours à Paris, cette ville extraordinaire qui *attire* les voyageurs *du monde entier*. Beaucoup de touristes *ne* connaissent *que* Paris, et *ne se rendent jamais compte* que c'est la capitale d'un pays *passionnant* et très varié, qui offre à l'étranger un spectacle sans fin. Mais comment obtenir des *renseignements*? Il existe à Paris des «Maisons de Province», qui sont des bureaux représentant toutes les régions de France. Ces bureaux sont ouverts au public et *fournissent* des brochures, des *dépliants* et des informations sur tous les aspects de leur région capables d'intéresser le touriste. Dans ce dépliant de l'Association des Maisons de Province, cherchez l'adresse de la Maison d'Auvergne, la province que nous allons visiter.

attracts

from all over the world

only/never realize

exciting

information

supply/folders

Pour faciliter la lecture

Note that not all French words ending in **-tion** have exact cognates in English. Study the meanings of **animation**, **disposition**, **documentation**, and **émanation** in the Vocabulaire.

Abréviations

bd boulevard
h heures
Mº métro (*subway stop*)
Tél. téléphone

> **MAISON DE LA LOZÈRE**
> 4, rue Hautefeuille
> **75006 PARIS**
> Tél. (1) 43 54 26 64
> Métro : Saint-Michel ou Odéon
> Ouvert du mardi au samedi inclus

Notes culturelles

1. L'Auvergne est une région montagneuse du centre de la France. La ville principale de l'Auvergne est Clermont-Ferrand et le fleuve le plus connu est l'Allier. L'Auvergne est un centre touristique important, surtout pour ceux qui aiment les plaisirs de la campagne et des milieux ruraux.
2. **Outre-Mer** veut dire les Départements et Territoires d'Outre-Mer de la France. Le seul département d'outre-mer représenté dans le dépliant est l'île de la Réunion, ancienne colonie française dans l'océan Indien.

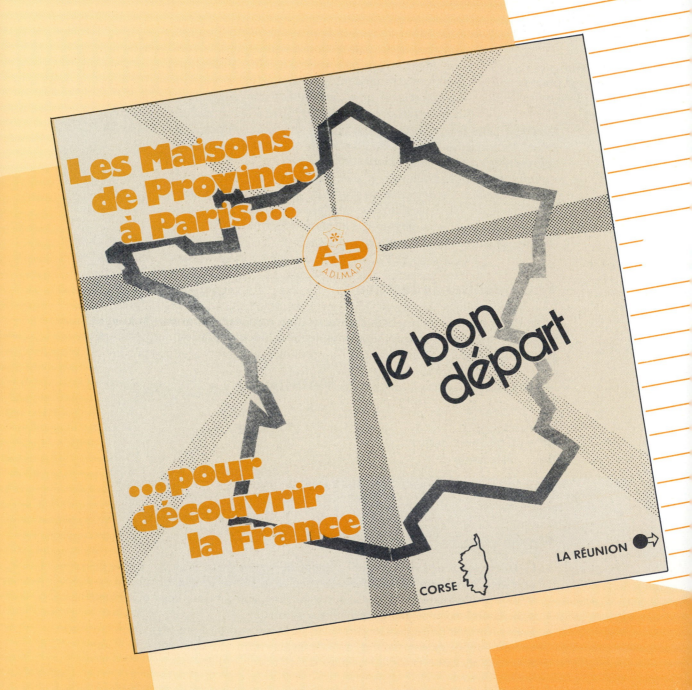

Les Maisons de Province à Paris...

le bon départ

...pour découvrir la France

CORSE

LA RÉUNION

les maisons de province à paris

	HORAIRES D'OUVERTURE	INFORMATION ET DOCUMENTATION			RÉSERVATIONS				AGENCE DE VOYAGES		BILLETS		ORGANISATION DE				SALLE DE RÉUNION - BUREAUX	VENTE DE PRODUCTIONS RÉGIONALES	RESTAURANT RÉGIONAL	LIBRAIRIE RÉGIONALE	DOCUMENTATION RÉGIONALE			EXPOSITIONS - ANIMATIONS
		Touristique	Culturelle	Économique	Hôtels	Locations	Gîtes	Forfaits séjours	Air	Mer	Fer	Location Voitures	Voyages individ.	Voyages groupe	Congrès	Séminaires					Bibliothèque	Photothèque	Cinémathèque	
alpes-dauphiné (ISÈRE) 2, place André-Malraux, 75001 Paris Mº : Palais-Royal Tél. : (1) 42.96.08.43 / 42.96.08.56	Lundi à vendredi 11 h 00 - 18 h 00	●	●	●										●	●	●					●	●	●	●
alsace (HAUT-RHIN - BAS-RHIN - VOSGES) 39, avenue des Champs-Élysées, 75008 Paris Mº : Franklin-Roosevelt Tél. : (1) 42.56.15.94 / (1) 42.25.93.42 / Télex : 280888 *Bulletin d'enneigement*	Lundi au vendredi 09 h - 19 h le samedi 11 h - 17 h	●	●	●	●	●	●	●	●										*Ouvert toute l'année 24 h 24*					
auvergne (ALLIER - CANTAL - HAUTE-LOIRE - PUY-DE-DÔME) 194 bis, rue de Rivoli, 75001 Paris Mº : Tuileries Tél. : (1) 42.61.82.38 / Télex : 213545 F	9 h 30 - 13 h 00 14 h 00 - 18 h 30 (samedi 10 h 00 - 13 h 00 14 h 00 - 17 h 00)	●	●	●	●	●	●	●													●	●	●	
aveyron (AVEYRON) 46, rue Berger, 75001 Paris Tél. : (1) 42.36.84.63 / Mº : Louvre	Lundi au vendr. 10 h 00 - 18 h 30	●																						
bretagne (FINISTÈRE, MORBIHAN, ILLE-ET-VILAINE, CÔTES-DU-NORD, LOIRE-ATLANTIQUE) Centre Commercial Maine-Montparnasse 17, rue de l'Arrivée, 75737 Paris Cedex 15 Mº : Montparnasse - Tél. : (1) 45.38.73.15	Mardi à vendredi 10 h - 19 h 10 h / 12 h 30 13 h 30 / 19 h les lundi et samedi	●	●	●	●	●	●	●					●	●						●			●	●
drôme Mº : Richelieu-Drouot 14, bd Haussmann, 75009 Paris Tél. : (1) 42.46.66.67	9 h 00 - 19 h 00 tous les jours	●	●															●						
franche-comté (DOUBS - HAUTE-SAÔNE - JURA TERRITOIRE DE BELFORT) 2, boulevard de la Madeleine, 75008 Paris Mº : Madeleine Tél. : (1) 42.66.26.28 Télex : 642293	Lundi 13 h 30 - 18 h 30 Mardi à vendredi 10 h 30 à 18 h 30 Samedi 11 h à 16 h	●	●	●	●	●	●	●						●	●	●					●	●	●	
gers et armagnac (GERS) 16, boulevard Haussmann, 75009 Paris Mº : Chaussée-d'Antin - Richelieu-Drouot Tél. : (1) 47.70.39.61 / 42.46.91.39	Lundi au vendr. 10 h 00 - 18 h 00 Samedi 12 h 00 - 17 h 00	●	●	●	●	●	●	●					●	●	●					●	●	●		●
île de la réunion 1, rue Vignon, 75008 Paris Mº : Madeleine Tél. : (1) 42.68.07.88 / (1) 42.68.07.85 Télex : 215338 F	10 h 00 - 19 h 00 du lundi au samedi	●	●	●	●	●	●	●	●				●	●	●	●			*Tous les jours sauf samedi midi et dim.*	●	●	●		●

Vocabulaire

l'**ambassade** *f.* embassy
l'**animation** *f.* organized activity
attirer to attract
le **bulletin d'enneigement** snow report
la **cinémathèque** film library
découvrir to discover
demeurer to dwell; to remain

le **départ** departure
le **dépliant** folder
la **documentation** literature (*about a region, business, etc.*)
le **domaine** field, area
éditer to publish
l'**émanation** *f.* manifestation; (*here*) official office
l'**enneigement** *m.* snow conditions

les **loisirs** *m. pl.* leisure time activities
la **photothèque** photo library
les **renseignements** *m. pl.* information

Expressions

de toute nature of all kinds
demeurer à la disposition de quelqu'un to be (always) available to someone
du monde entier from all over the world (*lit.* from the whole [entire] world)
en permanence at all times

fournir quelque chose à quelqu'un to supply someone with something
ne + *verb* + **que** only
se rendre compte + **de** + *noun/* + **que** + *clause* to realize

Supplément

se renseigner sur quelque chose to get information about something

Syndicat d'Initiative-Office de Tourisme
du Canton de LANGOGNE
15, Boulevard des Capucins,

48300 LANGOGNE

Tél. 66.69.00.07 et 66.69.01.38

Permanence téléphonique aux heures de Bureau.

Pour la compréhension du texte

1. Pourquoi se rend-on (*does one go*) à une Maison de Province?
2. Quels sont les quatre départements qui composent l'Auvergne?
3. Quelle est l'adresse de la Maison de l'Auvergne?
4. Quelle est la station de métro la plus proche de la Maison de l'Auvergne?
5. À quelle heure ouvre le bureau en semaine? Le samedi?
6. Est-ce qu'on ferme les bureaux pour le déjeuner? À quelle heure?
7. Est-ce qu'on vous prêtera des livres sur l'Auvergne dans ce bureau? Comment le savez-vous?
8. Est-ce qu'on peut y goûter (*taste*) des plats régionaux?
9. Qu'est-ce qui se passe si vous arrivez au bureau le samedi à six heures du soir pour demander des renseignements?
10. Expliquez le jeu de mots «le bon départ pour découvrir la France».

Prenez la parole!

1. Connaissez-vous un équivalent des Maisons de Province pour les états des États-Unis ou pour les provinces du Canada? Parlez-en un peu.
2. Comment organisez-vous vos vacances? Où est-ce que vous trouvez les informations dont vous avez besoin (*which you need*)?
3. Quelles sont les heures d'ouverture des bureaux de la mairie (*city government*) de votre ville?
4. Quels services sont à votre disposition dans une agence de voyages?

Exercice de vocabulaire

Les maillons (*links*) **de la chaîne**

Complétez chaque phrase avec le(s) mot(s) qui manque(nt). Marquez l'espace en blanc d'un X si la phrase est complète telle quelle (*as it is*).

1. Il est temps de penser —— vacances.
2. Hier je voulais —— me renseigner —— la possibilité de passer mes vacances en Auvergne.
3. On m'avait dit que la Maison d'Auvergne demeurait —— permanence —— la disposition des touristes.
4. Là on fournit —— touristes les informations dont ils ont besoin (*which they need*).
5. On vous y donne une documentation —— toute nature.
6. Tout le monde —— rend compte —— l'utilité des Maisons de Province.

Prenez la plume!

- **Traduisez en français**

   1. They gave me only (*use* **ne . . . que**) one folder.
   2. This document is published by the French government.
   3. Where can we get information about leisure time activities in Auvergne?
   4. The embassy gave us a lot of literature about (**sur**) France.
   5. They have numerous services in all fields.

- **Composition:** *Renseignements pour un voyage*

   Quels renseignements obtenez-vous avant de faire un voyage ou de partir en vacances? Où les obtenez-vous? Écrivez une composition de 8 à 10 phrases où vous décrivez en détail les informations que vous aimez avoir avant de voyager et comment vous les cherchez.

La présentation orale

- **Conversation:** *Comment demander (et dire) où ça se trouve*

   Avec un(e) camarade de classe, faites le dialogue suivant pour plusieurs des Maisons de Province qui figurent sur la liste. Essayez de varier autant que possible les phrases que vous employez.

   A. Je voudrais me renseigner sur la Drôme.
      ou
      Je veux passer mes vacances dans la Drôme. Où est-ce que je peux avoir des renseignements?
      ou
      On m'a dit que la Drôme était une belle région. Tu en sais quelque chose?

B. Tu dois t'adresser à la Maison de Province de la Drôme.

ou

Tu ne connais pas les Maisons de Province? Il y a une Maison de la Drôme. Tu peux t'y renseigner.

A. Ça se trouve où?

B. 14, boulevard Haussmann.

A. Tu ne saurais pas quelle est la station de métro la plus proche, par hasard (*by any chance*)?

B. Si, je crois que c'est Richelieu-Drouot.

- **Informations pour un ami étranger**

  Vous êtes français(e). Un de vos amis américains est en visite chez vous à Paris et il veut connaître toute la France. Expliquez-lui quels sont les services offerts par les Maisons de Province.

limousin
(CORRÈZE - CREUSE - HAUTE-VIENNE)
18, boulevard Haussmann, 75009 Paris
M° : Chaussée-d'Antin - Richelieu-Drouot
Tél.: (1) 47.70.32.63 / (1) 42.46.60.76 / Télex : 643631 F

lot-et-garonne
15-17, passage Choiseul, 75002 Paris
M° : 4-Septembre - Pyramides
Tél. : (1) 42.97.51.43 / (1) 42.96.51.43

lozère
4, rue Hautefeuille, 75006 Paris
M° : Saint-Michel
Tél. : (1) 43.54.26.64

nord - pas-de-calais
18, boulevard Haussmann, 75009 Paris
M° : Chaussée-d'Antin - Richelieu-Drouot
Tél. : (1) 47.70.59.62 / Télex : 640868 F

périgord
(DORDOGNE)
30, rue Louis-Legrand, 75002 Paris
M° : Opéra
Tél. : (1) 47.42.09.15 / Télex : 216548

poitou - charentes
(CHARENTE - CHARENTE-MARITIME - DEUX-SÈVRES VIENNE)
4, avenue de l'Opéra, 75001 Paris
M° : Palais-Royal
Tél. : (1) 42.96.01.88 / Télex : 210496

pyrénées
(HAUTES-PYRÉNÉES - HAUTE-GARONNE - ARIÈGE PYRÉNÉES-ORIENTALES - PYRÉNÉES-ATLANTIQUES)
15, r. St-Augustin, 75002 Paris (angle r. Ste-Anne)
M° : 4-Septembre
Tél. : (1) 42.61.58.18 / Télex : 213824 F

savoie
(SAVOIE - HAUTE-SAVOIE)
16, boulevard Haussmann, 75009 Paris
M° : Chaussée-d'Antin - Richelieu-Drouot
Tél. : (1) 45.23.05.50 - Télex : 280813

tarn
(TARN)
34, avenue de Villiers, 75017 Paris
M° : Villiers
Tél. : (1) 47.63.06.26 / (1) 47.66.55.80

En France (2) — On part pour l'Auvergne

Introduction

 Vous avez maintenant tous les *renseignements* nécessaires sur l'Auvergne. Mais où allez-vous *vous loger*? Peut-être que vous ne voulez pas *descendre dans* un hôtel d'une des grandes villes. Peut-être que vous préférez rester dans un *cadre* rural. Que faire? *Adressez-vous* à l'Association «Les Huttes de France». Les Huttes de France sont des groupements de petites maisons en bois mis à la disposition des voyageurs. Ces Huttes permettent à *ceux-ci* d'être logés à la campagne et de participer à des activités variées.

information

to stay
to stop at
setting
Speak

the latter

À la Maison d'Auvergne on vous a donné des informations précises sur les Huttes de France. Les voici.

Pour faciliter la lecture

Note the false cognate **la location** (*renting*) and the translation of the following:

  à la location   when you rent   **sur place**   on location, on the spot

The French equivalent of the English word *location* may be **le site**, **l'emplacement**, or **la situation**, but never **la location**.

Note de langue

This text is a description of the little cottage offered by "Les Huttes de France." Sometimes in descriptions like these, the usual order of words may be changed for emphasis. For instance, instead of:

  Ces chalets sont jolis et confortables et situés près du fleuve.

it is much more striking to write:

  Jolis et confortables, ces chalets sont situés près du fleuve.

or even:

  Situés près du fleuve, ces chalets sont jolis et confortables.

This rearrangement of the elements of the sentence emphasizes the qualities of the cottage rather than the cottage itself.

Note culturelle

Le Limousin est une région de France, de caractère rural, qui se trouve à l'ouest de l'Auvergne.

CAMPEURS ET AMATEURS DE VACANCES ORIGINALES, VOUS DÉCOUVREZ AVEC LA HUTTE DE FRANCE UNE NOUVELLE IDÉE VACANCES.

CONÇUES POUR L'HÉBERGEMENT DE 3 À 4 PERSONNES, LES HUTTES SONT INSTALLÉES PAR GRAPPES DE 6 À 15 UNITÉS EN ANNEXE DE CAMPING OU DE VILLAGES DE VACANCES. 4 MODÈLES VOUS SONT PROPOSÉS À LA LOCATION.

BIEN ISOLÉES ET TOTALEMENT ÉQUIPÉES, LES HUTTES SONT À VOTRE DISPOSITION DANS 40 SITES D'AUVERGNE ET DU LIMOUSIN. ELLES SONT GÉNÉRALEMENT INSTALLÉES DANS DES SITES DE QUALITÉ AU CONTACT D'ESPACES BOISÉS OU EN BORDURE DE LACS ET DE RIVIÈRES. DE NOMBREUX LOISIRS VOUS SERONT PROPOSÉS SUR PLACE : PÊCHE, RANDONNÉE, TENNIS, JEUX DE BOULES, CHEVAL, ETC...

LES COMMUNES REGROUPÉES EN ASSOCIATION SE SONT ENGAGÉES SUR UNE CHARTE DE QUALITE POUR VOUS OFFRIR LE MEILLEUR SERVICE AU PRIX LE PLUS JUSTE.

UNE HUTTE PEUT ÊTRE LOUÉE POUR LE WEEK-END OU À LA SEMAINE. IL VOUS SUFFIT DE DEMANDER UNE DOCUMENTATION OU D'APPELER LE (73) 34.18.48 DU LUNDI AU VENDREDI.

Conçu et réalisé par l'Association HUTTES DE FRANCE

À RETOURNER À

ASSOCIATION LES HUTTES DE FRANCE
46, BOULEVARD PASTEUR
63000 CLERMONT-FERRAND

Vocabulaire

l'**amateur** *m.* person fond
(*of something*)
boisé wooded
la **bordure** edge
le **cadre** setting
la **charte** charter agreement
la **commune** rural community
conçu conceived, developed
s'engager to commit
oneself

la **grappe** cluster
l'**hébergement** *m.* lodging
la **hutte** hut
le **jeu de boules** bowling
juste fair
la **location** renting
se loger to lodge, stay
louer to rent
original unique,
different
la **pêche** fishing

proposer to suggest; to
offer
la **randonnée** hiking
regrouper to group
together
les **renseignements** *m. pl.*
information
l'**unité** *f.* unit
le **village de vacances**
group of summer
homes

Expressions

à la location when you rent
à la semaine by the week
s'adresser à to apply to; to speak to;
to inquire at
au contact de (*here*) right next to
ceux-ci the latter
descendre dans un hôtel to stay at a hotel
en annexe de camping as an adjunct to a
campground

il vous suffit de (+ *inf.*) all you have to
do is
mettre à la disposition de quelqu'un to
make available to someone
sur place on the spot; (*here*) once you're
there

La **NATURE**
promenades pédestres
balisées

Le **SOLEIL**
micro climat
exceptionnel

La **PECHE**
truites, saumons

**LE CANOE
KAYAK**

**CAMPING
"Le Prado"**
bords de l'Allier

**GORGES
de L'ALLIER**
excursions

TENNIS

Pour la compréhension du texte

1. Quelles sont les deux régions de France où se trouvent les Huttes?
2. Quels touristes aimeraient être logés dans une Hutte?
3. Combien de modèles de Huttes y a-t-il et quand le touriste peut-il choisir le modèle qu'il préfère?
4. Une famille qui comprend (*includes*) les grand-parents, les parents et quatre enfants veut se loger dans une Hutte. À quel problème se heurteront-ils? (*What problem will they come up against?*)
5. Est-ce que les Huttes offrent un contact direct avec la nature? Expliquez.
6. Que peut-on faire pour s'amuser si on passe une semaine dans une Hutte?
7. Comment peut-on être sûr de la qualité du service de la Hutte qu'on loue?
8. Quelle est la durée des séjours (*How long does one stay*) dans les Huttes?

Prenez la parole!

1. Est-ce que vous aimez les loisirs de la campagne? Lesquels?
2. Est-ce qu'on peut aller à la pêche ou monter à cheval près de chez vous? Où exactement? Avez-vous pratiqué ces sports? Avez-vous envie de les pratiquer?
3. Quel genre de vacances préférez-vous — des vacances en ville ou des vacances à la campagne? Pourquoi?
4. Est-ce que vous vous logeriez dans une Hutte? Pourquoi ou pourquoi pas?
5. Essayez de vous souvenir des vacances que vous avez passées avec votre famille. Où est-ce que vous vous êtes logés? Est-ce que vous vous êtes déjà logés dans un petit chalet semblable (*similar*) aux Huttes? Est-ce que vous vous y êtes plu (s'y plaire = *to like it there*)?

Exercice de vocabulaire

Les maillons (*links*) de la chaîne

Voici un petit récit. Complétez-en chaque phrase avec le mot qui manque. Marquez l'espace en blanc d'un X si la phrase est complète telle quelle (*as it is*).

1. Je me suis adressé —— la Maison d'Auvergne.
2. Je leur ai dit que je ne voulais pas descendre —— un hôtel, mais que je préférais passer —— mes vacances dans un cadre rural.
3. On m'a expliqué que pour ceux qui désirent rester —— contact —— la nature, il existe de petits chalets qu'on appelle «Les Huttes de France».
4. Les touristes peuvent louer une Hutte —— la semaine.
5. Pour en réserver une, il suffit —— téléphoner à un numéro qu'on m'a donné.
6. On peut aussi louer une Hutte —— place.
7. Les Huttes offrent beaucoup de loisirs. On peut y jouer —— boules ou faire des randonnées.

Prenez la plume!

- **Traduisez en français**

  1. The embassy supplied him with the necessary information.
  2. We stayed (*use* **se loger**) in a cottage in a rural setting.
  3. The house is right next to a beautiful wooded space.
  4. Numerous leisure activities will be suggested to you once you're there.
  5. The cottages are grouped together into a "vacation village."

- **Composition**

  Des vacances à la campagne? Quelle merveilleuse idée! Dans un bref paragraphe, décrivez vos vacances rurales idéales: l'ambiance et le site que vous cherchez, le logement que vous préférez (chalet, tente, sac de couchage, hôtel de luxe) et les activités qui vous intéressent. Et si vous n'aimez pas la campagne, vous pouvez écrire un paragraphe où vous expliquez pourquoi vous n'aimeriez pas passer vos vacances dans un cadre rural.

La présentation orale

- **Conversation: *À la Maison d'Auvergne à Paris***

  Petite scène à monter (*to be acted out*) entre deux étudiants. L'un(e) d'eux travaille à la Maison d'Auvergne à Paris, l'autre est un(e) touriste qui vient chercher des renseignements. Voici les éléments essentiels de la scène:

  1. On se salue.
  2. L'employé(e) demande comment il (elle) peut aider le (la) touriste.
  3. Le (la) touriste pose cinq questions sur l'hébergement en Auvergne et l'employé(e) y répond.
  4. L'employé(e) offre des brochures et des dépliants au (à la) touriste.
  5. On se dit au revoir.

  Cette scène sera à présenter devant la classe.

- **Comment décrire des événements du passé: *Une semaine dans les Huttes de France***

  Voici une petite bande dessinée (*comic strip*) où vous verrez comment une famille française découvre les Huttes de France. Lisez-la et ensuite imaginez-vous dans cette famille. Utilisez cette bande dessinée et ce que vous savez déjà sur les Huttes pour décrire une semaine imaginaire que vous avez passée en Auvergne l'été dernier.

  Un petit vocabulaire vous aidera à comprendre l'histoire racontée par cette série de dessins.

le **bois** wood
le **bouchon** traffic jam
le **chalet** cottage, summer home
  chargé loaded down
le **chauffage** heating
  débarquer to arrive
la **foule** crowd
le **frigo** refrigerator
le **g.r.** (= **la grande randonnée**) long-
    distance hike
le **lit du d'sus** (= **dessus**) the bed
    (bunk) on top

la **panne** mechanical breakdown
la **plaque de cuisson** burner (*stove*)
  plein (**de quelque chose**) a lot,
    loads (of something) (*coll.*)
la **popot(t)e** eating area (*coll.*)
  profond deep, hidden
le **rangement** storage space
le **truc** thing (*slang*)

débarquer à 3 ou (**à**) **4** to arrive by
    threes or fours
jouer aux boules to bowl

Vers l'Amérique (1): vols affrétés Paris–USA

Introduction

Parmi les destinations les plus choisies par les Français qui *partent en vacances* se trouve l'Amérique du Nord. Les Français veulent connaître les États-Unis et le Canada. Comment *s'y prennent-ils*? Pour *réduire* les *frais* du voyage, on cherche souvent un *forfait* qui *comprend* un *vol affrété*, comme ceux que propose Jet'Am, compagnie qui offre «de vraies vacances *à l'américaine*».

go away on vacation

do they go about it
reduce/expenses
package deal/includes/ charter flight

American-style

Pour faciliter la lecture

1. Note the following false cognates in the text:

   le car (*intercity bus*) les conditions (*price*) la mode (*fashion*)
   le circuit (*tour*) la formule (*format, plan*) le mode (*kind, mode*)

2. There are French terms for many parts of the United States. Here are four:

   la Floride du Sud la Nouvelle-Angleterre
   les montagnes Rocheuses la Nouvelle-Orléans

Notes de vocabulaire

1. **Le charter** is a very common anglicism for **le vol affrété**.
2. **Le vol intérieur** is a flight within the borders of a country — the opposite of an international flight.

Note de langue

Study this use of **que** + the subjunctive, which appears several times in the text:

   que + *subjunctive* + **ou que** + *subjunctive* + main clause (whether . . . or whether . . .)

   Qu'il fasse beau ou qu'il pleuve, il nous faudra partir.

Notes culturelles

1. Vingt-trois degrés Celsius font à peu près 75 degrés Fahrenheit.
2. L'adjectif «Cajun» est utilisé pour désigner les habitants francophones (*French-speaking*) de la Louisiane. Le mot anglais dérive du mot français **acadien**. Les Acadiens étaient les habitants de langue française déportés par les Anglais du Canada en Louisiane dans les années 1755–1760.

Notre spécialité, chez Jet'Am, c'est l'Amérique, et cette saison, comme lors des saisons précédentes, nous avons voulu sélectionner, pour vous, aux meilleures conditions, ce que l'Amérique peut offrir de mieux à ses cousins Européens venus la visiter. L'Amérique, pour nous, commence dès Paris, puisque nous vous proposons de nombreuses destinations sur le continent Nord-Américain (U.S.A. et Canada) en vols charters ou réguliers.

Vous pourrez la visiter dans le cadre de nos deux formules de vacances adaptées à votre personnalité et à vos goûts:

• **LA FORMULE "VACANCES A CONSTRUIRE":** qui vous permettra de choisir, vous-même, vos propres modes de déplacements (location de voiture, car, vols intérieurs, motor-home), vos propres logements, vos propres loisirs...

• **LA FORMULE "VACANCES CONSTRUITES":** où nous avons tout organisé et pensé pour votre plus grand confort (séjours et circuits simples ou combinés).

Mais, quelle que soit la formule que vous choisirez, c'est la véritable Amérique que vous découvrirez, celle des plages ensoleillées de Floride (23° en janvier) ou de Californie, des ranchs du Texas, des Montagnes Rocheuses, des gratte-ciel de New York, mais aussi celle du parler Cajun des marchés de la Nouvelle-Orléans, de la télévision en Espagnol de la Floride du Sud ou de l'Anglais chic de la Nouvelle-Angleterre.

Que vous bronziez en contemplant les surfeurs des plages à la mode, ou que vous survoliez le Grand Canyon en avion de tourisme, ou que vous descendiez le Colorado en radeau, c'est encore l'Amérique, celle que nous aimons, que nous vous ferons découvrir

Alors bonnes vacances à l'américaine avec Jet'Am.

Vocabulaire

affréter to charter
l'avion de tourisme *m.* private plane
bronzer to tan
le **cadre** framework, scope
construire to build
le **déplacement** travel, getting around
ensoleillé sunny
le **forfait** package deal
les **frais du voyage** *m. pl.* travel expenses

le **goût** taste
le **gratte-ciel** (*pl.* **gratte-ciel**) skyscraper
la **location** renting
les **loisirs** *m. pl.* leisure time activities
lors de during, at the time of
le **parler** speech, dialect
proposer to offer; to suggest
le **radeau** raft

réduire to reduce
le **séjour** stay
sélectionner to select, choose
survoler to fly over
venus (*p. part. of* **venir**) (who have) come
véritable real, true
le **vol** flight
le **vol affrété** charter flight
vous-même you yourself

Expressions

à l'américaine American-style
adapter quelque chose à quelque chose to adapt something to something
Bonnes vacances! Have a nice vacation!
faire découvrir quelque chose à quelqu'un to have someone discover something, open someone's eyes to something

partir en vacances to go away on vacation
permettre à quelqu'un de faire quelque chose to allow someone to do something
quelle que soit la formule . . . whichever formula . . .
s'y prendre to go about it

Paris/**SAN FRANCISCO**
/Paris

Aller : samedi.
Retour : dimanche.

Tarif A/R Adulte	5 080 F
Enfant	3 900 F
Bébé	660 F

VALIDITÉ 14 JOURS MINI, 2 MOIS MAXI

Pour la compréhension du texte

1. À qui est-ce que Jet'Am offre ses forfaits?
2. Que veut dire «l'Amérique commence dès Paris»?
3. Qu'est-ce que le voyageur peut choisir s'il part pour l'Amérique dans le cadre de la première formule?
4. Quelles sortes de déplacements sont à sa disposition?
5. Quel est l'avantage de la formule «Vacances construites»?
6. Quelle langue entend-on parfois sur les marchés de la Nouvelle-Orléans?
7. Qu'est-ce qu'on peut faire pour voir le panorama du Grand Canyon?
8. Pourquoi le voyageur français qui désire connaître les États-Unis choisirait-il les forfaits de Jet'Am?

Prenez la parole!

1. Laquelle des deux formules choisiriez-vous si vous étiez français(e) et si vous partiez pour les USA? Expliquez les raisons de votre sélection.
2. Quelles activités sont mentionnées dans le texte comme typiquement américaines? Est-ce que ce sont des activités qui peuvent attirer le voyageur européen?
3. Quelles autres activités américaines ajouteriez-vous à la liste?
4. Est-ce que vous aimez les voyages en avion? Où est-ce que vous êtes allé(e) en avion? Qu'est-ce qui vous a plu pendant le vol? Quels côtés négatifs avez-vous remarqués?

Exercice de vocabulaire

Association d'idées

Reliez (*Link*) les idées de la colonne A aux mots de la colonne B qui leur sont apparentés (*related*).

1. une plage de Floride
2. la location d'un avion
3. un voyage organisé
4. les activités de vacances
5. la descente du Colorado
6. le bâtiment typique de New-York

   a. les loisirs
   b. le gratte-ciel
   c. le radeau
   d. le forfait
   e. ensoleillé
   f. un vol affrété

SUR NEW YORK CHAQUE SEMAINE : 2 VOLS

Prenez la plume!

- **Traduisez en français**

  1. Whether he comes or not, we'll leave at eight o'clock.
  2. Whichever flight you take, you will fly over New York.
  3. People take charter flights in order to reduce travel expenses.
  4. I would like to go to France, but I don't know how to go about it.
  5. Whether you take the bus or the train, your stay in the USA will be wonderful.

- **Rédigeons** (*Let's write*) **une annonce touristique**

  Quels sont les attraits (*attractions*) de votre ville ou de votre région? Faites une liste semblable (*similar*) à celle du texte que vous avez lu. Bien sûr, vous pouvez la faire en utilisant votre sens de l'humour.

La présentation orale

- **Conversation:** *Comment exprimer des conditions alternatives*

  Lisez cette phrase tirée de l'annonce de Jet'Am. Remarquez qu'elle exprime des conditions alternatives (anglais: *whether . . . or whether . . .*):

  > Que vous bronziez en contemplant les surfeurs des plages à la mode, ou que vous survoliez le Grand Canyon en avion de tourisme, ou que vous descendiez le Colorado en radeau, c'est encore l'Amérique, celle que nous aimons, que nous vous ferons découvrir.

  Rappelez-vous la formule grammaticale utilisée pour exprimer des conditions alternatives en français:

  que + subjonctif + **ou que** + subjonctif + proposition principale (*main clause*)

Maintenant c'est à vous de faire des phrases pareilles (*similar*). Créez-en trois ou quatre qui ont trait (*relate*) à votre vie et dites-les à un(e) camarade de classe.

Par exemple:

> Qu'on étudie à la bibliothèque ou qu'on lise chez soi, il faudra tout apprendre par coeur.
>
> Qu'on apporte son déjeuner ou qu'on l'achète à la cafétéria de l'école, on n'aura pas assez de temps pour manger.
>
> Que je sois en avance ou (que je sois) en retard, mon professeur ne sera jamais content.

- **Débat**

  La classe va se diviser en deux équipes. La première équipe défendra la formule «Vacances à construire», la seconde équipe, celle de «Vacances construites».

Vers l'Amérique (2) — Nous arrivons aux USA!

Introduction

Vous avez choisi des «Vacances à construire» aux États-Unis. *À l'arrivée* il vous faut choisir votre *moyen de transport*. Voici trois possibilités: une voiture, une *caravane*, un *autocar*. Lisez la description de chaque moyen de transport et faites votre *choix*.

When you arrive

means of transporta-tion
trailer/intercity bus

choice

Pour faciliter la lecture

1. Scan the text to determine how it is structured. How can you tell what information it contains and how that information is organized?
2. You will find in the text the following cognates that have to do with traveling:

l'aéroport	réserver	la valise
la destination	touristique	le visiteur

3. The text also has the following false cognates:

   délivrer (*to issue*)   la location (*renting, rental*)
   la lecture (*reading*)

Note de langue

Notice that French often prefers a prepositional phrase (preposition + definite article/possessive adjective + noun) where English uses a clause beginning with a conjunction:

à l'arrivée   when you arrive
avant votre départ   before you leave
lors de la location   when you rent

Conduisez L'Authentique   **WINNEBAGO**

Notes culturelles

1. Le permis de conduire français «tourisme 3 volets» (*flaps*) est un permis donnant le droit de conduire une voiture de tourisme (*private car*). La carte de ce permis, qui est délivré (*issued*) par le gouvernement français, a trois volets (d'où le nom).
2. La catégorie A est une catégorie de voitures louées par la compagnie — dans ce cas, de petites voitures.

LOCATION DE VOITURES

EUROPCAR ET SES SERVICES :

La Société de location de voitures avec laquelle JET'AM a traité est présente dans les grandes villes, dans les endroits touristiques ainsi que dans les aéroports.

LES RESERVATIONS :

JET'AM vous réserve une voiture dans 500 villes aux U.S.A.

BON A SAVOIR :

Une carte de crédit est indispensable pour éviter les cautions. Permis de conduire "tourisme" français 3 volets délivré depuis plus d'un an. Age minimum pour louer une voiture : 21 ans. "Round trip" (aller-retour) : il faut ramener la voiture à son point de départ. "One way" (aller simple) : permet de prendre la voiture dans une station et de la rendre dans une autre (la catégorie A n'est pas disponible). Kilométrage illimité aux U.S.A. et limité à 1.500 km/semaine au Canada.

EQUIPEMENT :

Boîte de vitesse automatique, ceintures de sécurité (port obligatoire). Air conditionné aux U.S.A., direction et freins assistés, radio. La flotte de voitures est renouvelée tous les ans.

MOTOR-HOMES

Une solution idéale pour combiner le logement et le déplacement. Nous vous recommandons les destinations suivantes cet hiver: Los Angeles/San Francisco/Miami/Tampa et Orlando.

La location minimum est d'une semaine. Nous consulter pour tous renseignements et pour les prix d'hiver.

VOYAGES EN CAR GREYHOUND

Les cars Greyhound desservent tout le territoire des Etats-Unis. Les forfaits Ameripass à kilométrage illimité sont réservés aux visiteurs d'outre-mer. Vous pourrez acheter avant votre départ des forfaits de 7 - 10 - 15 ou 30 jours.

Les cars Greyhound. Ils sont très confortables, climatisés, équipés de toilettes et de lavabos, fauteuils inclinables, lampes de lecture individuelles.

Bagages : une valise par personne est recommandée.

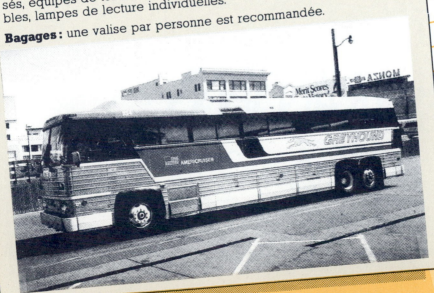

Vocabulaire

ainsi que as well as
l'autocar *m.* (*also* **le car**) intercity bus
la boîte de vitesse transmission
la caravane trailer
la caution deposit
la ceinture de sécurité safety (seat) belt
le choix choice
climatisé air conditioned
délivrer to issue
le déplacement traveling, getting around
desservir to stop at places
la direction assistée power steering

disponible available
l'endroit *m.* place
éviter to avoid
le fauteuil seat
la flotte fleet
les freins assistés *m. pl.* power brakes
illimité unlimited
inclinable reclinable
le kilométrage number of kilometers
la lampe de lecture reading lamp
le lavabo sink, washbasin; washroom
limité limited
la location renting
le logement lodging

louer to rent
le moyen de transport means of transportation
le permis de conduire driver's license
le point de départ point of departure, starting point
le port wearing
ramener to bring back; to drive (*someone or something*) back
les renseignements *m. pl.* information
suivant following
les toilettes *f. pl.* rest room, toilet
traiter avec to deal with (*commercial*)

Expressions

à l'arrivée when you arrive
avant votre départ before you leave
depuis plus d'un an more than (over) a year ago
d'outre-mer overseas (*adj.*)
équiper quelque chose de quelque chose to equip something with something
nous consulter consult us (*infinitive used for instructions*)

permettre (à quelqu'un) de faire quelque chose to allow (someone) to do something
renouveler une flotte de voitures to overhaul a fleet of cars, replace defective cars in a fleet

Pour la compréhension du texte

1. Pourquoi croyez-vous que Jet'Am ait décidé de traiter avec Europcar?
2. Quels documents faut-il avoir pour louer une voiture? Quel âge faut-il avoir pour louer une voiture?
3. Est-ce qu'on est sûr d'avoir une voiture en bon état? Pourquoi?
4. Décrivez l'équipement des voitures qu'on loue aux visiteurs.
5. Si le contrat de location dit «aller-retour», où est-ce qu'il faut rendre la voiture? Et dans le cas d'un «aller simple»?
6. Quel est l'avantage du motor-home?
7. Est-ce qu'un citoyen américain peut acheter un forfait Ameripass pour les cars Greyhound?
8. Quel est l'avantage du car pour le touriste étranger qui veut connaître tous les États-Unis ou tout le Canada?
9. Pourquoi est-on sûr de faire un bon voyage avec un car Greyhound?
10. Qu'est-ce qu'on recommande au sujet des bagages du voyageur en car?

Prenez la parole!

1. Comment est-ce que vous vous y prendriez (*would you go about it*) pour connaître l'état où vous habitez? Quel moyen de transport choisiriez-vous? Pourquoi?
2. Est-ce que votre famille a une voiture? Comment est-elle équipée? Si vous n'en avez pas, décrivez l'équipement de votre voiture idéale.
3. Est-ce que l'on utilise beaucoup la climatisation (*air conditioning*) dans votre région? Expliquez pourquoi la climatisation est essentielle ou d'un emploi excessif où vous habitez.
4. Quand votre famille part en vacances, pour combien de temps part-elle? Qu'est-ce que vous préférez (et pourquoi) — les séjours (*stays*) courts ou les séjours longs?

Exercice de vocabulaire

Complétez chaque expression avec le mot convenable (*appropriate*).

ceinture	flotte	permis	lampe	fauteuil
freins	boîte	port	moyen	point

1. le —— de départ
2. la —— de lecture
3. la —— de vitesse
4. les —— assistés

5. la —— de sécurité
6. le —— de transport
7. renouveler une —— de voitures
8. le —— de conduire

Prenez la plume!

- ### Traduisez en français

  1. How can we reduce the expenses of the trip?
  2. We can choose a small car as our method of getting around.
  3. There are two vacation plans adapted to our needs.
  4. Whether we rent a car or take the bus, we must ask for a package deal with an unlimited number of kilometers.
  5. We must consult a travel agent (**un agent de voyages**) for all information before we leave.

- ### Phrases synonymes

  Refaites chacune des phrases suivantes avec les éléments suggérés pour en faire une autre phrase ayant le même sens.

  Modèle:

  > Il faut porter les ceintures de sécurité. (port/obligatoire)
  → Le port des ceintures de sécurité est obligatoire.

  1. Selon ce contrat il vous faut rendre la voiture à la station même où vous l'avez prise. (ramener/point de départ)
  2. Cette formule donne aux touristes l'occasion de voler au-dessus du fleuve. (forfait/permettre/survoler)
  3. Il faut absolument avoir une carte de crédit pour ne pas donner une grosse somme d'argent quand vous louez une voiture. (indispensable/éviter/cautions/lors de la location)
  4. Ce voyage organisé vous offre des vacances intéressantes au meilleur prix. (circuit/proposer/séjour/conditions)

La présentation orale

● **Conversation:** *Comment convaincre quelqu'un*

Lequel des trois moyens de transport — voiture, motor-home, car — choisiriez-vous? Discutez avec un(e) camarade de classe du choix d'un moyen de transport pour votre voyage aux USA ou au Canada. Dites comment votre choix de transport vous aiderait à connaître le pays comme vous voudriez le connaître.

Quelques phrases de persuasion et de préférence:

Je préfère X parce que . . .
Si tu y réfléchis un peu, tu verras que . . .
Tu te trompes si tu penses que . . .
Pour vraiment connaître le pays, il faut absolument . . .
Il vaut mieux . . . parce que . . .

1 TICKET, 1 JOUR, TOUS LES TRANSPORTS!

● **La description d'un séjour aux USA:** *On revient de vacances*

Voici un des circuits proposés par Jet'Am aux Français qui désirent connaître les États-Unis: 9 jours dans le Texas. Imaginez que vous êtes français(e) et que vous avez visité le Texas avec ce circuit. Lisez-en les détails et décrivez votre voyage en disant vos impressions.

Ce petit vocabulaire vous aidera à mieux comprendre l'annonce.

l'**accueil** *m.* welcome, reception
la **boisson** drink
le **centre commercial** shopping center
la **demi-journée** half day
l'**envol** *m.* takeoff
le **feuilleton** serial

la **fin de journée** end of the day
flâner to stroll
l'**installation** *f.* moving in
le **retour** return, trip back
situé located

au cours de (+ *time expression*) in the course of
donner un coup de main à to lend a hand to
monter à cheval to ride horseback, go horseback riding

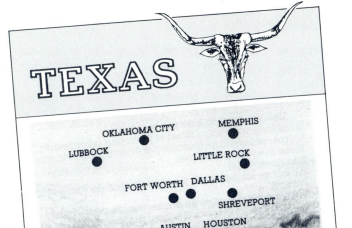

TEXAS

OKLAHOMA CITY
MEMPHIS
LUBBOCK
LITTLE ROCK
FORT WORTH   DALLAS
SHREVEPORT
AUSTIN   HOUSTON
SAN ANTONIO

- **1ᵉʳ JOUR - PARIS/DALLAS**
  Envol de Paris pour Dallas : accueil à l'arrivée et transfert à votre hôtel : Dallas Hilton.

- **2ᵉ JOUR - DALLAS**
  Petit déjeuner continental. Tour de ville guidée : le cœur du centre-ville regroupant les banques, les administrations, les grands magasins dont le célèbre Neiman Marcus. Une architecture extraordinaire : les immenses gratte-ciels, et quel contraste : le vieux Dallas. Après-midi libre pour flâner dans les nombreux centres commerciaux.

- **3ᵉ JOUR - DALLAS**
  Petit déjeuner continental. Départ pour South Fork Ranch, célèbre grâce au fameux feuilleton "Dallas", et retour à Dallas dans l'après-midi. Fin de journée libre.

- **4ᵉ JOUR - DALLAS/FORT WORTH**
  Petit déjeuner continental. Départ en autocar pour Fort Worth situé à 50 km de Dallas. Visite guidée de Fort Worth. Installation à l'Hôtel Hilton.

- **5ᵉ JOUR - FORT WORTH**
  Petit déjeuner continental - Excursion "Surprise" toute la journée.

- **6ᵉ JOUR - FORT WORTH**
  Petit déjeuner continental. Départ pour West Fork Ranch pour une demi-journée au cours de laquelle vous pourrez monter à cheval ou donner un coup de mains "aux Cow-Boys".
  Un déjeuner typique vous sera servi. Retour à Fort Worth.

- **7ᵉ JOUR - FORT WORTH**
  Petit déjeuner continental. Visite de l'Amon Carter Museum : peintures et sculptures américaines. Spectacle au Théâtre, soirée au Club de Billy Bob, spectacle, animation et dancing texans (2 boissons incluses).

- **8ᵉ JOUR - FORT WORTH/PARIS**
  Petit déjeuner continental, matinée libre et transfert à l'aéroport. Envol pour Paris.

- **9ᵉ JOUR - PARIS**
  Arrivée à Paris - Aéroport d'Orly-Sud après le petit déjeuner.

Du kiosque

Les vacances en France

Beaucoup d'entre nous, en travaillant ou en suivant nos cours, rêvons des vacances. Cet article, publié par le ministère des Sports et de la Jeunesse, analyse l'évolution des vacances en France. À la suite du (*following the*) résumé historique se trouve une brève description des habitudes des vacanciers français d'aujourd'hui.

Avant de lire

1. La Côte d'Azur est un lieu de vacances sur la côte méditerranéenne française.
2. Les cures thermales (ou le thermalisme) utilisent les eaux minérales des sources (*springs*) pour guérir toute une gamme (*range*) de maladies. Vichy, Plombières et Aix-les-Bains sont trois stations thermales très connues.
3. Le Front Populaire, gouvernement arrivé au pouvoir en 1936, a réalisé (*brought about*) beaucoup de réformes au bénéfice des ouvriers.
4. Presque tous les salariés français ont droit à cinq semaines de congés payés (*paid vacation*).

Les vacances, racines du temps libre

L'histoire des vacances est en France étroitement liée aux mutations sociales que notre pays a connues depuis son entrée dans l'ère industrielle.

Au 19ème siècle, les vacances étaient encore, pour une majorité de Français, un rêve inaccessible entretenu par les écrivains. Les plus beaux sites étaient occupés par de riches rentiers, qui investissaient des sommes considérables pour y construire de somptueuses villas. Le mythe de la Côte d'Azur, ainsi que la mode des cures thermales de Vichy, de Plombières ou d'Aix-les-Bains, prirent naissance à cette époque.

Une conquête sociale

Il fallut attendre 1936 et le Gouvernement du Front Populaire pour voir instituer les congés payés qui donnaient naissance au tourisme de masse. Depuis près d'un demi-siècle, la satisfaction de revendications sociales successives a permis aux salariés d'accéder aux cinq semaines de vacances ; et de disposer de facilités diverses, ainsi que d'organisations spécialisées dans le tourisme social.

L'étalement des vacances, un enjeu économique

L'accroissement constant des départs en vacances, occasionné par la multiplication des jours fériés, pose de nombreux problèmes auxquels les pouvoirs publics s'efforcent de trouver des solutions. Le transport des personnes, l'aménagement des structures d'accueil, la réalisation des équipements culturels et sportifs, l'approvisionnement des zones de vacances, constituent autant de préoccupations que les responsables publics et privés ont souvent des difficultés à résoudre.

La concentration des vacances d'été sur une période de soixante jours est une pratique typiquement française, qui s'accorde très mal aux exigences du monde moderne. Pour échapper à des déséquilibres de plus en plus préjudiciables à l'économie de notre pays, les pouvoirs publics s'efforcent depuis plusieurs années de promouvoir l'étalement des vacances. Cette nécessité absolue est encore mal comprise par une majorité de Français, et la mise en œuvre d'une politique incitatrice s'avère difficile en raison des habitudes et des mentalités d'un grand nombre de vacanciers, de résidents et, parfois, de responsables d'entreprises.

Un système rigide

Le cadre dans lequel s'exercent les activités économiques est en France encore très rigide. Les horaires de travail, le calendrier des entreprises, l'organisation du temps, apparaissent aux yeux de beaucoup, peu évolutifs et même immuables. Quand les habitudes sont enracinées, il est souvent difficile de les infléchir. 80 % de la population prennent encore aujourd'hui leurs vacances entre le 1er juillet et le 31 août.

VOCABULAIRE

l'accroissement *m.* increase
l'accueil *m.* welcome, reception
ainsi que as well as
l'aménagement *m.* fixing up, preparation
l'approvisionnement *m.* supplying
s'avérer to prove (itself)
le **cadre** framework
les **congés payés** *m. pl.* paid vacation
le **déséquilibre** imbalance
l'édition *f.* publication
l'enjeu *m.* stake
enraciné deeply rooted
entretenir to entertain, feed, keep up
l'équipement *m.* equipping, outfitting, installation
l'ère *f.* era, age
l'étalement *m.* spreading out

étroitement closely
évolutif progressive
exercer to carry out, perform
l'exigence *f.* demand
les **facilités** *f. pl.* opportunities
immuable unchanging
incitateur (incitatrice) encouraging, of inducements
infléchir to bend, modify
le **jour férié** legal holiday, day off (*from work*)
lier to bind, tie up with
la **mentalité** mentality, way of looking at things
la **mise en oeuvre** implementation
occasionner to cause
la **politique** policy

les **pouvoirs publics** *m. pl.* the authorities
préjudiciable harmful
prirent *simple past of* **prendre**
promouvoir to promote
la **racine** root
la **réalisation** carrying out, achieving
le **rentier** person of independent means
résoudre to solve
le **responsable** person in charge
la **revendication** demand for change
le **salarié** salaried worker
la **structure d'accueil** ways of receiving, lodging
le **tourisme social** trips for working-class people
le **vacancier** vacationer
la **zone de vacances** vacation area

EXPRESSIONS

s'accorder mal à to be in disharmony (out of sync) with
de plus en plus more and more
depuis près d'un demi-siècle for almost half a century
donner naissance à to give rise to
échapper à to escape, avoid
s'efforcer de (+ *inf.*) to strive to
en même temps que at the same time that
en raison de on account of
il fallut *simple past of* **il faut** (<**falloir**)
prendre naissance to originate

Pour la compréhension du texte

D'après (*according to*) l'article, dites si les observations suivantes sont vraies ou fausses. Corrigez les observations inexactes.

1. L'état actuel des vacances en France vient de ce que la France est un pays industrialisé.
2. Au 19e siècle la majorité des Français partaient en vacances.
3. La Côte d'Azur et les stations thermales étaient des destinations appréciées des riches vacanciers.
4. Aujourd'hui les salariés bénéficient de trois semaines de congés payés.
5. Les Français ont des difficultés à adopter une politique de concentration des vacances sur la période des deux mois d'été.
6. Aujourd'hui la très grande majorité des Français continuent à prendre leurs vacances en juillet ou en août.

4

La société

La société

- **Apprenons une langue étrangère!**
- **À l'école**
- **L'année internationale de la jeunesse**
- **Les handicapés en France**
- **Le chemin de l'égalité: les femmes en France**
- **Pour l'amour de Dieu: la religion en France**

Du kiosque— *L'environnement dans l'Afrique francophone*

Apprenons une langue étrangère!

Let's learn a foreign language!

Introduction

En France, comme dans tous les pays européens, les langues étrangères sont très importantes. Il existe beaucoup de *méthodes* de langues pour ceux qui n'ont pas le temps de *suivre des cours*. Parmi les langues qu'on étudie en France se trouve l'arabe. L'étude de cette langue est *en plein essor* à cause du nombre *élevé* d'immigrants du *Maghreb* (plus de 2 millions) *établis* en France maintenant.

Ce cours d'arabe a été développé pour l'*apprentissage* sans professeur. Lisez-en la description et décidez si vous pourriez apprendre une langue étrangère par cette méthode.

courses

to take classes

on the rise/high
North Africa/living
learning

Pour faciliter la lecture

Before you actually read the description of the course, skim the text as you might in a store to find out what the course consists of and how you go about studying Arabic with this program.

Abréviation

F.   franc(s) (*French monetary unit*)

Note de langue

Remember that in the title of this series of language courses ("Les langues pour tous"), the word **tous** is a pronoun meaning *everyone* and is pronounced /tus/. In the phrase **tous les jours**, the word **tous** is an adjective meaning *all*, *every* and is pronounced /tu/.

Apprendre une langue, c'est d'abord la vivre!

Note culturelle

Le Maghreb est un mot arabe qui signifie «l'ouest» et qui s'emploie en français pour désigner les anciennes colonies de France du nord-ouest de l'Afrique — le Maroc, l'Algérie et la Tunisie — nations toutes les trois de langue arabe. Aujourd'hui ces pays fournissent de nombreux immigrants à la France, et on entend parler l'arabe dans toutes les villes françaises. Pour décrire les gens du Maghreb on utilise l'adjectif **maghrébin**.

LES LANGUES POUR TOUS

- L'enregistrement (3 heures) comporte la totalité des leçons.
- Chaque leçon sert de base à l'enregistrement, mais, outre les titres, seules les parties A2 et B2, et une partie des exercices C ont été enregistrées.
- Les parties A2 et B2 sont à répéter ou à transformer dans les silences prévus à cet effet.
- Le corrigé des exercices (partie C) figure toujours dans le livre.

CONSEILS D'UTILISATION :

- Travaillez par séquence d'1/2 ou 3/4 d'heure, si possible tous les jours.
- Ecoutez toujours plusieurs fois un enregistrement avant de commencer à le répéter.
- Le cas échéant, aidez-vous du livre, mais efforcez-vous de terminer votre travail oral sans livre.
- Evitez de passer à une nouvelle leçon si vous n'êtes pas sûr d'avoir assimilé la précédente.
- Revenez régulièrement en arrière pour vérifier votre travail des jours précédents.

Dans la même collection :
(livres et cassettes)

L'anglais pour tous en 40 leçons
L'allemand pour tous en 40 leçons
L'espagnol pour tous en 40 leçons
L'italien pour tous en 40 leçons

L'anglais économique et commercial
L'allemand économique et commercial
L'espagnol économique et commercial

ISBN 2-266-01429-3

9 782266 014298

Jean Claude JOUANNET

ARABE

LES LANGUES POUR TOUS
EN 40 LEÇONS / 1 LIVRE + 3 CASSETTES

Presses Pocket

Vocabulaire

l'**apprentissage** *m.* learning

assimiler to assimilate, learn thoroughly

la **base** basis

comporter to make up, compose

le **conseil** piece of advice

le **corrigé** answer key

le **cours** course (*of study*)

l'**enregistrement** *m.* recording, taping

enregistrer to record

établi living

étranger (**étrangère**) foreign

figurer to appear

la **langue** language

le **Maghreb** North Africa

la **méthode** course (*of study*)

outre besides

précédent preceding, one before

prévu provided, allowed

le **silence** silence, pause

le **titre** title

la **totalité** whole, entirety

vérifier to check

Expressions

à cet effet for that purpose

s'aider de (+ *noun*) to avail oneself (make use) of

s'efforcer de (+ *inf.*) to strive to

en arrière back

en plein essor on the rise

être à (+ *inf.*) to be intended to be (+ *p. part.*)

être sûr de (+ *inf.*) to be sure of (*doing something*)

éviter de (+ *inf.*) to avoid (*doing something*)

le cas échéant if need be

par séquence de in sequences of

passer à (+ *noun*) to go on to

revenir en arrière to go back

servir de to act as, serve as

suivre un cours to take a course (class)

Supplément

la **bande** (**magnétique**) (recording) tape

la **grammaire** grammar

le **magnétophone** tape recorder

l'**orthographe** *f.* spelling

le **perfectionnement** upper-level instruction

perfectionner to improve

la **phonétique** phonetics

la **prononciation** pronunciation

la **syntaxe** syntax

se perfectionner en arabe to improve (make progress) in Arabic

Le système Philips d'apprentissage des langues

Pour la compréhension du texte

1. De quels éléments se compose cette méthode?
2. Chaque leçon est divisée en trois parties (A, B et C). Est-ce que la totalité des parties est enregistrée? Précisez.
3. Pourquoi est-ce qu'on a prévu des silences dans l'enregistrement du texte?
4. Que fait l'étudiant(e) qui travaille seul(e) (c'est-à-dire sans professeur) s'il (si elle) veut savoir si ses réponses sont exactes ou non?
5. Qu'est-ce qu'on trouve dans la section intitulée «Conseils d'utilisation»?
6. Est-ce qu'il faut faire le travail oral avec le livre ouvert ou fermé? Pourquoi?
7. Quel genre (*kind*) de révision (*review*) est-ce qu'on recommande?
8. Quelles autres langues peut-on apprendre dans la collection «Les langues pour tous en 40 leçons»? Quels cours avancés sont disponibles (*available*)?

Prenez la parole!

1. Comparez la méthode d'étude recommandée par ce cours d'arabe avec celle que vous avez suivie dans l'apprentissage du français. Avez-vous travaillé le livre fermé pendant le travail oral?
2. Pourriez-vous apprendre une langue étrangère sans professeur? Quels aspects de cette méthode vous aideraient?
3. Est-ce que vous avez employé des enregistrements dans votre apprentissage du français? Qu'est-ce que vous avez appris en écoutant les bandes? Est-ce que vous les avez trouvées utiles? Pourquoi ou pourquoi pas?
4. Quand vous avez commencé l'étude du français, est-ce que vous aviez à (*did you have to*) répéter et à transformer des phrases? Qu'est-ce que vous pensez de ce genre d'exercice?
5. Est-ce que les révisions sont importantes dans les cours de langues? Pourquoi? Est-ce que, dans vos classes de français, les professeurs insistaient pour que vous reveniez toujours en arrière pour vérifier ce que vous aviez déjà étudié?

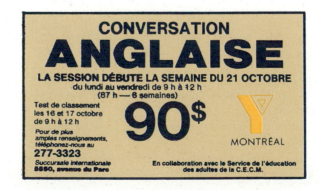

Exercice de vocabulaire

Complétez chaque phrase avec le(s) mot(s) convenable(s) (*appropriate*) en choisissant parmi ceux de la liste.

s'efforcer	s'aider	précédentes	comporte
outre	corrigé	effet	enregistrements
vérifier	assimilée	orthographe	échéant
bande	totalité	revenir	silences

1. Chaque leçon du cours —— des parties orales et des parties écrites.
2. Pour se perfectionner en français, il faut écouter des —— dans le laboratoire de langues.
3. On peut répéter les phrases dans les —— prévus à cet ——.
4. Il faut —— de travailler le livre fermé.
5. Le cas ——, on peut —— du livre si on ne comprend pas la —— magnétique.
6. Il faut écouter chaque leçon plusieurs fois pour être sûr de l'avoir ——.
7. Quant au travail écrit, l'étudiant(e) peut —— ses réponses en regardant le ——.
8. Il faut toujours —— en arrière pour ne pas oublier les mots et les expressions des leçons ——.

BERLITZ

Véritable Partenaire des Entreprises

Prenez la plume!

- **Traduisez en français**

1. Listen to the tape several times, but don't look at the book.
2. If you want to check your spelling, an answer key has been provided for this purpose.
3. You have to go back and study the lessons in their entirety (= the entirety of the lessons).
4. Avoid looking at the book before finishing your oral work.
5. If you follow this advice (*pl.*), you will make progress in Arabic.

- **Donnons des conseils**

  Étudiez la section intitulée «Conseils d'utilisation» pour vous préparer à donner des conseils. Il vous faudra, bien sûr, vous servir de l'impératif. Donnez quatre conseils aux étudiants de votre classe de français ou à ceux de n'importe quelle autre classe, des conseils qui expliquent la meilleure façon d'étudier et de faire le travail du cours.

Cours intensifs.

Débutant / Intermédiaire / Perfectionnement

La présentation orale

- **Conversation**

  Comment peut-on apprendre le français ou se perfectionner dans cette langue? Où peut-on suivre des cours? Il y en a qui sont offerts dans les établissements privés, comme le Centre International d'Enseignement de la Langue Française à Paris, ou par les universités, comme le cours par télévision de l'Université de Québec.

  Lisez l'annonce du Centre et celle de l'Université de Québec. Mais d'abord (*first*) jetez un coup d'oeil sur (*glance at*) ce petit vocabulaire.

  l'**approfondissement** *m.* deepening
  les **connaissances** *f. pl.* knowledge
  dirigé guided
  la **documentation** literature, material
  l'**exposé** *m.* presentation
  les **frais** *m. pl.* expenses, costs
  l'**inscription** *f.* registration
  le **jeu** game
  l'**outil** *m.* tool
  soit in other words, or

  à partir de based on, starting with
  de base basic
  dès maintenant right now
  passer un examen to take a test

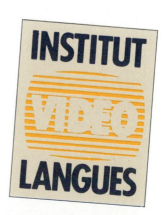

INSTITUT VIDEO LANGUES

Le C.I.E.L.F.
Organise

Pour tous les cours
Frais d'inscription
de 90 francs
(pour l'année scolaire)

Des Cours de Base et de Perfectionnement

Cours de Base

Etude des structures
de base de la langue

Pratique orale et
écrite

Utilisation d'une
méthode audio-
visuelle

5 heures / Semaine

Soit 4 cours de 1h15

Cours de Perfectionnement

Approfondissement des connaissances grammaticales

Etude du vocabulaire, expressions,
discussions dirigées à partir de
documents, exposés, cassettes, films...

Groupes de 15
Etudiants Maximum

NIVEAUX

_ Débutant
_ Elémentaire
_ Intermédiaire
_ Supérieur
_ Perfectionnem.t   I
                     II
_   III
_

TARIFS

4 semaines: 610 francs

Trimestre (voir dates)

_ 1er   : 1640 francs
_ 2ème   : 1510 f.
_ 3ème   : 1390 f.

HORAIRES

- 8h45 ---- 10h
- 10h05 --- 11h20
- 11h30. --- 12h45
- 13h........14h15
- 14h20 --- 15h35
- 16h........17h15

DATES DES EXAMENS

les 3, 4, et 6 février 1986

les 16 et 17 juin 1986

(Seuls les étudiants ayant suivi
au moins 3 mois de cours
pourront passer les examens)

DATES DES TRIMESTRES

1er   trimestre: du   23/09/85 au 20/12/85
                        (soit 13 semaines)

2ème   trimestre: du   06/01/86 au 28/03/86
                        (soit 12 semaines)

3ème   trimestre: du   07/04/86 au 27/06/86
                        (soit 12 semaines)

Maintenant parlez des annonces avec un(e) camarade de classe. Les questions suivantes vous serviront de guide.

1. Quels sont les niveaux d'enseignement au C.I.E.L.F.? Lequel serait pour vous?
2. Quelles sont les différences entre les cours de base et les cours de perfectionnement?
3. Combien de fois par semaine va-t-on en classe et pour combien de temps?
4. Comment l'année scolaire est-elle divisée?
5. Combien d'étudiants y a-t-il par classe?
6. Quelles sont les différences entre le cours du C.I.E.L.F. et le cours canadien?
7. Expliquez le nom du cours canadien «Français pour tous, français pour tout» en faisant attention aux sens des pronoms **tous** et **tout**.

● **Interview**

Qu'est-ce que les étudiants de français pensent des méthodes employées dans les classes de français de votre école? Parlez-leur-en et demandez-leur de juger la qualité et l'utilité des différents aspects du programme selon cette échelle (*scale*):

indispensable   4 points
très utile   3 points
utile   2 points
peu utile   1 point
inutile   0

Demandez leur opinion sur les éléments suivants de l'enseignement:

le travail oral en classe
le travail écrit
le livre de français
les enregistrements
les lectures (*readings*)
les devoirs
l'emploi de films ou de vidéos

Après une dizaine d'interviews, calculez la moyenne (*average*) des réponses pour chacun des éléments du cours de français. Comparez les résultats que vous avez obtenus avec ceux de vos camarades.

À l'école

Introduction

La *scolarité* en France, comme aux États-Unis, est obligatoire et *gratuite*. *À la différence des* États-Unis, l'éducation française dépend de l'*État*. Il y a un seul système *scolaire* pour toute la France. Pour *se renseigner sur* leur système, les parents français lisent parfois «*Le guide pratique de la scolarité*». Ce livre, *destiné au grand public*, répond à 263 questions sur l'éducation. Le «*Guide*» est publié par l'O.N.I.S.E.P. (L'Office National d'Information sur les *Enseignements* et les Professions), du ministère de l'Éducation nationale. Vous allez en lire quelques *extraits* pour avoir une idée des différentes sortes d'écoles qui existent en France.

schooling
free/Unlike the
national government
school
get information about

intended for the general public

Instruction

excerpts

Pour faciliter la lecture

1. How does the fact that this text answers questions about the French school system affect the text's structure? Scan the text to discover its organization.
2. Can you recognize these cognates having to do with education?

le certificat	l'institut	pré-élémentaire
le diplôme	l'objectif	primaire
élémentaire	obligatoire	secondaire

Notes culturelles

1. Les écoles maternelles françaises sont gratuites et publiques.
2. Le collège est un établissement scolaire où les élèves sont inscrits (*enrolled*) pendant quatre années. Le collège suit les cinq années d'enseignement élémentaire (ou primaire).
3. Le baccalauréat (appelé «le bac» dans le langage familier) est le diplôme accordé aux étudiants ayant achevé leurs études secondaires au lycée. «Le bac» n'est accordé qu'après des épreuves (*tests*) nationales très difficiles.
4. L'université française, publique et gratuite, admet tout titulaire (*holder*) du baccalauréat. Les grandes écoles sont des universités spécialisées d'élite. L'admission s'y fait par un concours (*competitive examination*) très rigoureux. C'est dans les classes préparatoires que les étudiants se préparent à ces concours.
5. L'unité de formation et de recherche (U.F.R.) est en gros (*approximately*) l'équivalent du département universitaire américain.
6. Remarquez qu'en France on compte les années de la scolarité par ordre descendant: la première année du collège s'appelle «sixième»; ensuite on va jusqu'en première au lycée, la classe avant la terminale.

Les écoles

L'enseignement pré-élémentaire

A qui s'adresse l'enseignement pré-élémentaire?

L'enseignement pré-élémentaire ou enseignement maternel s'adresse aux enfants français et étrangers âgés de deux à six ans, en milieu rural comme en mileu urbain.

Quels sont ses objectifs?

L'école maternelle contribue au développement de la personnalité de l'enfant sous toutes ses formes, entraîne l'enfant à l'usage de ses différents moyens d'expression et le prépare à recevoir ensuite la formation de l'enseignement élémentaire.

Est-il obligatoire?

Non. L'enseignement pré-élémentaire est facultatif et ne concerne que les enfants qui n'ont pas atteint l'âge de la scolarité obligatoire fixé à six ans.

L'enseignement élémentaire

A qui s'adresse l'enseignement élémentaire?

L'enseignement élémentaire, appelé aussi enseignement primaire ou du premier degré, a une durée de cinq ans et constitue le début de la scolarité obligatoire.

Il s'adresse aux enfants français et étrangers âgés, en général, de six à onze ans.

Quels sont ses objectifs?

La formation élémentaire prépare à l'entrée au collège. Dans cette perspective, elle se donne pour objectifs la pratique courante du français parlé et écrit, l'initiation mathématique, avec apprentissage du calcul. Elle assure, dans le cadre général des activités d'éveil, une approche nouvelle de l'histoire, de la géographie et des sciences expérimentales, ainsi que de l'éducation musicale, artistique et manuelle.

Elle dispense également une éducation physique et sportive et, **conjointement avec la famille,** l'éducation morale et civique.

Est-il obligatoire?

Oui. La scolarité s'étend de six à seize ans. Les familles ont le choix entre l'école publique et l'école privée. Elles peuvent aussi assurer elles-mêmes cette formation. Dans ce dernier cas, la famille doit fournir obligatoirement une déclaration au maire et à l'inspecteur d'académie.

Les collèges

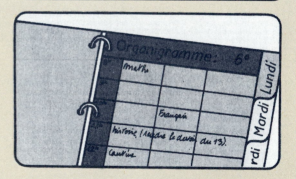

Qu'est-ce qu'un collège?

Qu'est-ce qu'un collège?

C'est un établissement scolaire mixte d'enseignement qui assure, dans un cadre unique et pendant quatre années de la 6e à la 3e, une formation secondaire à tous les élèves ayant achevé leur scolarité élémentaire.

L'enseignement est gratuit; des bourses peuvent être accordées; les livres scolaires correspondant aux programmes sont prêtés par le collège; certains frais restent cependant à la charge des familles.

Les lycées

Qu'est-ce qu'un lycée?

Le lycée est un établissement mixte d'enseignement secondaire qui prépare en trois ans (classes de seconde, première, terminale) aux diplômes suivants: baccalauréat du second degré, baccalauréat de technicien, brevet de technicien.

Les lycées d'enseignement professionnel

Qu'est qu'un lycée d'enseignement professionnel (L.E.P.)?

Le lycée d'enseignement professionnel est un établissement mixte d'enseignement secondaire qui prépare aux diplômes suivants: certificat d'aptitude professionnelle (C.A.P.), brevet d'études professionnelles (B.E.P.) et dans un certain nombre de cas à des mentions complémentaires à ces diplômes.

Les enseignements supérieurs

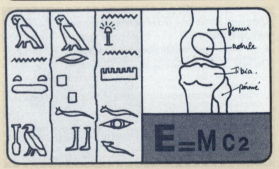

Les enseignements supérieurs regroupent les études postérieures au baccalauréat.

Ces enseignements sont délivrés essentiellement dans les **lycées,** pour les classes préparatoires aux grandes écoles et les sections de brevet de technicien supérieur, et les **universités** (instituts universitaires de technologie, unités de formation et de recherche). Mais ils sont également assurés dans de **grandes écoles,** des **écoles spécialisées,** des **instituts** et autres lieux de formation publics et privés dont il n'est pas possible ici de donner une liste complète.

Les classes préparatoires

Qu'entend-on par classes préparatoires aux grandes écoles?

Il existe un nombre important d'établissements d'enseignement supérieur appelés «grandes écoles».

Ces grandes écoles, littéraires, scientifiques, militaires, commerciales, agricoles, recrutent leurs élèves par la voie de concours difficiles de niveau élevé, et offrant un nombre limité de places.

Ces concours demandent une préparation spéciale qui est principalement donnée dans les «classes préparatoires» qui se trouvent dans certains grands lycées.

Les universités

Les études universitaires sont dispensées dans les établissements publics à caractères scientifiques et culturels: **les universités** .

Elles regroupent chacune des unités de formation et de recherche (U.F.R.) qui en sont les cellules de base.

Dans les études universitaires, on distingue les études courtes principalement dispensées dans les Instituts universitaires de technologie (I.U.T.) et les études longues.

Vocabulaire

accorder to grant; to award

achever to complete

l'**apprentissage** *m.* learning

l'**approche** *f.* approach

assurer to guarantee; to take care of

atteindre to reach

ayant having (*pres. part. of* **avoir**)

la **bourse** scholarship

le **brevet** certificate, diploma

le **cadre** framework, setting

le **calcul** arithmetic

le **caractère** nature

la **cellule de base** nucleus, basic component

cependant however

le **choix** choice

la (**classe**) **terminale** last year of lycée

concerné involved

conjointement jointly

courant fluent

le **début** beginning

délivrer to dispense, furnish

distinguer to differentiate

la **durée** length of time

l'**école maternelle** *f.* nursery school

également as well

élevé high

l'**enseignement** *m.* teaching, instruction

ensuite afterwards

entraîner to lead; to induce

l'**entrée** *f.* entrance

l'**établissement** *m.* establishment

l'**État** *m.* national government

s'étendre to extend

l'**éveil** *m.* readiness

l'**extrait** *m.* excerpt

facultatif optional

fixer to set

la **formation** training, education

fournir to supply

les **frais** *m. pl.* expenses

le **grand public** general public

gratuit free (*at no cost*)

l'**initiation** *f.* elementary instruction in a subject or skill

l'**inspecteur d'académie** *m.* school district superintendent

les **lieux** *m. pl.* places

le **maire** mayor

manuel pertaining to manual dexterity

maternel nursery school (*adj.*)

la **mention** endorsement, qualification

le **milieu** environment, milieu

mixte for both boys and girls, coed

les **moyens** *m. pl.* means

le **niveau** level

l'**organigramme** *m.* organization chart

la **perspective** point of view, angle

la **pratique** use (*of a language*)

professionnel professional, vocational

la **recherche** research

regrouper to group together

scolaire school (*adj.*)

la **scolarité** schooling

sportif having to do with sports

supérieur university level

universitaire university (*adj.*)

l'**usage** *m.* use

la **voie** way, route

Expressions

à la différence de unlike

s'adresser à to turn (speak) to; (*here*) to be directed at

complémentaire à additional

correspondant à (*here*) used in

dans ce dernier cas in the latter case

dans cette perspective with this aim in mind

destiné à intended for

se donner quelque chose pour objectif to set something as a goal

du premier degré first-level

postérieur à subsequent to, following

préparer à to lead up to

se renseigner sur to get information about

rester à la charge de to remain the responsibility of

sous toutes ses formes in all its aspects

Pour la compréhension du texte

1. Qu'est-ce que c'est que l'école maternelle en France? À quels enfants est-elle destinée?
2. Quelle est la durée de la scolarité obligatoire en France? Dans quels établissements se fait-elle?
3. Décrivez un peu le programme scolaire de l'enseignement élémentaire français.
4. Pendant combien d'années est-ce que l'élève reste au collège? Au lycée?
5. Quelles sortes de lycées y a-t-il? À quels diplômes est-ce qu'ils préparent?
6. Quelle est la définition de l'enseignement supérieur?
7. Dans quels établissements est-ce qu'on dispense l'enseignement supérieur?
8. Pour quelle raison est-ce qu'un(e) élève s'inscrirait (*would a pupil register*) dans une classe préparatoire?

Prenez la parole!

1. Comparez le réseau (*network*) d'écoles maternelles en France avec ce que nous avons aux États-Unis.
2. Comparez les divisions entre les établissements scolaires en France (école élémentaire, collège, etc.) avec l'organisation de l'enseignement dans votre ville.
3. D'après (*According to*) la description des programmes, est-ce que l'enseignement technique secondaire semble occuper une position d'égalité vis-à-vis de (*compared with*) l'enseignement qui prépare au baccalauréat? Justifiez votre réponse. Est-ce que les deux enseignements ont le même prestige aux États-Unis? Pourquoi ou pourquoi pas?

Exercice de vocabulaire

Synonymes

Reliez (*Link*) chaque mot de la colonne A à son synonyme de la colonne B.

A	B
1. universitaire	a. instruction
2. concours	b. pré-élémentaire
3. essentiellement	c. supérieur
4. formation	d. brevet
5. diplôme	e. principalement
6. élevé	f. dispenser
7. délivrer	g. commencement
8. maternel	h. examen
9. début	i. enseignement
10. initiation	j. haut

Prenez la plume!

- **Traduisez en français**

  1. The tuition (= expenses of schooling) remains the responsibility of the parents.
  2. Nursery school is optional; obligatory schooling extends from 6 to 16 years.
  3. What are the goals of elementary instruction?
  4. The lycée leads up to the following diplomas: the baccalaureat and the technician's diploma.
  5. The elementary school dispenses elementary instruction in arithmetic.

- **Rédigeons** (*Let's write*) **un petit** *Guide pratique de la scolarité*

  Tout d'un coup on transporte votre établissement scolaire en France. Comment le décririez-vous? Suivez le modèle des écoles dont vous avez lu la description et préparez une note pour le guide.

La présentation orale

- **Conversation**

  Imaginez que vous êtes conseiller d'orientation (*guidance counselor*) dans une école française. Un parent étranger vient se renseigner sur la scolarité en France. Avec les extraits que vous avez lus du *Guide pratique de la scolarité,* inventez un dialogue avec un(e) camarade de classe où vous répondez aux questions suivantes:

  > Est-ce qu'il y a une école publique pour notre fille âgée de 4 ans?
  > Quelles matières sont comprises dans le programme de l'école élémentaire?
  > Dans notre pays il y a un seul établissement scolaire entre l'école primaire et l'enseignement supérieur. Est-ce que c'est la même chose en France?
  > Est-ce qu'il y a plusieurs types d'enseignement supérieur?
  > Quels critères (*standards*) d'admission existe-t-il pour chacun?

  L'étudiant(e) qui joue le rôle du parent inventera aussi d'autres questions à poser au conseiller.

- **Débat**

  La division entre «grandes écoles» et «universités» en France marque essentiellement une différence de prestige social, car on dispense un enseignement de même qualité dans les deux sortes d'établissements. Est-ce qu'une situation semblable (*similar*) existe aux États-Unis dans l'enseignement supérieur? Quelles divisions sociales remarque-t-on parmi les universités américaines? Est-ce que les différences de prestige sont justifiées? Analysez cette situation et divisez-vous en deux groupes, l'un qui défend l'égalité des options d'enseignement supérieur, l'autre qui soutient (*supports*) les différences de classes promues (*promoted*) par les différences entre les universités.

L'année internationale de la jeunesse

Introduction

Pour les jeunes gens les problèmes sont partout semblables: *adaptation, scolarité, chômage*, loisirs, difficultés familiales, *toxicomanie* . . . Les Nations Unies, pour encourager les pays à *prêter* plus d'attention aux problèmes de la jeunesse, ont déclaré 1985 l'année de la jeunesse. Le *lancement* de ce programme *a donné lieu à* la création dans chaque pays d'un Comité National de Coordination *chargé de susciter et de soutenir* des projets qui correspondent aux désirs et aux *espérances* des jeunes gens. Le Service Jeunesse de la Croix-Rouge française décrit dans sa revue «*Infos Jeunesse*» quelques-uns des projets *mis en oeuvre* par le Comité National de Coordination de France.

adjustment/ schooling/unemployment
drug abuse
(*here*) to pay

launching
has given rise to
responsible for initiating and supporting expectations

implemented

Pour faciliter la lecture

1. The text discusses four projects for young people in different parts of France. Glance at the titles of the projects to know what to expect in the article. Which of the projects interests you the most? Judging by the organization of the text, can you read first about the project that interests you most or do you have to read about the four projects in the order that they appear on the page?
2. Study these verbs and their corresponding nouns:

   animer to lead a group → l'**animation** leading a group, leadership
   chercher to look for → la **recherche** looking for, search
   conduire to drive → la **conduite** driving
   enregistrer to record → l'**enregistrement** recording

Abréviation

O.N.U. Organisation des Nations Unies

L'AVENIR C'EST LE LEUR.

Notes culturelles

1. Les Ulis et Valenton sont des villes de la région parisienne.
2. La Franche-Comté est une région de l'est de la France, à côté de la Suisse. Dampierre est une ville de cette région.
3. Marseille, située sur la mer Méditerranée à 774 kilomètres au sud de Paris, est la troisième ville de France, après Paris et Lyon.
4. Aix-en-Provence est une ville universitaire du midi de la France, au nord de Marseille.

L'ASSEMBLÉE GÉNÉRALE DE L'O.N.U. A DÉCLARÉ 1985 :
ANNÉE INTERNATIONALE DE LA JEUNESSE.

LA FRANCE MET PLEIN FEU SUR LA JEUNESSE.

CRÉATION D'UN RESTAURANT.

La ville des ULIS (91) a ouvert un restaurant "Les Treilles".
Objectif : donner aux jeunes en difficulté âgés de 14 à 18 ans une formation aux métiers de cuisine et de service en salle.
Ouvert au public l'établissement prépare 28 jeunes à la profession de commis de cuisine.
Madame Odile BARBALAT
91940 LES ULIS

ANIMATION ET HUMANISATION DES ÉTABLISSEMENTS DE PERSONNES ÂGÉES.

Des jeunes volontaires, futurs animateurs, effectuent des visites dans des établissements de personnes âgées de quatre départements de la FRANCHE-COMTÉ, visites, mais aussi activités manuelles, culturelles, musicales et sportives.
Les jeunes reçoivent parallèlement une formation débouchant sur un diplôme.
Objectif : favoriser la communication avec les personnes âgées, préserver leur forme physique et morale, leur besoin d'amitié et de respect.
GERAHEPA de FRANCHE-COMTÉ
Dampierre - 39700 ORCHAMPS

INITIATION A LA CONDUITE AUTOMOBILE.

Opération menée par l'Association "Valenton Information Jeunesse".
Objectif : permettre aux plus défavorisés de s'initier à la conduite et au code de la route. Ils se présenteront au permis de conduire, élément important pour la recherche d'un emploi, avec le maximum de chances.
VALENTON INFORMATION JEUNESSE
Mairie de Valenton
94460 VALENTON

CENTRE DE FORMATION AUX MÉTIERS DE LA MUSIQUE ROCK.

A MARSEILLE, les "caves Velten", locaux offerts par la Ville, serviront de centre de formation aux musiciens rock, sonorisateurs, éclairagistes, régisseurs et animateurs de spectacles.
Situés dans un quartier populaire et central, boxes pour les répétitions, salles pour les spectacles et studios d'enregistrement sont prévus au programme. 6 mois de formation en ateliers, complétés par trois mois de tournées pour acquérir les connaissances en direct.
EURÊKA - 6, Parc Beauregard
13100 AIX-EN-PROVENCE

Vocabulaire

acquérir to acquire
l'**adaptation** f. adjustment
âgé elderly
l'**amitié** f. friendship
l'**animateur de spectacles** m. master of ceremonies
l'**animation** f. leadership
l'**atelier** m. workshop
le **besoin** need
le **box** cubicle
la **cave** cellar; (*here*) night club
central centrally located
le **chômage** unemployment
le **code de la route** driving regulations, rules of the road
le **commis de cuisine** kitchen helper
la **conduite** driving
les **connaissances** f. pl. knowledge
défavorisé underprivileged, disadvantaged

l'**éclairagiste** m. or f. lighting engineer
effectuer to carry out, perform
l'**enregistrement** m. recording
l'**espérance** f. expectation
favoriser to favor, promote
la **formation** training
la **forme** condition
l'**initiation** f. basic instruction
le **lancement** launching
les **locaux** m. pl. site, premises
la **mairie** city hall, local government
manuel (manuelle) manual, craft (*adj.*)
mener (je mène) to lead (I lead)
le **métier** line of work, trade

pareil (pareille) similar
le **permis de conduire** driver's license
populaire working-class (*adj.*)
prévu provided for
le **quartier** neighborhood
la **recherche** search
le **régisseur** stage manager
la **répétition** rehearsal
la **scolarité** schooling
le **service en salle** serving at tables, being a waiter (waitress)
situé located
le **sonorisateur** sound technician
soutenir to support
susciter to call for, initiate
la **tournée** work-study tour
la **toxicomanie** drug abuse

Expressions

âgé de + *number of years* X years old
chargé de charged with, responsible for
complété par supplemented (rounded out) by
déboucher sur to lead to
donner lieu à to give rise to
en difficulté who have problems
en direct first hand, on the job
s'initier à quelque chose to begin to study something
mettre en oeuvre to implement
mettre plein feu sur to go full steam ahead with

permettre à quelqu'un de faire quelque chose to allow someone to do something
se présenter au permis de conduire to go for a driver's license, take one's driving test
prêter attention à to pay attention to, take notice of
servir de quelque chose (à quelqu'un) to be used as something (by someone)

Pour la compréhension du texte

1. Pourquoi l'année 1985 a-t-elle été spéciale?
2. Quel est l'objectif général de L'année internationale de la jeunesse?
3. Quel élément administratif se charge de (*is responsible for*) faire naître des projets utiles à la jeunesse?
4. Quel est l'objectif du restaurant Les Treilles? Qui a le droit d'y manger?
5. À quelle sorte d'activité est-ce que les jeunes gens de Franche-Comté se participeront dans les établissements pour personnes âgées? Quel avantage professionnel y a-t-il pour eux dans ce projet?
6. Quel est l'objectif de ce projet pour les personnes âgées?
7. Pourquoi, à Valenton, est-ce qu'on a décidé d'initier des jeunes gens défavorisés à la conduite?
8. Quelle formation professionnelle va-t-on proposer aux jeunes de Marseille? Quels sont les métiers que l'on pourra apprendre? Quelles facilités sont prévues pour mettre en oeuvre ce projet de formation?

Prenez la parole!

1. Lequel de ces quatre projets vous intéresserait si vous étiez un jeune Français (une jeune Française)? Pourquoi? Lequel offre les plus grandes chances de réussite (*success*) dans la vie?
2. Est-ce que ces projets offrent une initiation théorique ou une expérience pratique? Précisez.
3. Est-ce que vous vous êtes déjà présenté(e) au permis de conduire? À quel âge? Est-ce que vous l'avez obtenu au premier essai?
4. Quels sont les problèmes les plus graves de la jeunesse d'aujourd'hui selon vous? Quels sont les problèmes que les jeunes craignent (*fear*) le plus?

Exercice de vocabulaire

Les maillons (*links*) de la chaîne

Complétez chaque phrase avec le(s) mot(s) qui manque(nt). Marquez l'espace en blanc d'un X si la phrase est complète telle quelle (*as it is*).

1. Pour avoir son permis —— conduire, il faut étudier le code —— la route.
2. Les six mois de formation débouchent —— sur un certificat.
3. Cet établissement n'est pas ouvert —— public.
4. Les jeunes effectuent —— des visites dans des asiles.
5. L'O.N.U. a mis —— oeuvre plusieurs projets au profit des jeunes.
6. Les classes sont complétées —— une tournée de travail dans les entreprises.
7. Ce programme est destiné aux jeunes filles âgées —— 15 à 20 ans.
8. Dans ce restaurant les jeunes —— difficulté peuvent s'initier —— la profession de commis —— cuisine.

Prenez la plume!

Ébauchons (*Let's draft*) **un projet pour aider les jeunes**

Quelle sorte de formation serait utile aux jeunes de la ville ou de la région où vous habitez? Quelle sorte de stage (*training course*) leur offrirait plus de chances dans la recherche d'un emploi? Inventez un stage de formation et décrivez-le d'une façon analogue (*similar*) à celle des projets publiés par la Croix-Rouge, c'est-à-dire:

1. titre   2. situation (*location*)   3. description de l'activité   4. objectif

La présentation orale

- ## Conversation

Act out this conversation between a job counselor and a young person who is unemployed.

YOUNG PERSON:	Tell the counselor that you want a training program that will help you in your search for a job.
COUNSELOR:	Ask the young person if he or she knows how to drive.
YOUNG PERSON:	Say that you took your driving test but that you failed (**rater**) it.
COUNSELOR:	Point out that a driver's license is important in a job search.
YOUNG PERSON:	Say that you're going to take the driving test again and that this time you think you'll pass.
COUNSELOR:	Ask the young person if he or she likes rock music.
YOUNG PERSON:	Say that you love it (**l'adorer** or **en raffoler**) and that you sing and play the guitar (**jouer de la guitare**).
COUNSELOR:	Tell him or her that there is a training center for jobs (**métiers**) in rock music. There are courses for training sound technicians, lighting technicians, stage managers, and masters of ceremonies.
YOUNG PERSON:	Ask how long the training program lasts.
COUNSELOR:	Tell the young person that one works and takes (**suivre**) classes for eight months.
YOUNG PERSON:	Say "Great!" (**Chouette**!) because that way you can get (**avoir**) knowledge on the job. Ask how you enroll (**s'inscrire**).

- ## Discussion et débat: *Comment organiser un projet*

De quoi ont besoin les jeunes gens défavorisés de votre école ou de votre région? D'un cours d'alphabétisation (*literacy*)? D'une initiation aux mathématiques? D'une formation professionnelle dans des domaines actuels (*current*) — informatique (*computer science*), dépannage (*general repairs*), mécanique automobile, réparation de matériel électrique et électronique . . . ? Discutez avec vos camarades du projet que l'on doit mettre en oeuvre et ébauchez (*outline*) les détails du programme. Soyez prêts à justifier votre préférence pour un programme.

Les handicapés en France

Introduction

La société française, *tout comme* la nôtre, *a subi* une transformation importante au cours des dernières années. Les associations de handicapés *ont revendiqué* une société accessible à tous les Français et l'*insertion* des handicapés dans tous les aspects de la vie. L'Association des Paralysés de France (A.P.F.), dont vous allez lire la brochure, est une organisation qui lutte pour les droits des handicapés. L'A.P.F. a comme objectifs l'information, l'action politique et la création de services *à l'intention des* handicapés de France.

just like/has undergone

have demanded

integration

for the

Pour faciliter la lecture

1. Much of the information in the brochure is organized into two lists. Introducing the first list are the words **elle revendique**; introducing the second, **nous voulons**. What part of speech does each item in the first list begin with? Each item in the second list? What would you expect to find in each list? Are your assumptions borne out when you read the text? Compare these two lists with the one on page 167. What similarities and differences do you find?
2. Note the following false cognates in the brochure:

la documentation ([*informational*] *literature*)	l'insertion (*integration*)
la formation (*education, training*)	la mentalité (*outlook, mind-set*)

Notes culturelles

1. Les mots **régional** et **départemental** se rapportent aux régions et aux départements, divisions administratives de la France. Les départements datent de 1790, l'année où le gouvernement révolutionnaire en a créé 90. (Aujourd'hui il y en a 96.) La puissance administrative des régions (chacune groupant de 2 à 7 départements) résulte de la réforme de 1982, qui leur a donné un rôle important dans la planification économique et sociale et dans l'administration des finances locales.
2. Le terme **reconnu d'utilité publique** est une désignation légale accordée (*granted*) par le gouvernement français à certaines organisations. Cette désignation signifie que l'organisation procure des avantages à la nation. L'équivalent culturel américain est *tax-exempt*.
3. La cordée est un groupe d'alpinistes (*mountain climbers*) reliés (*tied*) par une corde attachée à la taille (*waist*). Cette image s'emploie ici pour les groupes d'amis handicapés.

pour que la

Vi

soit
gagnante

ASSOCIATION DES PARALYSES DE FRANCE
17, BOULEVARD AUGUSTE BLANQUI 75013 PARIS

Présente dans toute la France, reconnue d'utilité publique, fondée par des personnes handicapées, l'A.P.F. a contribué à transformer structures et mentalités.

Avec les autres associations de personnes handicapées, elle revendique :

- l'accessibilité,

- la reconnaissance des droits des personnes handicapées,

- l'accès au travail et aux loisirs,

- des ressources décentes,

- à part entière, une citoyenneté responsable.

Pour
l'ASSOCIATION DES PARALYSES DE FRANCE, c'est l'heure de la mobilisation.
Avec vous, si vous le voulez, l'action doit continuer.

Ensemble,
handicapés et valides,
nous voulons :

- bousculer l'indifférence,

- informer les pouvoirs publics,

- sensibiliser l'opinion,

- favoriser l'insertion des personnes handicapées,

- défendre leurs droits,

- rendre accessibles la ville, les transports, l'habitat...

**Venez avec nous
nous serons plus efficaces**

Je désire recevoir
une documentation sur l'A.P.F.

NOM _____

_____

ADRESSE _____

_____

Pour tous renseignements :

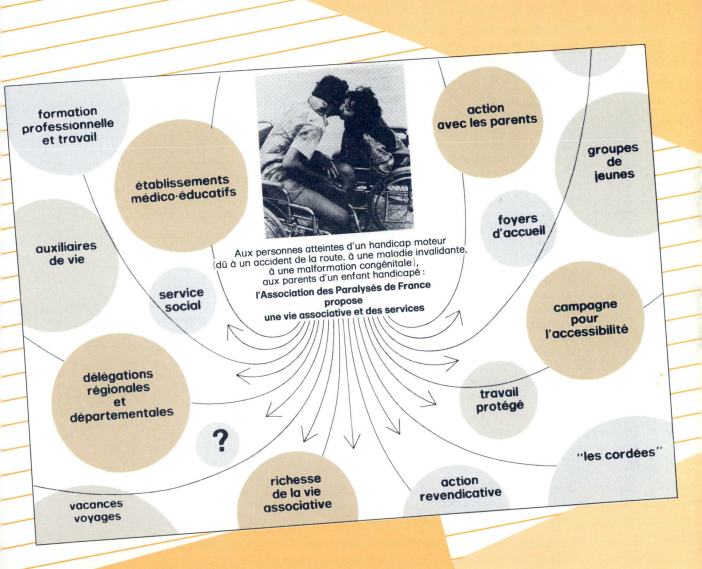

formation professionnelle et travail

établissements médico-éducatifs

action avec les parents

groupes de jeunes

auxiliaires de vie

foyers d'accueil

service social

Aux personnes atteintes d'un handicap moteur (dû à un accident de la route, à une maladie invalidante, à une malformation congénitale), aux parents d'un enfant handicapé : **l'Association des Paralysés de France propose une vie associative et des services**

campagne pour l'accessibilité

délégations régionales et départementales

?

travail protégé

''les cordées''

vacances voyages

richesse de la vie associative

action revendicative

Vocabulaire

l'**accident de la route** *m.* traffic accident

l'**accueil** *m.* welcome, hospitality

associatif social; group (*adj.*)

l'**auxiliaire** *m. or f.* helper

bousculer to shake up

la **campagne** campaign

la **citoyenneté** citizenship

la **documentation** literature (*brochures, etc.*)

le **domicile** one's home

le **droit** right

efficace efficient

favoriser to favor; to promote

fonder to found

la **formation** training, education

le **foyer** home, center

gagnant winning, a winner

l'**habitat** *m.* living arrangements (conditions)

l'**insertion** *f.* integration

invalidant disabling

les **loisirs** *m. pl.* recreational activities

la **malformation** deformity

médico-éducatif *having staff specialized in teaching the handicapped*

la **mentalité** outlook, way of thinking, mind-set

moteur motor (*adj.*), pertaining to movement

les **pouvoirs publics** *m. pl.* the authorities

la **reconnaissance** recognition

les **ressources** *f. pl.* funds, resources, means

revendicatif that demands one's rights

revendiquer to demand

sensibiliser to sensitize

subir to undergo

les **transports** *m. pl.* transportation

valide nonhandicapped

Expressions

à l'intention de for

à part entière fully, completely

atteint de victim of

contribuer à (+ *inf.*) to play a part in

dû (due, dus, dues) à due to

rendre (quelque chose) accessible to make (something) accessible

tout comme just like

AVH pour le bien des aveugles...

pour mieux les connaître mieux les comprendre les aider à mieux vivre et favoriser leur insertion sociale et professionnelle

Supplément

aveugle blind

les **béquilles** *f. pl.* crutches

dur d'oreille hard of hearing

le **fauteuil roulant** wheelchair

malentendant hard of hearing (*medical term*)

malvoyant visually impaired

sourd deaf

marcher avec des béquilles to walk on crutches

Pour la compréhension du texte

1. Est-ce que tous les membres de l'A.P.F. sont des handicapés?
2. Expliquez comment l'A.P.F. veut transformer la mentalité des Français à l'égard des handicapés.
3. Selon l'A.P.F., qu'est-ce qu'il faut faire pour réaliser la participation complète des handicapés dans la société française?
4. À quels handicapés sont destinés les services de l'A.P.F.?
5. Quels services sont proposés pour améliorer la vie associative des handicapés?
6. Quels sont les services qui visent à (*aim at*) aider les handicapés à s'insérer (*to integrate themselves*) dans le monde du travail?

Prenez la parole!

1. Est-ce que votre école est accessible aux handicapés? Qu'est-ce qui reste à faire pour que l'accessibilité soit complète?
2. Quels aménagements (*arrangements, outfittings*) sont encore nécessaires pour rendre l'établissement accessible?
3. Quelles dispositions spéciales y a-t-il dans votre école pour les étudiants qui ont des difficultés d'apprentissage — par exemple, les dyslexiques, les malvoyants et les malentendants? Lesquelles manquent encore?
4. Quels aménagements avez-vous remarqués dans votre ville qui la rendent plus accessible aux handicapés?

Exercice de vocabulaire

Complétez chaque phrase avec le mot convenable (*appropriate*).

1. L'A.P.F. cherche à —— l'opinion publique.

   a. fonder   b. revendiquer   c. sensibiliser

2. Il faut —— les transports publics accessibles aux handicapés.

   a. rendre   b. favoriser   c. bousculer

3. L'A.P.F. a des membres —— ainsi que (*as well as*) des membres handicapés.

   a. invalidants   b. valides   c. efficaces

4. Son handicap est —— à un accident de la route.

   a. dû   b. contribué   c. rendu

5. Il n'entend pas très bien. Il est —— d'oreille.

   a. malentendant   b. sourd   c. dur

6. L'A.P.F. revendique l' —— des handicapés dans la société française.

   a. insertion   b. habitat   c. accueil

Prenez la plume!

- **Traduisez en français**

  1. He is in a wheelchair because of (**à cause de**) a disabling illness (**une maladie**).
  2. Our association has played a part in shaking up the indifference of the authorities.
  3. Our hospitality center lacks (**manquer de**) funds.
  4. All citizens (**citoyens**) must demand their rights.
  5. After his auto accident he had to learn to (**apprendre à**) walk on crutches.

- **Rédigeons** (*Let's write*) **une petite brochure pour notre organisation**

  Regardez la liste des objectifs de l'A.P.F. Elle commence par les mots **Ensemble, handicapés et valides, nous voulons.** Ces mots sont suivis par des infinitifs, dont chacun est un complément du verbe **voulons.** Si vous êtes membre d'une organisation ou d'un club, réfléchissez (*think*) un peu à ses objectifs et faites-en une liste qui pourrait s'insérer dans le texte d'une brochure. Vous pouvez commencer avec **nous voulons** ou avec une formule différente:

  > Nous, membres de . . . , nous cherchons à:/nous nous proposons de:
  > Notre intention est de:

La présentation orale

- **Conversation:** *Une société pour tous*

  V. E. H.
  SERVICE VOLONTAIRE POUR ENFANTS HANDICAPES

  Pour rendre une société accessible à tous, il faut tenir compte des personnes qui ont des difficultés d'intégration. Discutez avec vos camarades de classe de ce qu'il faudrait faire pour garantir aux groupes suivants une participation complète à la vie de la société.

les jeunes mères	les étrangers qui ne parlent pas la langue du pays
les personnes âgées	les adeptes (*members*) d'une religion minoritaire

- **Explications**

  Vous avez lu la liste des services de l'A.P.F. Imaginez que vous êtes employé(e) de l'organisation. Comment expliqueriez-vous aux pouvoirs publics les activités de l'A.P.F.? Dites pourquoi chacun des services offerts par l'organisation est important pour l'amélioration (*improvement*) de la qualité de la vie des handicapés.

  Par exemple:

  > L'A.P.F. organise des délégations régionales et départementales pour assurer l'aide aux handicapés dans toute la France.

Le chemin de l'égalité: les femmes en France

Introduction

Un des grands mouvements sociaux de notre temps est le Mouvement de Libération de la Femme (appelé souvent par son abréviation MLF en français), qui cherche à garantir aux femmes une participation *à part entière* à tous les aspects de la société. Il existe dans l'administration française un ministère des Droits de la Femme qui *veille aux* intérêts des membres féminins de la société. Depuis 1981 le gouvernement, en collaboration avec ce ministère, *lutte* pour *faire tomber* tous les obstacles au progrès des femmes. Lisez ces *extraits* des publications de ce ministère, ce qui vous donnera une idée plus claire de la situation des femmes en France.

complete

looks after the

has been fighting
knock down
excerpts

Pour faciliter la lecture

Take a glance at the different types of texts that you are going to read. What kinds of texts are they? What kind of information can you expect to get from each? How does the arrangement of information differ? What clues do you find as to content?

Abréviations

A.D.I. Agence de l'Informatique (*a government organization whose purpose is to help modernize the economy by introducing firms to the latest advances in computer technology*)

ANPE Agence Nationale pour l'Emploi (*a national employment service*)
Sté société (*company*)
y.c. y compris (*including*)

Notes de langue

1. In formal written style, verbs such as **pouvoir**, **savoir**, and **cesser** can form the negative without **pas**.

   Le nombre de femmes qui travaillent **ne cesse** de croître.

2. Note the differences in meaning among the three French words for *number*.

   le **chiffre** figure
   le **nombre** amount, number (*unit of counting*)

   le **numéro** number (*in a series, such as room number, phone number*)

3. Sometimes in official prose the preposition **de** is omitted in noun phrases: **la catégorie salariés** for **la catégorie des salariés** (*the wage earner category*), **le niveau maîtrise** for **le niveau de maîtrise** (*master's degree level*).

Egalité(e)
MINISTÈRE DES DROITS DE LA FEMME

Irène Barki

INGENIEUR(E)

Dignité, égalité, autonomie. Pour que ces trois grands principes entrent dans la réalité, le Ministère des Droits de la Femme a accompli depuis quatre ans une action sans précédent. A tous les moments de leur vie, les femmes peuvent bénéficier de droits nouveaux, sans lesquels une société ne saurait se prétendre ni civilisée, ni éclairée.

Aujourd'hui, et de génération en génération, les bases sont posées pour que naisse une femme libre et responsable.

Je souhaite que l'année 1986, comme celles qui l'ont précédées depuis la création du Ministère des Droits de la Femme, soit une année de progrès pour tous les citoyens de l'an 2000.

Roudy

VOS CHIFFRES NOUS INTERESSENT

Année 86 : trois constatations
— Le nombre des femmes qui travaillent ne cesse de croître : 69 %
— Chômage : l'écart entre hommes et femmes a diminué.
— Activité des mères de famille (25 et 55 ans), le plus haut niveau : 65 %.

8 852 000 FEMMES TRAVAILLENT ELLES REPRESENTENT 42,4 % DES SALARIES

Les femmes travaillent... contre vents et marées. Elles sont nombreuses dans les services publics (41 %). Parmi les non-salariés on trouve nettement moins de femmes (37 %) que d'hommes si l'on compare avec la catégorie salariés (42,4 %).

	Nombre de femmes	Pourcentage de femmes sur l'ensemble des travailleurs
Salariées	7 532 000	42,4
• entreprises privées (hors entreprises publiques de droit privé)	4 147 000	36,8
• administrations publiques centrales	1 496 00	50,5
• administrations publiques locales (y. c. hôpitaux)	1 171 000	61,7
• services publics (sécurité sociale...) et entreprises publiques	447 000	33,3
• salariées des ménages (1)	270 000	95,3
Non salariées	1 320 000	36,9
• Indépendantes	400 000	22,7
• Employeuses	168 000	18,3
• Aides familiales	752 000	84,4
Ensemble	8 852 000	41,5

(1) Exemples : Secrétaire d'un médecin, femme de ménage, assistante chez un dentiste.
Note de lecture : 41 % des femmes salariées le sont dans le secteur public.

6 570 000 MERES DE FAMILLE : 65 % D'ENTRE ELLES TRAVAILLENT

Les femmes s'arrêtent un, deux ou trois ans pour élever leurs enfants (parfois quelques mois ou quelques semaines seulement) : peu consacrent aujourd'hui leur vie à leur foyer. C'est un phénomène de société irréversible et jamais on ne vit autant de femmes mener de pair profession et enfants. Un chiffre témoigne : 65 % alors que pour l'ensemble des femmes (avec ou sans enfants) 69 % sont actives.

ACTIVITE PROFESSIONNELLE DES FEMMES DE 25 A 55 ANS

	Population active Effectifs	Population totale Effectifs	Taux d'activité (en %)
Ensemble des femmes	7 440 000	10 777 000	69,0
Selon la situation familiale	5 558 000	8 585 000	64,7
• vivant en couple	667 000	732 000	91,1
• vivant seules	339 000	430 000	78,8
• vivant chez leurs parents	735 000	856 000	85,9
• vivant avec enfants, ascendants, amis			
Selon l'état civil	1 303 000	1 493 000	87,3
• célibataires	5 309 000	8 303 000	63,9
• mariées	184 000	246 000	74,8
• veuves	630 000	725 000	86,9
• divorcées			
Selon le nombre d'enfants (femmes vivant seules ou avec conjoint, ou avec enfants, ascendants, amis)			
• 0 enfant de moins de 18 ans	2 712 000	3 604 000	75,3
• 1 enfant	2 075 000	2 754 000	75,3
• 2 enfants	1 664 000	2 501 000	66,5
• 3 enfants ou plus	509 000	1 319 000	38,6
Ensemble des mères de famille	4 248 000	6 570 000	64,7

Source : Enquête emploi de l'INSEE

L'ADI : AGENCE DE L'INFORMATIQUE

LES FEMMES AUSSI...

Une fructueuse collaboration s'est développée entre le ministère des Droits de la Femme et l'Agence de l'Informatique depuis bientôt trois ans. Point de départ de ce travail commun : le séminaire consacré aux nouvelles technologies, à Toulouse.

Depuis des actions coordonnées, notamment avec les déléguées régionales, ont permis de lancer plusieurs stages expérimentaux de formation professionnelle. Première expérience très positive : « les passerelles ». Les premières passerelles vers l'informatique pour les non scientifiques ont été élaborées en 1984. De plus en plus d'étudiantes diplômées, l'ANPE, les conseillers d'orientation font, en effet, ce triste constat : des femmes ayant une formation supérieure de niveau maîtrise en littérature ou sciences humaines, rencontrent de sérieuses difficultés pour s'insérer dans le monde du travail. Conçues à leur intention, trois formations en informatique et gestion leur ont permis d'acquérir un niveau supérieur comme utilisatrices de matériels et logiciels informatiques.

Cette stratégie de la double compétence, avec des formations qualifiantes, d'excellente qualité pédagogique, a permis aux femmes qui les ont suivies de trouver des emplois de cadres.

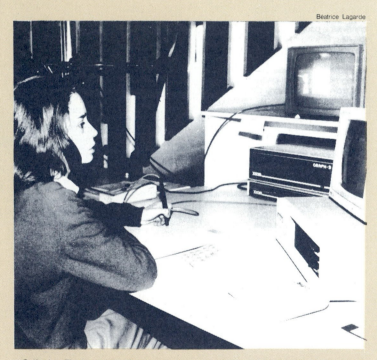

Béatrice Lagarde

Catherine Fleury a fait les Beaux-Arts. Elle est devenue graphiste sur ordinateur et dans le cadre de sa formation avec l'ADI a fait un stage à la Sté de conception et de réalisation multimédia. Sa spécialité : réalisatrice en vidéographie, un secteur riche en débouchés.

Vocabulaire

actif working, employed
l'activité *f.* employment
l'aide familiale *f.* mother's (household) helper
les **ascendants** *m. pl.* parents (*formal language*)
le **chemin** road, path, way
le **chômage** unemployment
conçu conceived, developed
le **conjoint** mate, spouse
consacrer to dedicate
le **conseiller** counselor
le **constat** official statement
la **constatation** finding
croître to grow
le **débouché** job opportunity
l'écart *m.* gap
éclairé enlightened
l'effectif *m.* actual number
élaborer to prepare
s'élever to go up, rise
l'employeuse *f.* female employer
l'ensemble *m.* total, whole range
l'entreprise (publique) *f.* (government-owned) business

l'état civil *m.* marital status
l'extrait *m.* excerpt
la **femme de ménage** cleaning woman
le **foyer** home
fructueux fruitful
la **gestion** management, business administration
le (la) **graphiste** graphic designer
indépendant self-employed
l'informatique *f.* data processing, computer science
s'insérer to integrate oneself
lancer to launch
le **logiciel** software
lutter to fight
la **maîtrise** master's degree
naisse *present subjunctive of* **naître**
nettement clearly
le (la) **non scientifique** *person who has not majored in a scientific field (nonscience major)*
notamment particularly

l'orientation *f.* guidance
la **passerelle** gangplank
pédagogique educational
le **point de départ** starting point
prétendre to claim
le **principe** principle
qualifiant degree granting
la **réalisatrice** (le **réalisateur**) director
le **salarié** wage earner
les **sciences humaines** *f. pl.* social sciences
la **sécurité sociale** *French national health insurance*
le **séminaire** conference, convention
les **services publics** *m. pl.* the public sector (*employed by the government*)
le **stage** practical-training program
suivre to take (*a course*)
sur out of (*in proportions, percentages*)
le **taux** rate, proportion
la **vidéographie** screen graphics
vit *simple past of* **voir**

Expressions

à part entière complete
conçu à leur intention thought out with them in mind
contre vents et marées in spite of all obstacles, against all odds
l'entreprise publique de droit privé *government-owned firm governed by civil regulations*

entrer dans la réalité to become reality
être au nombre de to number
faire tomber to knock down
mener de pair profession et enfants to manage both one's profession and one's children at the same time
poser les bases to lay the foundation
veiller à to see to, take care of

Supplément

la **crèche** day-care center for children aged 2 months to 3 years
le **diplôme d'éducateur de jeunes enfants** *early-childhood-education degree*

la **garderie** day-care center (*general term*)
le **ménage** couple (*husband and wife*)
la **puéricultrice** nurse trained in child care

faire le ménage to do the housework
garder un enfant to watch (look after) a child

ACTIVITÉS

Pour la compréhension des textes

1. Pour quels principes le ministère des Droits de la Femme a-t-il lutté pendant quatre ans?
2. Combien de Françaises travaillent? Quel pourcentage des femmes travaillent en France? Quel pourcentage des salariés représentent-elles?
3. Donnez quelques exemples des emplois inclus dans la catégorie «salariées des ménages». Il y a très peu d'hommes dans cette catégorie. Comment le savez-vous?
4. Quel pourcentage des mères de famille travaillent en France? Dans quelle situation familiale trouve-t-on le pourcentage le plus bas de mères de famille qui travaillent? Pourquoi en est-il ainsi?
5. Expliquez la signification de ces deux statistiques: (a) 65% des mères de famille travaillent. (b) 69% de toutes les femmes (avec ou sans enfants) travaillent.
6. Quel but (*goal*) vise (*aims at*) le travail coordonné du ministère des Droits de la Femme et de l'Agence de l'Informatique?
7. Pourquoi est-ce qu'on veut que les «littéraires», c'est-à-dire ceux qui ont fait des études littéraires ou artistiques, s'initient à l'informatique?
8. Pourquoi est-ce que la vidéographie est un bon secteur pour une jeune personne à la recherche d'un travail?

Prenez la parole!

1. Est-ce que la plupart des femmes que vous connaissez travaillent ou restent à la maison? Pour quelles raisons font-elles ce qu'elles font?
2. En considérant les différentes générations de votre famille, remarquez-vous un changement dans le pourcentage de femmes qui travaillent? Dans les emplois qu'elles ont?
3. Connaissez-vous des femmes qui ont été victimes de discrimination dans leur emploi? Parlez-en. Croyez-vous qu'il y ait des secteurs de notre société où les femmes n'ont pas les mêmes chances professionnelles que les hommes? Lesquels?
4. Quels sont les diplômes qui mènent (*lead*) à des secteurs riches en débouchés dans le monde du travail dans votre région ou dans le pays en général? Quelles sont les formations qui mènent à des difficultés d'insertion professionnelle?

Exercice de vocabulaire

Complétez chaque phrase avec le mot ou l'expression convenable (*appropriate*).

1. Pour savoir quelle formation est la plus indiquée dans votre cas, parlez avec le conseiller ———.

   a. d'orientation   b. d'activité   c. de débouchés

2. Il y a beaucoup de femmes seules qui se trouvent dans une situation difficile, travaillant et élevant leurs enfants sans l'aide d'un ——.

    a. écart   b. travailleur   c. conjoint

3. Le Mouvement de Libération de la Femme essaie de —— les bases d'une société plus juste, plus égalitaire.

    a. poser   b. prétendre   c. lancer

4. Le séminaire a été le point de —— d'une collaboration importante entre le ministère et les entreprises.

    a. taux   b. départ   c. foyer

5. Les «littéraires» rencontrent beaucoup de difficultés pour —— dans le monde du travail.

    a. s'arrêter   b. s'insérer   c. s'élever

6. Le pourcentage de femmes sur —— des travailleurs ne cesse d'augmenter.

    a. le logiciel   b. la gestion   c. l'ensemble

Prenez la plume!

égalité des salaires!

- ### Traduisez en français

    1. Women have to manage a profession and children at the same time in spite of all obstacles.
    2. These courses have permitted the women who have taken them to find jobs in private firms.
    3. Nonscience majors can study computer science in a program thought out with them in mind.
    4. The gap between unemployed (**qui chôment**) men and women has decreased.

- ### Composition

Afin de créer une vraie égalité de chances dans le monde du travail, on a appliqué des mesures de rattrapage (*reverse discrimination measures*). Ces mesures ont été très controversées aux États-Unis et en France aussi. Qu'en pensez-vous? Écrivez une composition de 10 à 12 phrases où vous prenez parti (*take a position*) pour ou contre ces mesures. Votre essai peut tourner autour de ces idées:

Pour les mesures de rattrapage:

1. Les mesures de rattrapage sont nécessaires pour compenser les retards (*make up for delays*) ou les handicaps des femmes.
2. Il est inutile de parler d'une égalité des chances quand il y a des groupes défavorisés qui par leur histoire se trouvent dans une situation inégale.

3. Les mesures de rattrapage ne seront prises qu'à titre temporaire (*temporarily*). Elles sont nécessaires pour corriger les inégalités.

Contre les mesures de rattrapage:

1. La qualification doit être le seul critère dans l'embauche (*hiring*).
2. Toute discrimination est mauvaise. L'État, en mettant en oeuvre (*by implementing*) des mesures de rattrapage, en crée une nouvelle.
3. La seule manière de corriger l'inégalité est d'introduire une législation qui interdise la discrimination.

La présentation orale

- **Conversation:** *L'égalité des sexes — Existe-t-elle déjà?*

  Par petits groupes de 4 à 6 étudiants, discutez du thème proposé. Essayez de parler de l'origine de l'inégalité — problèmes légaux, attitudes de la société, éducation (*upbringing*), formation inégale, inégalité dans les responsabilités du ménage et des progrès réalisés dans ces domaines.

- **Enquête** (*Survey*)

  Que font les mères de vos camarades de classe? Est-ce qu'elles travaillent ou est-ce qu'elles consacrent leur vie au foyer? Menez (*take*) une enquête auprès d'une vingtaine d'étudiants et préparez un tableau des résultats. Votre enquête doit comprendre (*include*) au moins les réponses aux questions suivantes sur chaque mère:

  1. Situation familiale:
     Est-ce qu'elle vit en couple?
     Est-ce qu'elle vit seule?
     Est-ce qu'elle vit chez les parents?
  2. Quel est le nombre d'enfants de moins de 18 ans à sa charge?
  3. Est-ce qu'elle travaille ou non?
  4. Est-ce qu'elle travaille à plein temps (*full time*) ou à temps partiel (*part time*)?
  5. Pour combien de temps est-ce qu'elle s'est arrêtée de travailler pour élever ses enfants?
  6. Qui l'aide dans les responsabilités du ménage?

 MINISTERE DES DROITS DE LA FEMME

Pour l'amour de Dieu: la religion en France

Introduction

La France est un pays où quatre-vingt-dix pour cent (90%) de la population est de *confession* catholique. Catholique par tradition, la France a été *secouée* au 16ᵉ siècle par les *courants* de la Réforme protestante qui venaient d'Allemagne et de Suisse. Aujourd'hui la France compte deux millions de protestants. La communauté *juive*, qui *remonte à* l'empire romain — surtout en Provence — est maintenant la quatrième du monde par sa population de 700 000 personnes. La moitié sont des Juifs d'Afrique du Nord, arrivés en France quand les *anciennes* colonies du *Maghreb* sont devenues indépendantes. Mais saviez-vous que la deuxième religion de France est l'islam, avec presque trois millions de *fidèles*? Le *foisonnement* de l'islam s'explique par l'immigration de travailleurs des pays arabes, surtout du Maroc, d'Algérie et de Tunisie.

(marginal glosses) religion / shaken/currents / Jewish/goes back to / former/North Africa / believers/expansion

Pour faciliter la lecture

Note that in the folder from Secours Catholique, the words **Le Service** are understood before each of the headings in heavy type under the photos. That is why singular verbs appear to be used after plural nouns. Thus **Urgences est chargé de . . .** is really **Le Service Urgences est chargé de . . . .**

Abréviations

bd boulevard
h heure(s)
Mhz mégahertz (*measure of frequency*)

Mº métro
S.I.F. Séminaire Israélite de France
Tél. téléphone

Notes culturelles

1. Le Secours Catholique est rattaché (*linked*) à *Caritas*, l'organisation charitable internationale de l'Église Catholique.
2. La France est divisée pour l'administration en 96 départements.
3. Seuil, L'Harmattan, Labor et Fidès, et Georg sont des maisons d'éditions (*publishing houses*) françaises.
4. Jean Calvin (1509–1564) était un réformateur religieux français. Obligé de quitter la France à cause de ses croyances (*beliefs*), il s'est installé à Genève. Calvin est une des grandes figures du protestantisme.
5. Boissy-L'Aillerie et Cergy-Sud sont deux villes du département du Val-d'Oise, au nord de Paris.

6. Les numéros de téléphone en France ont à partir de 1986 huit chiffres; tous les numéros de Paris commencent par 4 (voir l'annonce pour le concert de musique liturgique juive, page 183).

7. L'Arche veut dire l'Arche de Noé (*Noah's Ark*) et aussi le coffre (*chest*) où Moïse a mis les tables (*tablets*) de la Loi.

8. Marseille, la troisième ville de France (après Paris et Lyon), est située sur la côte méditerranéenne.

9. Il y a des mots étrangers dans les textes représentant le judaïsme et l'islam:

Ahavat Hayeled (*hébreu*)   amour de l'enfant

Allahou Akbar. (*arabe*)   Dieu (Allah) est grand.

cacher (*hébreu*) [*pron./kaʃɛr/*]   préparé selon les lois alimentaires (*dietary*) juives (anglais: *kosher*)

Colbo (*hébreu*)   tout dedans

Soubhana Rabia El Ala. (*arabe*)   Loué (*Praised*) soit mon Seigneur (*Lord*) le Très-Haut (*the Most High*).

SecOurS CATHOLIQUE

Partout où la guerre meurtrit, où les ruines s'accumulent, où les réfugiés fuient, où les enfants ont faim,

partout où des hommes et des femmes luttent contre le sous-développement, la misère, le chômage, la solitude,

le Secours Catholique est là.

plutôt que
de distribuer
100 pommes
il vaut mieux planter 1 pommier

Urgences est chargé plus spécialement de l'aide aux sinistrés. Il représente le Secours Catholique dans les catastrophes survenant à l'étranger et soutient l'action des Délégations dans les sinistres nationaux.

Assistance technique internationale gère depuis le début de la Campagne contre la Faim dans le Monde, les ''Micro-réalisations''. C'est une formule d'aide aux pays en voie de développement, souhaitée, précise et contrôlable.

Malades et handicapés a pour but, en liaison avec les Mouvements, Associations, Services officiels ou privés, de répondre aux besoins matériels, intellectuels et moraux des personnes handicapées.

Personnes âgées oriente essentiellement son action sur tout ce qui peut faciliter la réinsertion ou le maintien des personnes âgées dans la vie sociale, aussi bien en milieu urbain qu'en milieu rural.

Immigrés - Réfugiés assure l'accueil et l'intégration des personnes étrangères, en lien avec les Délégations départementales, les accueils spécialisés ou les groupes de particuliers. Intervient auprès des pouvoirs publics en vue d'améliorer l'accueil des réfugiés et les conditions d'existence des populations immigrées ou réfugiées.

Jeunes appelle tous les 16–25 ans à se rassembler pour mener avec les plus pauvres de leur localité des activités ayant pour but de les ''libérer'' des sujétions ou des diminutions de l'isolement, du dénuement, du délaissement.

ISSN 0295-5214

20 février - 20 mars — N° 93

LA VOIX PROTESTANTE

Le numéro : 12 F

Mensuel de l'Eglise Réformée de France — Région Parisienne

consistoire paris sud-ouest ■■

LIBRAIRIE PROTESTANTE

140, bd Saint-Germain, 75006 PARIS. Tél. 43.26.91.87.(Métro Odéon)
Ouvert du lundi au samedi de 10 h à 19 h. Fermé les lundis et samedis
de 12 h 30 à 13 h 30

Quelques nouveautés :

Hans KUNG : Vie Eternelle ? Seuil (110 F).

Roselène DOUSSER-LEENHARDT : A fleur de terre. L'Harmattan (85 F).

J.-M. CHAPPUIS : Histoire fantastique de William Bolomey.
Labor et Fidès (60 F).

B. GAGNEBIN : A la rencontre de Jean Calvin. Georg (60 F).

Association «BETHEL»
pour la réinsertion par le travail,
la vie communautaire et spiri-
tuelle de jeunes drogués en
post-cure
95650 BOISSY-L'AILLERIE

Centre Protestant de Rencontre
Forum des Touleuses
95000 CERGY-SUD
Tél. 30.30.35.78

---

fréquence protestante

Une radio locale pour Paris et sa périphérie. —
100,2 Mhz
17, rue des Petits-Hôtels, 75010 Paris
Tél. : 42-46-88-85
Les mardis et samedis
de 6 heures du matin à 6 heures le lendemain.

C A S P

Centre d'Action Sociale Protestant
1-3, rue Saint-Claude, 75003 Paris
M° St-Sébastien-Froissart
Tél. : 42-74-02-98
Consultations sociales (sur rendez-vous).

LE MENSUEL DU JUDAÏSME FRANÇAIS

l'Arche

N° 346/Mensuel/Janvier /18 F

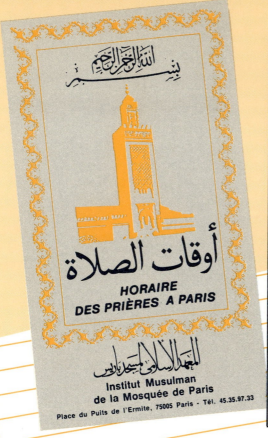

بِسْمِ اللهِ الرَّحْمَنِ الرَّحِيمِ

أوقات الصلاة

**HORAIRE
DES PRIÈRES A PARIS**

المعهد الإسلامي لمسجد باريس

**Institut Musulman
de la Mosquée de Paris**

Place du Puits de l'Ermite, 75005 Paris - Tél. 45.35.97.33

Jour	Date	Fadjr الفجر	Shorouk الشروق	Dhuhr الظهر	Assr العصر	Maghrib المغرب	Ishaa العشاء	اليوم
LUN	1	6.34	8.21	12.41	14.40	17.00	18.41	الاثنين
MAR	2	6.35	8.23	12.42	14.39	16.59	18.40	الثلاثاء
MER	3	6.36	8.24	12.42	14.39	16.59	18.40	الأربعاء
JEU	4	6.37	8.25	12.43	14.39	16.58	18.40	الخميس
VEN	5	6.38	8.26	12.43	14.39	16.58	18.40	الجمعة
SAM	6	6.39	8.27	12.43	14.39	16.58	18.40	السبت
DIM	7	6.40	8.29	12.44	14.38	16.57	18.40	الأحد
LUN	8	6.41	8.30	12.44	14.38	16.57	18.39	الاثنين
MAR	9	6.42	8.31	12.45	14.38	16.57	18.39	الثلاثاء
MER	10	6.43	8.32	12.45	14.38	16.57	18.39	الأربعاء
JEU	11	6.44	8.33	12.46	14.38	16.57	18.40	الخميس
VEN	12	6.45	8.34	12.46	14.38	16.57	18.40	الجمعة
SAM	13	6.46	8.35	12.47	14.39	16.57	18.40	السبت
DIM	14	6.46	8.35	12.47	14.39	16.57	18.40	الأحد
LUN	15	6.47	8.36	12.48	14.39	16.57	18.40	الاثنين
MAR	16	6.48	8.37	12.48	14.39	16.58	18.41	الثلاثاء
MER	17	6.48	8.38	12.49	14.39	16.58	18.41	الأربعاء
JEU	18	6.49	8.38	12.49	14.40	16.58	18.41	الخميس
VEN	19	6.50	8.39	12.49	14.40	16.59	18.42	الجمعة
SAM	20	6.50	8.40	12.50	14.41	16.59	18.42	السبت
DIM	21	6.51	8.40	12.50	14.41	16.59	18.42	الأحد
LUN	22	6.51	8.41	12.51	14.42	16.59	18.43	الاثنين
MAR	23	6.52	8.41	12.51	14.42	17.00	18.43	الثلاثاء
MER	24	6.52	8.41	12.52	14.43	17.01	18.44	الأربعاء
JEU	25	6.52	8.42	12.52	14.43	17.01	18.44	الخميس
VEN	26	6.53	8.42	12.53	14.44	17.02	18.45	الجمعة
SAM	27	6.53	8.42	12.53	14.44	17.03	18.46	السبت
DIM	28	6.53	8.42	12.54	14.45	17.03	18.46	الأحد
LUN	29	6.53	8.42	12.54	14.45	17.04	18.47	الاثنين
MAR	30	6.54	8.43	12.55	14.47	17.05	18.48	الثلاثاء
MER	31	6.54	8.43	12.55	14.47	17.06	18.49	الأربعاء

DÉCEMBRE ديسمبر

أَسْجُدُ عَلَى جَبْهَتِي وَأَنْفِي وَأَقُولُ فِي سُجُودِي :
« سُبْحَانَ رَبِّيَ الأَعْلَى » ثَلاَثَ مَرَّاتٍ .

Je me prosterne et je dis 3 fois :
« Soubhana Rabia El Ala.»

أَرْفَعُ رَأْسِي وَأَقُولُ : «اللَّهُ أَكْبَرُ» ، وَأَقْرَأُ التَّشَهُّدَ

Je m'assois sur mes genoux et je dis Allahou
Akbar.

Vocabulaire

l'accueil *m.* reception, welcome
s'accumuler to pile up
améliorer to improve
assurer to insure
le **but** goal
la **campagne** campaign
le **chômage** unemployment
les **conditions d'existence** *f. pl.* living conditions
la **confession** religion
le **consistoire** church district (*of the Protestant Church*)
contrôlable verifiable
le **courant** current
défavorisé underprivileged, disadvantaged
le **délaissement** friendlessness, neglect
le **dénuement** poverty, destitution
départemental pertaining to a **département**
la **diminution** impairment, lessening
le **drogué** drug addict

l'enfance *f.* childhood; children
fidèle faithful; (*noun m. or f.*) believer
le **foisonnement** expansion
la **formule** format, plan
fuir to flee
gérer to manage, administer
le **Grand Rabbin** Chief Rabbi
l'immigré *m.* immigrant
intervenir to intervene
l'isolement *m.* isolation
juif (juive) Jewish
le **lendemain** next day
liturgique liturgical, pertaining to religious ritual
la **livraison à domicile** home delivery
lutter to struggle, fight
le **Maghreb** North Africa
le **maintien** maintenance
le **mensuel** monthly (*publication*)
meurtrir to bruise, damage
la **mosquée** mosque

la **nouveauté** new release
la **périphérie** surrounding area
le **pommier** apple tree
les **pouvoirs publics** *m. pl.* the authorities
la **prière** prayer
se prosterner to prostrate oneself
le **rabbinat** rabbinate
se rassembler to gather together
la **réinsertion** reintegration
secouer to shake
le **secours** help
le **sinistre** disaster
le **sinistré** disaster victim
souhaité wished for
soutenir to support
la **sujétion** subservience
survenir to happen
le **traiteur** caterer
l'urgence *f.* emergency
la **vie sociale** life among people
les **16–25 ans** *m. pl.* people 16 to 25 years old

Expressions

à fleur de terre on the surface of the ground
à la rencontre de meeting, let's meet
au profit de for the benefit of
auprès de with, at
avoir lieu to take place
chargé de in charge of, responsible for
en liaison (lien) avec in cooperation with
en post-cure after treatment
en voie de développement developing

en vue de with a view to
mener des activités to lead (conduct) activities
orienter son action sur to direct its action towards
répondre aux besoins to meet the needs
sous contrôle de under the supervision of
sous la présidence de under the chairmanship of
sur rendez-vous by appointment

Supplément

confessionnel religious, parochial
le **culte** religion

orthodoxe (Greek or Russian) Orthodox
la **synagogue** synagogue

le **temple** Protestant church

Pour la compréhension des textes

1. Dans quelles situations humaines et sociales est-ce qu'on voit les efforts du Secours Catholique?
2. Que fait le Secours Catholique sur le plan international (*internationally*)?
3. Que fait-il pour les jeunes?
4. Quelles revues protestante et juive y a-t-il parmi les textes? Quand paraissent-elles? (*When are they issued?*)
5. Quels autres moyens (*means*) emploient les protestants pour informer le public de leur culte (*religion*) et de leurs activités?
6. Quelle organisation protestante charitable est mentionnée dans les annonces de *La voix protestante*? Vers qui s'oriente son action?
7. Pour quelle sorte de concert juif y a-t-il une annonce ici? Au profit de qui est-ce qu'on l'a organisé?
8. Quel genre d'établissement est le *Colbo Market*? Quelle nouvelle formule offre-t-il?
9. Qu'est-ce que vous avez lu de la Mosquée de Paris? Combien de prières différentes y a-t-il par jour?
10. Le dessin du petit garçon musulman sur son tapis de prière (*prayer mat*) est tiré d'un livre intitulé *Les cinq piliers de l'islam*, qui donne des instructions en français aux jeunes musulmans. Dans cette partie de la prière islamique, quelles actions sont obligatoires?

AGISSONS AVEC EUX...

Prenez la parole!

POUR QU'ILS VIVENT

1. Il y a un proverbe chinois qui dit «Donne à quelqu'un un poisson et il se nourrira pour un jour. Apprends-lui à pêcher (*teach him to fish*) et il se nourrira toute la vie.» Quel rapport voyez-vous entre ce proverbe et la devise (*motto*) du Secours Catholique, «Plutôt que de distribuer 100 pommes, il vaut mieux planter un pommier»?
2. Quel rapport y a-t-il entre la situation des handicapés, des immigrés et réfugiés et des personnes âgées? Quels parallèles y a-t-il entre les efforts faits par le Secours Catholique dans tous ces cas?
3. Quels cultes sont représentés dans la région où vous habitez? Dans quelles proportions?
4. Connaissez-vous des organisations charitables religieuses? Quelles activités mènent-elles? Qui est-ce qu'elles essaient d'aider?
5. Êtes-vous croyant(e) (*religious*)? Pourquoi ou pourquoi pas? Et votre famille? Combien de fois par mois allez-vous à la messe (*mass*) ou à l'office (*service*) de votre religion? Est-ce que vos amis sont croyants? Est-ce que vos amis et vous participez à des activités religieuses? Auxquelles?

Exercice de vocabulaire

Reliez (*Link*) chaque définition de la colonne A au mot ou à l'expression qui y correspond dans la colonne B.

A	B
1. maison religieuse des musulmans	a. traiteur
2. modèle, manière d'organisation	b. défavorisé
3. administrer	c. dénuement
4. situation où manquent les choses nécessaires	d. formule
5. n'importe où, dans tous les endroits	e. mosquée
6. dans un pays qui n'est pas le sien	f. gérer
7. personne qui prépare des repas pour les autres	g. à l'étranger
8. désavantagé, handicapé par sa situation	h. partout

Prenez la plume!

- **Traduisez en français**

    1. We have organized this concert for the benefit of disaster victims and disadvantaged old people.
    2. He manages a supermarket that makes home deliveries.
    3. This association directs its activities toward young drug addicts and their reintegration into society.
    4. Our service is in charge of improving the living conditions of refugees.
    5. We want to answer the needs of young people who live in rural areas.

- **Composition**

    Écrivez un bref paragraphe sur le rôle que la religion doit jouer dans notre monde. Dans quels domaines de la vie est-elle essentielle? Est-ce qu'elle peut contribuer à la vie des jeunes? Quels vides (*voids*) peut-elle combler (*fill*) dans la vie moderne?

La présentation orale

- **Conversation**

    Préparez-vous à assister à un office (*religious service*) (**la messe**, *mass*; **la prière**, *prayer*) avec un(e) ami(e). Parlez du jour et de l'heure de l'office, de comment il faut s'habiller, et mentionnez si c'est un office moderne ou traditionnel. Pour certaines religions, il faudra savoir la langue de la prière.

● **Enquête** (*Survey*)

Quel est l'état de la pratique (*observance*) religieuse parmi vos camarades? Menez (*take*) une petite enquête pour le savoir. Essayez de poser des questions à au moins une dizaine de personnes, ou menez l'enquête parmi les étudiants de la classe de français. D'abord demandez quelle est la religion de l'interrogé(e), ensuite si la personne est pratiquante (*observant*). Tâchez de savoir si sa pratique est régulière ou occasionnelle, en quoi elle consiste, si on observe les fêtes religieuses à la maison, si son observation des fêtes comme Noël est principalement religieuse ou laïque (*secular*), et ainsi de suite (*and so on*). Préparez un tableau des résultats et discutez de cette question importante: Est-ce que la religion est en crise parmi les étudiants de votre école?

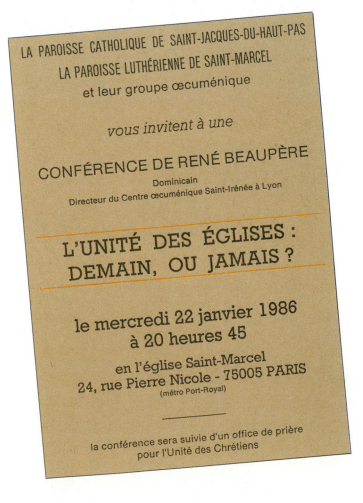

Du kiosque

L'environnement dans l'Afrique francophone

De deux journaux de l'Afrique francophone (*French-speaking*), *La Tribune du Cameroun* et *L'Essor du Mali*, nous présentons deux articles sur le problème numéro un de l'environnement dans ces pays — la sécheresse (*drought*). Cette sécheresse entraîne (*is bringing about*) l'expansion du Sahara, le désert le plus grand du monde. Le Sahel, zone qui borde le Sahara au sud, est actuellement (*now*) menacé par la désertification. C'est ici que sont situées quatre anciennes (*former*) colonies françaises: le Cameroun, le Mali, le Niger et le Tchad.

Avant de lire

1. Remarquez la différence entre **le plant** (*sapling*) et **la plante** (*plant*).
2. Dans la langue soutenue (*formal written style*), on emploie souvent **ne** sans **pas** après **si** (*if*): **si nous ne prenons garde**. Dans la langue parlée on dit **si nous ne prenons pas garde**.
3. Antoine de Saint-Exupéry était aviateur et écrivain. Il est surtout connu pour son récit *Le petit prince*.
4. 50° C (Celsius) est l'équivalent de 112° Fahrenheit.
5. FAO est le sigle (*initials*) anglais de l'Organisation des Nations Unies pour l'Alimentation et l'Agriculture (*Food and Agriculture Organization*).

Journée nationale de l'arbre

PLUS DE 200 JEUNES PLANTS ONT ÉTÉ MIS EN TERRE À GAROUA

S'il nous était donné de paraphraser Antoine de Saint-Exupéry, qui disait que l'eau c'est la vie, nous dirions nous autres que l'arbre c'est aussi la vie. En effet, la journée nationale de l'arbre que nous venons de vivre le 11 octobre revêt dans notre province une importance toute particulière. Plus que partout ailleurs la nécessité d'avoir beaucoup d'arbres dans la province du Nord s'impose avec acuité depuis une décennie.

Essayons seulement d'imaginer une ville de Garoua dépourvue d'arbres. Et ceci n'est pas loin d'arriver si nous ne prenons garde. La vie y serait d'autant plus difficile que l'on se sentirait mieux au Sahara. Dans cette ville devenue célèbre par sa canicule, la température monte des fois à plus de 50°C à l'ombre.

Et on a souhaité que chacun des 9 millions de Camerounais plante au moins un arbre. Exception faite de certains cas, au moins 5 à 7 millions de plantes tiendraient. Ce qui reviendrait moins cher et surtout la répartition sur le terrain serait équilibrée. En plus des échanges des jeunes, des rencontres, l'opération Sahel vert, c'est également inciter chacun à planter un arbre devant sa case, dans son champ, à côté de l'école, de l'église ou du marché.

(De *La Tribune du Cameroun*)

ABADAM MOUSSA

La FAO toujours préoccupée par la situation alimentaire en Afrique

La situation alimentaire en Afrique est un des sujets qui préoccupe l'Organisation des Nations Unies pour l'Alimentation et l'Agriculture (FAO).

La sécheresse, la désertification, les calamités naturelles, les guerres qui sévissent sur le continent africain, affectent dangereusement tous les efforts entrepris par la FAO pour le redressement de l'agriculture.

Cette situation inquiétante amènera la FAO et les organisations gouvernementales et non-gouvernementales à prendre des mesures pour mettre un terme à, sinon freiner, la crise alimentaire qui empire.

Ainsi une large partie du continent africain est dévastée par la sécheresse, et plus de 150 millions de personnes souffrent de faim et de malnutrition.

Aussi on signale d'importants déplacements de populations et de troupeaux, particulièrement au Mali, au Niger et au Tchad, où les niveaux des fleuves sont très bas et les pâturages pratiquement inexistants.

(De *L'Essor du Mali*)

VOCABULAIRE

ailleurs elsewhere
alimentaire food (*adj.*)
aussi (*beginning a sentence*) therefore
la **canicule** dog days, hot summer weather
la **case** cabin, hut
la **décennie** decade
le **déplacement** movement
la **désertification** expansion of the desert
également also, too
empirer to get worse
entreprendre to undertake
équilibré balanced
le **fleuve** river
freiner to brake; to check, stop

gouvernemental government (*adj.*)
inquiétant upsetting
l'**ombre** *f.* shade
le **pâturage** pasture land
le **plant** sapling
préoccuper to worry
le **redressement** straightening out, setting right again
la **répartition** distribution
revenir to cost, come out to (*a price*)
la **sécheresse** drought
sévir to rage
signaler to report
sinon if not, or else
tenir to last; to hold
le **troupeau** herd

EXPRESSIONS

amener quelqu'un à faire quelque chose to lead someone to do something
d'autant plus + *adj.* + **que** all the more (*adj.*) because
dépourvu de devoid of
des fois sometimes
en plus de in addition to
exception faite de with the exception of
s'imposer avec acuité to make itself keenly felt
inciter quelqu'un à faire quelque chose to urge someone to do something

mettre en terre to plant
mettre un terme à to put an end to
n'être pas loin d'arriver to be imminent
partout ailleurs anywhere else
prendre des mesures to take steps
prendre garde to be careful
revêtir une importance particulière to take on a special importance
s'il nous était donné de (+ *inf.*) if we could, if it were possible for us to

Pour la compréhension des textes

Le Cameroun

1. Quelle fête a eu lieu (*took place*) le 11 octobre au Cameroun? Comment est-ce que l'on y a célébré cette journée?
2. Pourquoi est-ce que les arbres ont une importance spéciale à Garoua?
3. Quelles idées a-t-on proposées pour boiser (*cover with trees*) le Cameroun?

La FAO

4. Expliquez les causes de la crise alimentaire en Afrique.
5. Où est-ce que l'on a signalé de grands déplacements de populations et de troupeaux?
6. Comment peut-on expliquer ces déplacements selon (*according to*) l'article?

5

À votre santé!

YOGA

SANTE   **SERENITE**

MAITRISE DU SOUFFLE
ASSOUPLISSEMENT
CONCENTRATION
RELAXATION
POSTURES

lundi   jeudi
COURS midi, apr. midi, soir
DEBUTANTS–AVANCES
collectifs, particuliers

inscriptions dès le 15 SEPT.
les LUNDIS et MERCR. de 17 à 20 h.

centre de yoga m. Alcheik
35 rue Pasteur

À votre santé!

- **Quand on s'enrhume . . .**
- **Mangez-vous comme il faut?**
- **Faites du jogging pour sauver votre coeur!**
- **Ne me cassez pas les oreilles! — les dangers du bruit**
- **Fumer ou ne pas fumer: une question de santé**
- **Un verre de trop: l'alcool au volant**

Du kiosque — *Les couleurs peuvent guérir*

Quand on s'enrhume . . .

When you catch a cold . . .

Introduction

Atchoum! Encore un *rhume*! Qui ne s'enrhume pas deux ou trois fois par an, surtout en hiver quand il fait mauvais? Y a-t-il des *moyens* de *prévenir* les rhumes? Et une fois qu'on est enrhumé, comment *se soigner*? Les *médicaments* contre le rhume abondent en France comme aux États-Unis, mais en Europe on trouve aussi des remèdes *homéopathiques* qu'on peut prendre *de façon préventive*. En lisant cette annonce qui *vante* les mérites d'un médicament homéopathique *indiqué* pour la *grippe*, pensez aux remèdes que vous employez quand vous *prenez froid*.

Atchoo!/cold

means
to prevent
to take care of one-
self/medicines

see Note culturelle/as a
preventive measure
praises
recommended/flu
catch (a) cold

Pour faciliter la lecture

1. The ad you will read offers a solution to a problem. Skim the ad and find the following three elements: the statement of the problem, the identification of the solution, and the procedure for treating the problem.
2. Make sure that you learn the genders of these cognates:

masculine		feminine	
le laboratoire	le symptôme	la dose	la période

Note de langue

When the adverb **peut-être** occurs as the first word in a sentence, it must be followed either by **que** or by an inverted subject and verb:

> **Peut-être que** vous avez mal à la tête . . .
> **Peut-être avez-vous** mal à la tête . . .

Peut-être may also appear after the verb:

> Vous avez **peut-être** mal à la tête . . .

Note culturelle

L'homéopathie est un système de traitement par de petites doses successives d'un agent qui provoque les mêmes symptômes que ceux de la maladie que l'on veut combattre. À petites doses cet agent produit un effet inverse, c'est-à-dire thérapeutique. L'homéopathie, création du médecin allemand Christian Hahnemann (1755–1843), est une thérapie très réputée en Europe, où il existe des médecins homéopathes et des pharmacies homéopathiques.

ÉTATS GRIPPAUX

LA RÉPONSE OSCILLOCOCCINUM®

Vous pensez avoir pris froid. Vous vous sentez fatigué. Peut-être avez-vous mal à la tête, des frissons, des courbatures... ?
Vous couvez quelque chose. Vous avez peur d'attraper la grippe.

OSCILLOCOCCINUM® est indiqué pour les états grippaux. Il sera d'autant plus efficace et rapide d'action qu'il sera utilisé dès les premiers symptômes.

BIEN PASSER L'HIVER

Il est conseillé de prendre une dose, matin et soir, pendant 1 à 3 jours.

On peut aussi le prendre de façon préventive à raison d'une dose par semaine pendant la période d'exposition grippale.

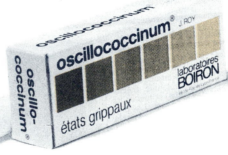

oscillococcinum®
PRÉPARATION HOMÉOPATHIQUE

LABORATOIRES
BOIRON

Vocabulaire

abonder to abound, be abundant
attraper to catch
la **courbature** ache
couver to incubate; to be getting (*an illness*)
dès from, starting with
efficace effective
s'enrhumer to catch a cold

l'**état grippal** *m.* flulike condition
l'**exposition** *f.* exposure
le **frisson** shiver
grippal having to do with the flu
la **grippe** flu
homéopathique homeopathic
indiqué recommended

le **médicament** medicine
le **moyen** means
prévenir to prevent
le **rhume** cold (*illness*)
se soigner to take care of oneself
vanter to praise

Expressions

à raison de at a rate of
Atchoum! Atchoo!
d'autant plus + *adj.* + **que** (*adj.*) because all the more

de façon préventive as a preventive measure
prendre froid to catch (a) cold
rapide d'action fast-acting

Supplément

éternuer to sneeze
les **gouttes pour le nez** *f. pl.* nose drops
guérir to cure
se moucher to blow one's nose
le **mouchoir** handkerchief
tousser to cough

avoir de la fièvre to have (a) fever

avoir le nez bouché to have a stuffed nose
avoir mal à la tête (à la gorge, aux reins) to have a headache (sore throat, backache)
avoir mal au coeur to be nauseated (nauseous)
calmer la toux to soothe one's cough
dégager le nez to clear the nose

faire une ou deux vaporisations dans le nez to spray once or twice in one's nose
prendre des aspirines (des comprimés, des vitamines) to take aspirin (tablets, vitamins)
rester au lit to stay in bed
soigner sa grippe to take care of one's flu

SOIGNEZ VOTRE SANTE

Pour la compréhension du texte

1. Quels sont les symptômes de la grippe?
2. Pour quel problème est-ce qu'Oscillococcinum est recommandé?
3. Comment est-ce qu'on peut employer ce remède avec un maximum d'efficacité?
4. Quel dosage est indiqué pour les états grippaux?
5. Est-ce qu'on peut prendre Oscillococcinum pour éviter la grippe? Comment?

Prenez la parole!

1. Est-ce que vous vous êtes enrhumé(e) l'hiver dernier? Est-ce que vous avez attrapé la grippe? Quels symptômes avez-vous eus?
2. Quels sont vos remèdes préférés quand vous prenez froid?
3. Essayez-vous de prévenir les rhumes et les grippes? Comment? Est-ce que vous y réussissez la plupart du temps?
4. Si vous allez chez le médecin avec la grippe, quels moyens thérapeutiques est-ce qu'il (elle) emploie? Des antibiotiques, des piqûres (*injections*), des sirops?
5. Est-ce que les médicaments que l'on emploie couramment (*commonly*) pour la grippe ont des inconvénients (*disadvantages*) et des effets secondaires (*side effects*)?

Exercice de vocabulaire

Complétez chaque phrase avec le mot convenable (*appropriate*) de la liste.

bouché	dégager	moucher	d'autant
raison	indiqué	mal	thérapeutique
façon	grippal	rhumes	courbatures

1. Ce médicament est —— pour le mal de gorge.
2. Je crois avoir attrapé la grippe. J'ai des —— partout.
3. J'ai besoin de gouttes pour le nez. J'ai le nez ——.
4. L'homéopathie est un système ——.
5. Ce médicament est —— plus efficace qu'il n'a pas d'effets secondaires.
6. On ne peut pas prendre des aspirines de —— préventive.
7. On prend ce médicament à —— de quatre comprimés par jour.
8. Ces vaporisations vont vous —— le nez.

Prenez la plume !

- **Traduisez en français**

    1. Maybe you have caught the flu.
    2. This homeopathic preparation is fast-acting.
    3. He thinks he's getting (incubating) a cold because he has fever and chills.
    4. You can take these tablets as a preventive measure.
    5. They're sneezing and coughing, and they have aches and pains.

- **Rédigeons** (*Let's write*) **une annonce pour Vicks Vaporub**

    Ce remède américain si célèbre se vend aussi en France. Imaginez que vous travaillez dans une agence publicitaire (*advertising*) française qui va préparer une annonce pour ce produit. Vicks Vaporub est une pommade (*salve*) avec laquelle on frictionne (*rub down*) l'enrhumé(e) (*person sick with a cold*). Suivez un peu le modèle de l'annonce d'Oscillococcinum et un peu votre imagination pour faire une annonce qui attire (*attracts*) des milliers de Français.

La présentation orale

- **Conversation:** *À la pharmacie*

    Vous vous trouvez à Paris au début du mois de décembre. Il pleut et il fait froid. Vous ne vous sentez pas très bien et vous avez peur d'attraper la grippe. Vous avez trop à faire pour rester au lit. Entrez dans une pharmacie et demandez un médicament au pharmacien (à la pharmacienne).

    1. Tell the pharmacist what your symptoms are and when they began.
    2. Explain that you don't want to catch a cold or the flu because you are busy and can't stay in bed.
    3. Explain also that you don't want anything that will make you sleepy (**donner sommeil**).

- **Donnez des conseils**

    Maintenant c'est vous le pharmacien (la pharmacienne). Un client vient d'entrer dans la pharmacie. Il tousse et vous demande de lui conseiller un remède. Il ne veut pas de sirops qui donnent sommeil. Recommandez-lui le sirop homéopathique Drosetux (étudiez l'annonce à la page 198 pour en avoir une idée) et expliquez-lui pourquoi ce produit est indiqué dans son cas.

1. Tell him that he should take a homeopathic remedy.
2. Tell him that you have a new syrup called Drosetux.
3. Mention that it has no alcohol and doesn't make you sleepy.
4. Say that it will nurse his cough gently.
5. Tell him that even children can use it.

Mangez-vous comme il faut?

Do you eat as you should?

Introduction

Savez-vous manger? La question semble un peu *bête*, mais *précisons*: savez-vous *vous nourrir*? Mangez-vous en pensant à votre santé, à vous faire un corps fort et *résistant*? Savez-vous ce qu'il faut manger pour vous nourrir et pas seulement pour *vous rassasier*? Les *inquiétudes* sur les mauvais effets d'une *alimentation* immodérée — sur l'excès de certains *nutriments* comme les sucres, les *graisses* et le sel et les maladies *entraînées* par cet excès — *ont amené* le Comité Français d'Éducation pour la Santé à publier une petite brochure sur la relation entre les aliments et la santé. Vous avez sûrement lu ou entendu des conseils de ce *genre* aux États-Unis. Vous pourrez les comparer maintenant aux recommandations contenues dans l'article qui suit.

silly/let's be precise/ nourish yourself

tough

to gorge yourself/ worries
diet
nutrients/fats
caused/have led

kind

Pour faciliter la lecture

1. Study the following pairs of words. They contain false cognates that may confuse you when you read the text.

   l'alimentation (*diet*) [food intake]
   le régime (*diet*) [followed for a specific purpose]

   délicat
   exigeant } (*fastidious, fussy*)
   fastidieux (*tiresome, annoying*)

   raisonnable (*sensible*)
   sensible (*sensitive*)

2. Make sure that you distinguish between these words:

   la graisse (*fat, grease*) [noun]   gras/grasse (*fat, fatty, rich*) [adj.]

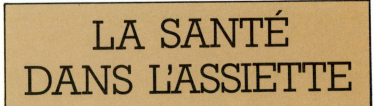

LA SANTÉ
DANS L'ASSIETTE

Bien manger c'est facile !

cfé comité français d'éducation pour la Santé

Bien se nourrir, ce n'est pas compliqué... quelques principes suffisent. Bien se nourrir, ce n'est pas contraignant... pas de fastidieux calculs de calories.

Bien se nourrir, ce n'est pas triste... santé et gastronomie font bon ménage : c'est une cuisine plaisir.

L'organisme croît et se renouvelle, il se dépense, il doit se défendre contre les agressions. Pour lui permettre de le faire harmonieusement, un équilibre nutritionnel lui est indispensable.

Mais, chaque être humain a une individualité propre : son rythme d'assimilation, son activité sont différents. Aussi, pas de repas standard pour tous, mais des repas personnalisés qui tiennent compte de l'appétit, de l'âge, des dépenses physiques et de la « prédisposition génétique » de chacun.

Il y a cependant quelques traits communs que l'on peut retenir et qui serviront de points de repère pour établir une alimentation prudente :

— <u>modérer</u> sa consommation de graisse, de sucre, de sel et d'alcool ;

— <u>manger un peu de tout</u>, en quantité raisonnable, en puisant chaque jour, au cours des trois repas, dans tous les groupes d'aliments.

Il est raisonnable de manger une fois par jour :

- de la viande ou du poisson ou des œufs,
- des légumes cuits, frais, en conserve ou surgelés,
- des pommes de terre, pâtes, riz ou légumes secs.

Plusieurs fois par jour :

- du lait et des produits laitiers (yaourt, fromage blanc, fromage),
- des fruits et des légumes crus,
- du pain
- de l'eau

Éviter de...

- grignoter entre les repas des produits riches en graisse ou en sucre (chips, cacahuètes, confiseries, gâteaux...),
- supprimer complètement un repas,
- manger « machinalement » devant la télévision,
- manger rapidement,
- avaler les bouchées sans les mastiquer suffisamment,
- prendre régulièrement apéritifs et digestifs,
- boire plus d'un quart de litre de vin par repas,
- manger le même jour deux plats gras : charcuterie, sauce grasse, friture, pâtisserie à la crème,
- boire sucré à n'importe quelle heure de la journée,
- supprimer un groupe d'aliments, par exemple les féculents, sans raison valable,
- rajouter « mécaniquement » du sel à tous les plats,
- mettre beurre ou margarine sur son pain lorsqu'il accompagne un mets gras : fromage, charcuterie par exemple.

Vocabulaire

l'**activité** f. activity, activities, movement
l'**agression** f. attack
l'**aliment** m. food(stuff)
l'**alimentation** f. diet
  amener to lead (someone)
l'**apéritif** m. before-dinner drink
  avaler to swallow
  bête silly
la **bouchée** mouthful
la **cacahuète** peanut
le **calcul** calculation, figuring
la **charcuterie** sausage (pork) products
la **confiserie** candy
la **conserve** can
la **consommation** consumption, intake
  contraignant demanding
  croître to grow
  cru raw
la **cuisine plaisir** cooking for pleasure
  cuit cooked
la **dépense physique** physical exertion
  se dépenser to exert oneself
le **digestif** after-dinner drink
  entraîné caused, brought about
l'**équilibre** m. balance

établir to establish
l'**être humain** m. human being
fastidieux (fastidieuse) tiresome
les **féculents** m. pl. starchy foods
la **friture** fried foods
le **fromage blanc** mild, nonfermented cheese
la **gastronomie** gourmet cooking
le **genre** kind
la **graisse** fat
  gras (grasse) fatty
  grignoter to nibble, snack on
  harmonieusement harmoniously
l'**inquiétude** f. worry
  machinalement mechanically
  mastiquer to chew (usual term in speech: **mâcher**)
le **mets** food, dish
  modérer to moderate; (here) to regulate
  se nourrir to nourish oneself
le **nutriment** nutrient
l'**organisme** m. human body (frame)
les **pâtes** f. pl. pasta, macaroni products

la **pâtisserie à la crème** cream pastry
le **plat** dish
les **points de repère** m. pl. guidelines
  préciser to be precise
le **principe** principle, rule
les **produits laitiers** m. pl. dairy products
  propre (of) one's own
  prudent careful
le **quart de litre** quarter-liter (approx. 10 ounces)
  raisonnable sensible
  rajouter to add
  se rassasier to eat one's fill, gorge oneself
  se renouveler to renew (replace) itself
  résistant tough, strong
  retenir (conj. like **tenir**) (here) to keep in mind
le **riz** rice
le **rythme d'assimilation** rate (speed) of digestion
  suffire to be enough
  suffisamment adequately
  supprimer to eliminate
  surgelé frozen
le **trait** characteristic
  valable valid
le **yaourt** yogurt

Expressions

au cours de in the course of, during
boire sucré to drink sugared drinks
comme il faut as one (you, he, etc.) should
en conserve canned
éviter de faire quelque chose to avoid doing something
faire bon ménage to go well together, get along

n'importe quel(le)(s) any
permettre à quelqu'un de faire quelque chose to allow someone to do something
puiser dans to draw from
servir de to be used (serve) as
tenir compte de quelque chose to keep something in mind

Pour la compréhension du texte

1. Pourquoi faut-il se nourrir comme il faut?
2. Expliquez pourquoi on n'a pas besoin de renoncer aux plaisirs de la table pour bien se nourrir.
3. Pourquoi n'y a-t-il pas de régime (*diet*) valable pour tous?
4. Quelles sont les recommandations valables pour tout le monde?
5. Comment doit-on répartir sa consommation de viande et de fruits pendant la journée?
6. Quels sont les groupes d'aliments dont il faut modérer la consommation?
7. Pouvez-vous faire quelques recommandations concrètes pour modérer la consommation de graisse, de sucre et de sel?
8. Y a-t-il des façons de manger qui sont déconseillées dans le texte?

Prenez la parole!

1. Est-ce que votre alimentation suit à peu près le modèle proposé dans le texte? En quoi est-ce qu'elle s'en écarte (*deviate from it*)?
2. Est-ce que les repas servis dans la cafétéria de votre école vous aident à suivre les recommandations du Comité Français d'Éducation pour la Santé? En cas de réponse négative, expliquez pourquoi.
3. Parmi les différents groupes d'aliments catalogués ici, lesquels sont vos aliments préférés? Lesquels consommez-vous plusieurs fois par jour? Lesquels ne consommez-vous presque pas?
4. Est-ce que vous trouvez quelques-unes de vos propres façons de manger dans la liste d'habitudes alimentaires à éviter? Lesquelles? Est-ce que vous avez déjà essayé de modifier ces façons de manger? Y avez-vous réussi?
5. Est-ce que vos amis mangent bien ou est-ce qu'ils grignotent des confiseries et des produits riches en graisse à n'importe quelle heure? Est-ce qu'ils sont conscients de la nécessité de bien se nourrir? Quels efforts font-ils à cet égard (*in that respect*)?

Exercice de vocabulaire

Rayez (*Cross out*) de chaque groupe de mots celui qui ne convient pas (*doesn't fit*).

1. grignoter, mastiquer, avaler, rajouter
2. friture, riz, pâtes, pommes de terre
3. féculents, produits laitiers, viandes, calories
4. pâtisserie, sel, confiserie, gâteau
5. contraignant, valable, fastidieux, triste
6. harmonieusement, régulièrement, machinalement, mécaniquement
7. assimilation, alimentation, consommation, prédisposition
8. beurre, fromage, yaourt, légume

Prenez la plume!

● **Traduisez en français**

1. We have to keep some principles of good nutrition in mind.
2. He eliminated starches from his diet without a valid reason.
3. These characteristics will serve as sensible guidelines.
4. You mustn't swallow mouthfuls (of food) without chewing them adequately.
5. She eats bread and cheese several times a day.

● **Dressons** (*Let's draw up*) **une liste de recommandations diététiques**

Vous avez déjà lu une liste d'habitudes alimentaires (*food habits*) à éviter. Soyons plus positifs. Ajoutons-y une liste de recommandations diététiques en suivant le modèle qu'on trouve dans le texte. D'abord (*First*) utilisez ce titre:

ESSAYEZ DE . . .

puis dressez une liste de conseils qui commencent par l'infinitif.

Un exemple:

ESSAYEZ DE . . .

• manger un peu de tout, etc.

La présentation orale

● **Conversation:** *Chez le médecin*

Un(e) patient(e) va chez le médecin. Voici ses symptômes:

Je me sens fatigué(e).   J'ai souvent mal à la tête.
Je n'ai pas d'énergie.   Je ne dors pas bien.
J'ai grossi. (**grossir** *to get fat*)

Le médecin interroge le (la) patient(e) sur son alimentation, qui s'écarte (*deviates*) considérablement des normes recommandées. Il lui donne des conseils nutritionnels et lui dit de revenir le voir dans un mois. Préparez cette scène avec un(e) camarade pour la présenter en classe.

● **Enquête** (*Survey*)

Menez (*Conduct*) une enquête sur les habitudes alimentaires de vos camarades de classe ou de vos amis. Essayez de découvrir quelles choses à éviter sont les plus répandues (*widespread*) dans l'alimentation des personnes interrogées. Par exemple, quel pourcentage de vos camarades suppriment régulièrement un repas? Quel pourcentage de vos amis boivent des boissons gazeuses sucrées plusieurs fois par jour? Faites un petit résumé oral des résultats.

Faites du jogging pour sauver votre coeur!

Jog to save your heart!

Introduction

Comment *être en forme*? C'est une question que tout le monde se pose aujourd'hui. En France comme aux États-Unis, le jogging (ou le petit trot) est un des sports les plus *répandus* parmi ceux qui font de l'exercice. Économique, facile à *pratiquer n'importe où* et *efficace* dans la prévention des maladies *cardiaques*, le jogging est l'activité idéale pour le milieu urbain. Mais la personne qui *se lance dans* le jogging a besoin de conseils. Vous pourrez en lire quelques-uns *énoncés* dans ce *dépliant* de l'Association des *Sociétés d'Assurance* pour la Prévention *en Matière de* Santé.

to be in shape (keep fit)

widespread

to do anywhere/ effective
heart
takes up

expressed/folder/Insurance Companies in Matters of

Pour faciliter la lecture

1. Note the title used on the inside of the folder: *Les commandements du jogger*. How is the title reflected in the structure of the text? How does this structure help you predict what information will be given and where it will be found?
2. Note the following false cognates in the area of medicine and physical fitness:

   le généraliste (*family doctor*)   la résistance (*staying power, stamina*)
   l'organisme (*human body* [*frame*])   solliciter (*to push*) [*by physical effort*]

Notes de langue

1. Note that the verb **contrôler** usually means *to check* rather than *to control*.
2. **Quel(le)(s)** + **que** + subjunctive of **être** + subject = *whatever* + subject + *may be*:

   Quelle que soit votre forme   *Whatever your physical condition*
   physique . . .   *may be* . . .

LES COMMANDEMENTS DU JOGGER

1. NE VOUS LANCEZ PAS SANS AVOIR FAIT

CONTROLER L'ETAT DE VOTRE COEUR

par un spécialiste, si possible dans un centre où l'on peut vérifier le bon comportement de l'appareil cardio-vasculaire pendant l'effort. Une fois obtenu le feu vert, vous pourrez contrôler vous-même votre rythme cardiaque pendant la course : au cours d'un bon entraînement, il doit se situer entre 110 et 150 pulsations par minute suivant l'âge.

2. PRATIQUEZ UN ENTRAINEMENT

PROGRESSIF

Il vous faudra de deux à trois mois, en partant de zéro, pour obtenir un bon rendement. Vous n'arriverez au mieux de votre forme qu'au prix de trois ou quatre séances hebdomadaires de 60 à 80 minutes à 60 ou 80 pour cent de votre capacité maximale (220 pulsations par minute, moins l'âge : 200 à 20 ans, 180 à 40 ans, 160 à 60 ans). Bon courage ! Et n'oubliez pas que, en cas d'arrêt de l'entraînement, tout est à recommencer.

3. N'ALLEZ PAS AU-DELA

DE VOS POSSIBILITES

Quelles que soient votre forme physique et votre résistance, les facteurs génétiques jouent leur rôle. Bien peu d'amateurs de petites et de grandes foulées ont au départ tout ce qu'il faut pour faire un champion. Restez en-deçà de vos capacités. Un bon moyen de contrôler votre souffle est de voir si, tout en trottinant, vous pouvez sans difficulté parler à votre compagnon de course.

LES COMMANDEMENTS DU JOGGER

4. OBEISSEZ

AUX SIGNAUX DE VOTRE CORPS

En cas d'épuisement complet, d'essoufflement anormal, de douleurs thoraciques, arrêtez-vous et ne reprenez le jogging qu'après avis de votre médecin. Faites de même si vous avez des ennuis locomoteurs.

5. APRES QUARANTE ANS,

REDOUBLEZ DE VIGILANCE

Les accidents graves, dus neuf fois sur dix à un accident coronaire, touchent neuf fois sur dix les plus de quarante ans. A partir de cet âge, vous devrez redoubler de vigilance et consulter plus fréquemment votre cardiologue. Votre généraliste vous donnera également des conseils utiles si vous avez d'autres ennuis ; avec l'âge, le risque s'accroît de voir apparaître tendinites, douleurs lombaires et vertébrales, débuts d'arthrose. Les "zones de faiblesse" craqueront si votre organisme est trop sollicité.

Vocabulaire

s'accroître to increase
l'amateur *m. or f.* enthusiast
l'appareil *m.* apparatus, system (*of the body*)
l arrêt *m.* stopping, stop
l'arthrose *f.* (degenerative) arthritis
l'avis *m.* consultation, advice
le compagnon de course running companion
le comportement conduct
contrôler to check
la course running, race
craquer to crack; (*here*) to give way
les débuts *m. pl.* first signs
s'emballer to get carried away
les ennuis *m. pl.* trouble(s)

énoncé stated
l'entraînement *m.* training
l'épuisement *m.* exhaustion
l'essoufflement *m.* breathlessness
la faiblesse weakness
la forme physique physical condition, fitness
la foulée stride
fréquemment frequently
le généraliste family doctor
hebdomadaire weekly
locomoteur (locomotrice) pertaining to movement
lombaire back (*adj.*)
le moyen means
l'organisme *m.* human body (frame)

pratiquer to engage in, play, do (*a sport*)
progressif (progressive) gradual
la pulsation beat (*heart, pulse*)
le rendement output
reprendre to resume
la résistance stamina
la séance session
se situer to be located
solliciter to push (*by effort*)
le souffle breath
suivant according to
la tendinite tendinitis
thoracique chest (*adj.*)
toucher (*here*) to affect
trottiner to trot
vertébral pertaining to the spine

Expressions

(aller) au petit trot (to go) at a jog, jogging
arriver au mieux de sa forme to reach one's peak physical condition
au-delà de beyond
au départ at the outset
bien peu de (+ *noun*) very few
Bon courage! Keep your chin up!
en-deçà de on this side of, well within
être en forme to be in shape, keep fit
faire contrôler l'état de son coeur to have the condition of one's heart checked
faire de même to do likewise (the same thing)

se lancer dans to take up (*an activity*)
les plus de quarante ans *m. pl.* people over forty
moins l'âge less your age
n'importe où anywhere
obtenir le feu vert to get the green light (go ahead)
partir de zéro to start from scratch
redoubler de vigilance to be even more watchful
tout en trottinant while you jog
Tout est à recommencer. Everything has to be begun again.

Supplément

avertir to warn
le battement de coeur heartbeat
s'échauffer to warm up
s'entraîner to train, be in training
s'épuiser to get exhausted

s'essouffler to get out of breath
la gymnastique calisthenics
l'haltérophilie *f.* weight lifting
l'infarctus *m.* (*pron.* /ĕfarktys/) heart attack

la marche walking
la piste track
la randonnée hike
le vélo bike

avoir le coeur qui bat to feel one's heart beating

Pour la compréhension du texte

1. Qu'est-ce qu'il faut faire avant de se lancer dans le jogging?
2. En pratiquant le jogging, à quels signes doit-on faire attention pour vérifier l'état de son coeur?
3. Qu'est-ce qu'on entend par «un entraînement progressif»? Est-ce qu'il faut faire de même dans tous les sports?
4. Qu'est-ce qui arrive si l'entraînement du nouveau jogger est interrompu? Pourquoi?
5. Pourquoi est-ce que tout le monde ne peut pas devenir champion?
6. Comment peut-on être sûr de rester en-deçà de ses capacités?
7. Quels signes ou symptômes physiologiques vous avertissent qu'il faut demander l'avis d'un médecin?
8. Quels risques s'accroissent après l'âge de quarante ans?

Prenez la parole!

1. Est-ce que vous faites des exercices pour être en forme? Lesquels? Combien de fois par semaine? Croyez-vous que ce soit suffisant?
2. Qu'est-ce que vous faites avant chaque séance d'exercice et qu'est-ce que vous avez fait comme entraînement pour vous préparer au sport ou à l'activité physique que vous pratiquez?
3. Parmi vos amis, remarquez-vous un intérêt toujours croissant (*growing*) pour la forme physique? Quelles activités sont les plus pratiquées? Y a-t-il des différences entre les sports choisis par vos amis et les activités sportives préférées par la génération de vos parents?

Exercice de vocabulaire

Rayez (*Cross out*) de chaque groupe de mots celui qui ne convient pas (*doesn't fit*).

1. l'essoufflement, les débuts, l'épuisement, la faiblesse
2. la séance, la course, le petit trot, les grandes foulées
3. la douleur, l'arthrose, le comportement, la tendinite
4. solliciter, voir, vérifier, contrôler
5. le médecin, le généraliste, l'amateur, le cardiologue
6. lombaire, vertébral, hebdomadaire, coronaire
7. l'arrêt, l'haltérophilie, la marche, la randonnée
8. la forme, la résistance, le risque, l'état physique

Prenez la plume!

- **Traduisez en français**

  1. If I get the green light from my cardiologist, I'm going to begin jogging.
  2. She started from scratch, and now she has reached the peak of her physical condition.
  3. You must stay within your abilities. You need four weekly sessions of 50 to 60 minutes.
  4. If there is an interruption of two weeks in your activity, the training has to be begun again.
  5. In case of exhaustion or breathlessness, resume jogging only after having seen your family doctor.

- **Rédigeons** (*Let's write*) **des «commandements»**

  Les «commandements du jogger» ont tous la même forme: un conseil à l'impératif suivi d'une explication. Les joggers ne sont pas les seuls qui aient besoin de conseils utiles. Choisissez une des personnes de la liste ci-dessous (*below*) et rédigez cinq commandements (impératif avec éclaircissement [*clarification*]) à son intention (*for his or her sake*).

  Par exemple:

  ### Les commandements du nouvel étudiant

  1. Arrivez toujours à l'heure ou un peu en avance.

     Les professeurs ne supportent pas (*don't tolerate*) que l'on arrive en retard. Ils n'aiment pas que l'on dérange (*they don't like you to disturb*) les autres étudiants. Vous n'arriverez en retard qu'au risque d'une mauvaise note.

  Les personnes:

l'étudiant(e) de français	le professeur de français
le jeune homme sportif	le médecin
(la jeune femme sportive)	

La présentation orale

- **Conversation:** *Chez le médecin*

  Un(e) patient(e) annonce au médecin son intention de se lancer dans le jogging et demande des conseils. Le médecin lui donne les informations nécessaires pour faire du jogging sans risques. Créez une conversation entre le (la) patient(e) et le médecin en vous basant sur la liste de questions et de réponses qui suit:

Questions et problèmes

Comment commencer à courir?
Comment s'entraîner?
Combien de séances par semaine?
Quels signes sont des avertissements (*warnings*)?
Comment se contrôler?

Réponses, solutions et d'autres questions

Vérifier l'état du (de la) patient(e)
Recommander des tests médicaux
Recommander un entraînement progressif
Suggérer des moyens de se contrôler en faisant attention à l'essoufflement,
    aux battements de coeur, etc.
Expliquer les signes physiologiques qui doivent avertir le jogger

- **Enquête** (*Survey*)

Est-ce que vos camarades de classe sont en forme? Qu'est-ce qu'ils font pour
préserver leur santé? Menez (*Conduct*) une petite enquête auprès d'eux (*with them*).
Formulez des questions pour obtenir des renseignements (*information*) sur les
thèmes suivants:

les activités les plus pratiquées
le temps consacré (*devoted*) au sport ou à l'activité (depuis combien de
    temps?)
la façon de s'entraîner pour arriver au point où il (elle) en est maintenant
la fréquence des séances d'exercice
les résultats positifs — par exemple, perte de poids (*weight loss*), confiance
    accrue (*increased*), sensation de bien-être (*well-being*), abaissement de la
    tension (*blood pressure*), etc.
les résultats négatifs

Préparez un résumé des conclusions de l'enquête et présentez-le à la classe.

Introduction

Don't make me
deaf! — the
dangers of noise

 «Pas si *fort*! Vous me cassez les oreilles!» Combien de fois par jour entendons-nous des *plaintes* sur le bruit autour de nous? Est-ce que le bruit peut *nuire* à la santé ou est-ce que ceux qui *s'en plaignent* ne sont que des gens qui *font tout un plat de n'importe quoi*? Le texte que vous allez lire montre que les bruits de la société moderne *augmentent* en nombre et en intensité, et que ces bruits peuvent *perturber* notre *ouïe* et même notre système nerveux. Comment combattre ce péril? Voici quelques conseils. *Ne faisons pas la sourde oreille*!

loud

complaints
harm
complain about it/
make a fuss about
anything
are increasing
disturb
(sense of) hearing
Let's not turn a deaf
ear!

Pour faciliter la lecture

Study these groups of words before attempting to read the text.

1. Types of sounds

   le bruit (*noise*)   le son (*sound*)
   la nuisance sonore (*sound nuisance*)   le vacarme (*racket*)

2. Related words with the basic meaning of *harm*

   nocif (*harmful*)   nuire à (*to harm*)
   la nocivité (*harmfulness*)   la nuisance (*nuisance, harm*)

3. Other sounds

   aboyer (*to bark*)   pétarader (*to backfire*)
   le craquement (*cracking, squeaking*)   le ronflement (*roar, roaring*)
     [shoes]   [motor]

LE BRUIT

Bourdonnement, brouhaha, bruissement, chuintement, clapotis, claquement, cliquetis, craquement, crépitement, cri, crissement, déflagration, détonation, éclatement, explosion, fracas, froissement, frôlement, gargouillement, gazouillement, gémissement, grésillement, grincement, grognement, grondement, hurlement, murmure, pétarade, pétillement, râlement, ramage, ronflement, ronron, roulement, rumeur, sifflement, stridulation, tintement, ululement, vagissement, vocifération.

Note de langue

Remember that verbs such as **cesser, pouvoir,** and **savoir** can form the negative without **pas** in formal written style.

La nature **ne cesse** de bruire.   *Nature **doesn't stop** rustling.*

APMS

A L'ÉCOUTE DU BRUIT...

Assurance Prévention Maladie Santé
118, rue de Tocqueville - 75850 PARIS CEDEX 17

Nous vivons environnés de bruits. C'est normal. La nature elle-même ne cesse de bruire. A la ville ou au village, les bruits apportent à notre oreille les informations nécessaires à notre vie quotidienne : le ronflement du moteur nous prévient de l'arrivée de l'automobile, un craquement dans la maison nous avertit d'un danger éventuel... On sait que le silence absolu est difficilement supportable.

Mais l'augmentation des bruits, en nombre et en intensité, dans la vie de tous les jours risque de nuire à la fiabilité de notre oreille et, comme toute excitation sensorielle excessive, de mettre en péril les centres nerveux : la moto trouble le sommeil, l'autoroute perturbe les élèves de l'école toute proche, la "sono" du voisin envahit le quartier. Les nuisances sonores de l'usine sont bien connues des médecins du travail.

MESURE POUR MESURE

Au-delà des jugements de valeur, les progrès de l'acoustique ont permis de mesurer l'intensité des bruits, et ceux de la médecine, d'en évaluer la nocivité.

L'unité de base est le décibel, le niveau minimum du son que peut percevoir l'oreille humaine. Pour l'homme, le bruit devient désagréable au-delà de 65 décibels. Il est considéré comme nocif à partir de 85 décibels.

LE BRUIT, C'EST LES AUTRES

Vis-à-vis du bruit, adoptez vous-même la modération que vous souhaiteriez à votre entourage.

● Abaissez le niveau sonore de votre chaîne hi-fi et de votre télévision. Vos voisins ont le droit d'écouter une autre musique que vous, de suivre d'autres programmes de TV, ou tout simplement de lire ou de converser en paix.

● Évitez de vous rendre sourd en utilisant des sources sonores trop élevées ; n'abusez pas de casque hi-fi, ni du "baladeur" (walkman), qui vous isole de l'environnement et qui peut être dangereux si vous écoutez de la musique en conduisant.

● Ne trafiquez pas votre moto ou votre cyclomoteur pour en faire un engin pétaradant dont le vacarme ne fera plaisir qu'à vous.

Lorsque vous vous absentez, ne laissez pas votre chien aboyer toute la soirée dans votre jardin ou votre appartement.

Quelques niveaux de bruits :

Bang d'un Mirage III :	129 db.
Atelier de chaudronnerie :	de 100 à 130 db.
Orchestre pop ou rock :	110 db.
Sirène des pompiers :	101 db.
Cyclomoteur "gonflé" :	100 db.
Chantier de construction :	95 db.
Circulation avec passage de poids lourds :	de 90 à 95 db.

Vocabulaire

abaisser to lower
s'absenter to be away
l'acoustique f. acoustics, science of sound
l'arrivée f. arrival
l'atelier de chaudronnerie m. boiler factory
l'augmentation f. increase
augmenter to increase
l'autoroute f. super highway
avertir to warn
le baladeur personal stereo ("Walkman")
bruire to rustle, hum, buzz (of plants and animals)
le casque headset
le centre nerveux nerve center
la chaîne hi-fi hi-fi system
le chantier de construction construction site

la circulation traffic
le cyclomoteur moped
désagréable unpleasant
élevé loud
l'engin m. device
envahir to invade
éventuel possible
l'excitation f. excitation, intense stimulation
la fiabilité reliability
fort loud
gonflé souped-up
lorsque when (conj.)
le Mirage French warplane
la modération moderation, restraint
le moteur motor
la moto motorcycle
le niveau sonore sound level, volume
le nombre number
l'ouïe f. (sense of) hearing
le passage passing by

percevoir to perceive
perturber to disturb
la plainte complaint
le poids lourd big truck
le pompier fireman
prévenir to warn, alert
proche nearby (adj.)
le quartier neighborhood
quotidien daily
sensoriel of the senses, sensory
le sommeil sleep
la sono sound system
souhaiter to wish
la source sonore sound source
supportable bearable
trafiquer to doctor up
troubler to disturb
l'unité de base f. basic unit
l'usine f. factory

Expressions

à l'écoute de listening for
à partir de starting at
à votre entourage around you
abuser de (+ noun) to misuse
au-delà de beyond
avoir le droit de faire quelque chose to have the right to do something
Ça suffit! That's enough!
casser les oreilles à quelqu'un to deafen (lit. to break someone's ears [eardrums])
Chut! Sh!
Doucement! Softly! Quietly!
environné de surrounded by
faire la sourde oreille to turn a deaf ear

faire plaisir à quelqu'un to be a pleasure (a delight) for someone
faire tout un plat de to make a fuss (do a big song and dance) about (slang)
mettre quelque chose en péril to put something in danger
nuire à to harm
se plaindre de to complain about
se rendre sourd to make oneself deaf
risquer de faire quelque chose to risk doing something
suivre un programme de TV to watch a TV show
vis-à-vis de with regard to

Supplément

assourdir to deafen
bruyant noisy
déranger to disturb
klaxonner to honk

la surdité deafness

crier (à tue-tête) to shout or scream (one's head off)

hausser le volume to raise the volume
parler bas to speak softly

Pour la compréhension du texte

1. Est-ce qu'il existe des bruits agréables (*pleasant*)? Donnez-en quelques exemples.
2. Pourquoi est-ce que la fiabilité de notre oreille est en péril?
3. Donnez quelques exemples de nuisances sonores dans la société moderne.
4. Comment est-ce que l'acoustique et la médecine contribuent à notre compréhension des effets du bruit sur nous?
5. Qu'est-ce que c'est qu'un décibel? À combien de décibels est-ce que le son devient du bruit?
6. Quelle distraction (*entertainment*) favorite des jeunes figure sur la liste des niveaux de bruits? Comparez l'intensité du bruit produit à celle des autres sons de la liste.
7. Quel droit est-ce que nous avons tous quand le bruit des autres nous dérange?
8. Quels conseils est-ce qu'on donne au sujet du casque hi-fi et du baladeur? Au sujet de la moto et du cyclomoteur? Au sujet des chiens?

Prenez la parole!

1. Quels sont les bruits qui vous perturbent le plus?
2. Est-ce qu'il vous est déjà arrivé de vous plaindre auprès de (*to*) quelqu'un du bruit excessif? Comment s'est arrangée l'affaire (*was the matter settled*)?
3. Est-ce que vous faites des bruits qui dérangent vos voisins? Est-ce qu'ils s'en sont plaints? Qu'est-ce qu'ils vous ont dit?
4. Qu'est-ce qu'on pourrait faire dans la ville où vous habitez pour réduire le bruit? Est-ce qu'on a déjà fait des efforts dans ce but (*to this end*)?
5. Est-ce que vous utilisez un baladeur? Quand? Croyez-vous que vous en abusiez? À votre avis (*opinion*), est-ce que le baladeur vous fait du mal ou est-ce que vous le trouvez complètement inoffensif?

Exercice de vocabulaire

Reliez (*Link*) chaque mot ou expression de la colonne A à son synonyme de la colonne B.

A	B
1. le bruit	a. perturber
2. prévenir	b. élevé
3. nuire	c. avertir
4. troubler	d. le volume
5. fort	e. faire mal
6. casser les oreilles	f. le vacarme
7. le péril	g. rendre sourd
8. le niveau sonore	h. le danger

Prenez la plume!

- **Traduisez en français**

  1. Please lower the volume of the sound system. I have a right to read in peace.
  2. The racket of the trucks is deafening me! At night it disturbs my sleep.
  3. The sound of a rock orchestra can harm your hearing.
  4. We are surrounded by noise in our daily lives (*use singular*: **vie**).
  5. Every time our dog hears a moped backfiring, he barks.

- **Doucement** (*Quietly*)**, s'il vous plaît!**

  Dressez (*Draw up*) une liste de recommandations à afficher (*to be posted*) dans votre école ou dans votre foyer d'étudiants (*dorm*) pour réduire le niveau sonore. Suivez le modèle des conseils du texte que vous avez lu et écrivez-en au moins cinq.

La présentation orale

- **Conversation**

  Présentez le dialogue suivant avec un(e) camarade de classe.

  A: Tell your friend that she (he) looks tired.
  B: Explain that you don't sleep well because your new neighbors make a lot of noise, and that they're driving you crazy (deafening you).
  A: Ask what they do.
  B: Tell your friend that it's a couple and that they are always fighting (**le torchon brûle chez eux**). They shout their heads off.
  A: Say that they can't shout all the time.
  B: Tell her (him) that when they're not fighting (**se disputer**), they have the stereo or the TV on very loud.

- **Comment se plaindre**

  Pourrez-vous faire entendre raison (*make . . . listen to reason*) à vos voisins bruyants? Allez vous plaindre auprès d'eux gentiment. Frappez à la porte, saluez-les et exposez-leur le problème que vous avez.

  1. Ask your neighbors if they realize how loud their TV is.
  2. Tell them that it's impossible for you to do your homework (**les devoirs**), or to listen to your records or to your own TV.
  3. Also explain that you get up early to go to school, and ask them not to make any noise after 10:00 P.M. so that you can fall asleep.

Fumer ou ne pas fumer: une question de santé

Introduction

To smoke or not to smoke: a matter of health

Un des *moyens* les plus sûrs de *gâcher* sa santé est de fumer. Et plus on fume, plus les effets du tabac sont *nocifs* pour le corps. Mais s'arrêter de fumer est difficile. La nicotine crée une dépendance physiologique et psychologique que *l'on a du mal à rompre*. Pour aider les Français à *prendre conscience* des risques qu'ils courent en fumant, le gouvernement *a monté une campagne* importante contre le *tabagisme*. Par des brochures et des programmes d'éducation dans les écoles, on essaie d'encourager le fumeur à s'arrêter et le non-fumeur à ne pas commencer. Vous allez lire un texte publié par le Comité Français d'Éducation pour la Santé. Là les dangers du tabac sont *exposés d'une façon* très claire et précise.

means/to ruin

harmful

is hard to break
to become aware

has mounted a campaign/(habit of) smoking

laid out in a . . . way

Pour faciliter la lecture

This reading contains a number of scientific and medical terms. Many are cognates, but some may not be recognizable at first glance.

cancérigène (*carcinogenic*)
le cil (*cilium*)
la muqueuse (*mucous membrane*)
l'oxyde de carbone (*carbon monoxide*)

la pression (tension) artérielle (*blood pressure*)
le rythme cardiaque (*heart rate*)

There is also a false cognate:

l'intoxication (*absorption of toxic substances, poisoning*)

Note de langue

Note the difference in meaning of the adjective **certain**, depending on its position:

certain (*before noun*) (a) certain

certaines techniques *certain* techniques

certain (*after noun*) definite

un effet cancérigène **certain** a *definite* carcinogenic effect

Ne fumez pas n'enfumez plus

Sans tabac, prenons la vie à pleins poumons.

cfes comité français d'éducation pour la santé

LA CONSOMMATION DE TABAC

En France, la consommation de tabac a considérablement progressé depuis le début du XXe siècle : les ventes de cigarettes ont augmenté en moyenne de 4 % par an. En réalité, la France n'a pas le monopole de ce phénomène. Aucun pays n'échappe à la croissance de la consommation depuis 1935. Partout cette croissance s'est accélérée entre 1950 et 1970, et notamment dans les pays en voie de développement. Mais depuis quelques années, cette progression se ralentit, en particulier grâce aux campagnes contre le tabagisme. La France se situe par sa consommation moyenne par adulte de plus de 15 ans et par an, en position modérée (2 120 contre 3 200 aux USA et 2 900 en Grande-Bretagne pour l'année 1984).

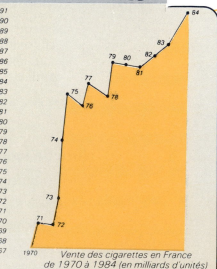

Vente des cigarettes en France de 1970 à 1984 (en milliards d'unités)

QUI NE FUME PAS ?

Depuis 1975, la consommation de cigarettes même si elle ne diminue pas, demeure stationnaire : 2 040 cigarettes par français âgé de plus de 15 ans en 1975, 2 120 en 1984.

La proportion de non-fumeurs dans la population adulte s'est stabilisée à 57 %. Par contre, elle a sensiblement augmenté parmi les jeunes de 12 à 17 ans, passant de 54 % en 1978 à 65 % en 1984.

QUI FUME ENCORE ?

43 % des adultes et 35 % des jeunes de 12 à 17 ans.

Pourcentage des fumeurs par tranche d'âge :

Janvier 1984	12 à 14 ans 12 %	14 à 16 ans 36 %	16 à 18 ans 56 %	18 à 24 ans 62 %	25 à 34 ans 57 %	35 à 49 ans 48 %	50 à 64 ans 33 %	65 ans et + 21 %

TABAC ET SANTE

Par la lenteur sournoise de ses effets le tabac cause les plus grands dommages à la santé de ceux qui en abusent.

L'intoxication commence dès la première cigarette dont on avale la fumée. La toux fait rapidement son apparition.

Les effets biologiques de la fumée du tabac

On a dénombré plus de 1500 composants différents dans la fumée de cigarette. Pour décrire les effets biologiques du tabac, il faut surtout prendre en compte quatre types de substances.

– La nicotine, responsable de la toxicomanie due au tabac, se fixe avec prédilection sur le système nerveux. Elle accélère aussi le rythme cardiaque et augmente la pression artérielle.

– L'oxyde de carbone réduit la fixation de l'oxygène sur les globules rouges du sang. Ses effets sont particulièrement néfastes aux sportifs.

– Les substances irritantes ralentissent ou paralysent le "tapis roulant" des cils qui tapissent nos muqueuses respiratoires et évacuent les impuretés.

Ainsi sont favorisées les infections respiratoires, la bronchite chronique, la cancérisation du poumon.

– Les goudrons ont un effet cancérigène certain.

COMMENT S'ARRETER ?

Aucun remède miracle n'existe pour s'arrêter de fumer.

Seule la volonté de réussir est primordiale. Certaines techniques médicales pourront vous soutenir dans cette tentative mais elles ne remplaceront jamais votre détermination personnelle. Votre médecin vous renseignera si vous souhaitez avoir recours à ces méthodes.

De toute façon, quelques règles d'hygiène de vie faciliteront votre réussite.
– Respirer profondément trois ou quatre fois lorsque le besoin de fumer se fait sentir.

– Le sport, l'exercice physique, la bicyclette, la natation... sont vivement recommandés.
– Manger plus équilibré, éviter les excitants : alcools, thé, épices et aliments lourds et indigestes ; donner la priorité aux boissons saines : eau, jus de fruits, jus de légumes, infusions. Manger des fruits : pommes et fruits de saison.

Pour éviter la prise de poids, réduire le sucre, les friandises et la charcuterie.
– Dormir suffisamment et se coucher tôt pour éviter la fatigue nerveuse.

**La brochure « Comment cesser de fumer »
est à votre disposition auprès des organismes suivants :**

- Comité français d'éducation pour la santé
  9, rue Newton - 75116 PARIS
- Comité national contre le tabagisme
  68, boulevard Saint-Michel - 75006 PARIS
- Comité national contre les maladies respiratoires et la tuberculose
  66, boulevard Saint-Michel - 75006 PARIS
- Fédération française de cardiologie
  50, rue du Rocher - 75008 PARIS
- Ligue nationale française contre le cancer
  1, avenue Stephen-Pichon - 75013 PARIS

Vocabulaire

l'aliment *m.* food(stuff)
augmenter to increase
auprès de (*here*) at
avaler to swallow; (*here*) to inhale (*smoke*)
la **campagne** campaign
la **cancérisation** development of cancer
la **charcuterie** pork products, cold cuts
le **composant** component
la **consommation** consumption
la **croissance** growth
le **début** beginning
demeurer to remain
dénombrer to count, enumerate
dès from, starting with
les **dommages** *m. pl.* damage
enfumer to cover (fill [the air]) with smoke, smoke up
l'**épice** *f.* spice
équilibré balanced
l'**excitant** *m.* stimulant
exposé expressed
faciliter to make easy
la **fixation** attachment
les **friandises** *f. pl.* sweets

la **fumée** smoke
gâcher to ruin, wreck
le **globule** corpuscle
le **goudron** tar
indigeste hard to digest
l'**infusion** *f.* herbal tea
la **lenteur** slowness
lorsque when
le **milliard** billion
modéré moderate, middle
monter to mount (*a campaign, etc.*)
le **moyen** means
moyen (moyenne) average (*adj.*)
la **muqueuse** mucous membrane
la **natation** swimming
néfaste pernicious, harmful
nocif (nocive) harmful
notamment particularly
l'**organisme** *m.* agency, office
le **poumon** lung
primordial fundamental
la **prise de poids** weight gain
se ralentir to slow down

le **remède miracle** miracle cure
renseigner to inform
la **réussite** success
sain healthy, healthful
sensiblement noticeably
se situer to be situated
sournois sly, sneaky, deceitful
soutenir (*conj. like* **tenir**) to support, sustain
le **sportif** athlete
se stabiliser to be stabilized
suffisamment enough
le **tabagisme** tobacco addiction, (habit of) smoking
le **tapis roulant** conveyor belt
tapisser to carpet; (*here*) to line
la **tentative** attempt
tôt early
la **toux** cough
la **toxicomanie** drug addiction (abuse)
la **tranche d'âge** age group
l'**unité** *f.* unit
la **vente** sale
la **volonté** will

Expressions

à pleins poumons with deep breaths; (*here*) fully
à votre disposition available to you
abuser du tabac to indulge in smoking
âgé de X ans X years old
avec prédilection by preference
avoir du mal à (+ *inf.*) to be hard to
avoir le monopole de (+ *noun*) to have a monopoly on
avoir recours à to resort to
dû (due, dus, dues) à due to
d'une façon (+ *adj.*) in a . . . way
échapper à to escape
en moyenne de (+ *number*) on an average of

se faire sentir to make itself felt
faire son apparition to make one's appearance
se fixer sur to concentrate on, attach itself to
grâce à thanks to
les pays en voie de développement developing nations
par contre on the other hand
passant de + *number* + **à** going from . . . to . . .
prendre conscience de to become aware of
prendre en compte to take into account
vivement recommandé highly recommended

Pour la compréhension du texte

1. Depuis quand est-ce que le tabagisme augmente en France? Est-ce que la France est le seul pays où la consommation de cigarettes s'accélère?
2. De nos jours la progression de la consommation de cigarettes s'est ralentie. Pourquoi?
3. Comparez la consommation de cigarettes des Français à celle des Américains.
4. Où voit-on une augmentation sensible du pourcentage de non-fumeurs? Quelle conclusion est-ce que l'on peut tirer sur l'efficacité de la campagne contre le tabagisme?
5. Qu'est-ce qui montre que la fumée de cigarette est une chose complexe?
6. Quelles sont les quatre substances les plus nocives et quels sont leurs effets sur le corps (*body*)?
7. Quels changements sont nécessaires dans la vie d'un fumeur qui essaie de s'arrêter de fumer, c'est-à-dire, quelles règles d'hygiène de vie faut-il suivre?

Prenez la parole!

1. Est-ce que le tabagisme est largement répandu (*widespread*) parmi les étudiants de votre école ou non? Pourquoi croyez-vous qu'il en soit ainsi?
2. Est-ce qu'il y a dans votre famille ou parmi vos connaissances quelqu'un dont la santé a subi (*underwent*) des dommages causés par le tabac? Quels problèmes est-ce que cette personne a eus?
3. Pourquoi est-ce qu'on commence à fumer? Par mimétisme social (*imitating one's peers*)? Expliquez un peu le mécanisme des débuts du tabagisme.
4. Connaissez-vous des gens qui ont réussi à cesser de fumer? Comment est-ce qu'ils y ont réussi? Ont-ils employé des techniques qui pourraient être utiles à d'autres fumeurs ayant du mal (*difficulty*) à s'arrêter? Quelles techniques?

**LA CIGARETTE.
ELLE EST BEAUCOUP PLUS DANGEREUSE
POUR LA SANTE QUE VOUS NE L'IMAGINEZ.**

Exercice de vocabulaire

Complétez chaque phrase avec le mot convenable (*appropriate*) de la liste.

renseigné	compte	réussi	tôt
grâce	goudron	voie	vivement
toux	profondément	ralentie	composant

1. Pour combattre la tension psychologique, il faut respirer —— trois ou quatre fois.
2. Pour m'éviter de prendre du poids, mon médecin a —— recommandé la bicyclette et la natation.
3. Il n'a pas encore —— à cesser de fumer. Il va faire encore une tentative après les vacances.
4. La progression du tabagisme s'est —— en France.
5. Pour expliquer le tabagisme, il faut prendre en —— les effets de la nicotine.
6. Il y a une proportion très élevée de fumeurs dans les pays en —— de développement.
7. Si vous avalez la fumée, vous aurez bientôt la —— caractéristique des fumeurs.
8. Mon médecin m'a —— sur une nouvelle méthode contre le tabagisme.

Prenez la plume!

- **Traduisez en français**

  1. Physical exercise is highly recommended to avoid gaining weight (= a weight gain).
  2. She has been smoking (*use present tense*) for three weeks, and the cough has already made its appearance.
  3. I resorted to some new medical techniques that made my success easier.
  4. The percentage of young smokers has noticeably decreased, thanks to the campaigns against smoking.
  5. It has been (= is) demonstrated that cigarettes are responsible for many heart attacks and cancers.

- **Composition**

  Si l'on mène (*you lead*) une vie saine et heureuse, et si l'on observe les règles de l'hygiène, les tentations des substances toxiques comme le tabac, l'alcool ou les drogues ne se font pas sentir avec autant de (*as much*) force. Comment faut-il vivre pour être à l'abri du (*safe from*) tabagisme, de l'alcoolisme ou de la toxicomanie? Qu'est-ce que vous faites pour éviter les substances qui créent une habitude (*habit-forming*)? Dans un bref paragraphe, résumez les règles d'une vie saine et, si vous voulez, comparez votre façon de vivre avec cette vie idéale que vous décrivez.

La présentation orale

- **Conversation:** *Comment convaincre quelqu'un à changer de vie* (*to change his/her way of living*)

  Vous avez un(e) ami(e) qui fume beaucoup. Cette habitude commence à avoir des conséquences néfastes sur sa vie: il (elle) a une toux affreuse, ses capacités sportives sont réduites, il (elle) est toujours enrhumé(e) (*sick with a cold*). Votre ami(e) est en effet devenu(e) l'esclave du tabac. Cependant il (elle) s'avoue (*admits to being*) incapable de s'arrêter. Essayez de convaincre votre ami(e) de perdre cette habitude et répondez à toutes les objections qu'il (elle) fait. Préparez une scène où vous et votre ami(e) parlent au moins cinq fois. N'oubliez pas de lui offrir votre aide morale et psychologique.

- **Enquête** (*Survey*): *Le tabagisme et les fumeurs*

  Est-ce que vous connaissez des fumeurs? Est-ce que vous connaissez des gens qui se sont arrêtés de fumer? Menez (*Conduct*) une enquête pour étudier les rapports (*relationship*) entre le fumeur et le tabac. Pourquoi est-ce que le fumeur (la fumeuse) a commencé à fumer? À quel âge a-t-il (elle) commencé? Combien de cigarettes est-ce qu'il (elle) consomme par jour? Est-ce qu'il (elle) n'a jamais essayé de s'arrêter? Comment est-ce qu'il (elle) explique sa réussite ou son échec (*failure*)? À ceux qui ont réussi à vaincre (*in conquering*) leur tabagisme, posez des questions sur les méthodes suivies pour y arriver. Discutez avec vos camarades de classe des résultats de votre enquête.

Le tabac est impliqué dans de nombreuses maladies. Il est démontré qu'il est responsable d'environ :	
26 000 décès par an,	soit 50 % des infarctus du myocarde,
16 500 décès par an,	soit 90 % des cancers broncho-pulmonaires,
5 200 décès par an,	soit 50 % des bronchites chroniques,
3 400 décès par an,	soit 85 % des cancers du larynx,
3 500 décès par an,	soit 65 % des cancers de l'œsophage,
2 600 décès par an,	soit 75 % des cancers du pharynx,
1 500 décès par an,	soit 65 % des cancers de la cavité bucale,
1 500 décès par an,	soit 40 % des cancers de la vessie,

Un verre de trop: l'alcool au volant

One too many: drinking and driving (*lit.* alcohol at the wheel)

Introduction

Conduire après avoir bu est une cause principale des accidents de la route en France comme aux États-Unis. Mais qu'est-ce qu'on peut *y* faire? Le gouvernement français a décidé de combattre ce *fléau* par une campagne d'éducation et l'*aggravation des peines* contre les automobilistes qui conduisent *en état d'ébriété*. Le ministère des Transports encourage la population à *se contrôler* avant d'être contrôlée. Vous allez lire un texte publié par ce ministère où l'on explique les dangers de l'alcool au volant.

about it

scourge
increased punishments
in a state of intoxication
to check itself

Pour faciliter la lecture

In the section entitled "**Des idées fausses**," each part begins with a statement of the misconception about alcohol and its effects and then proceeds to correct the false assumption. There is no extra line spacing between each **idée fausse** and the real dangers described.

Abréviations

F francs   **h** heures
g gramme (*approx. ¹⁄₂₆ of an ounce*)

Notes de langue

1. The verb **arroser** means *to water* and also *to drink to*. **Un dîner bien arrosé** means therefore *a dinner where there has been a lot of drinking*.
2. Note the use of the verb **faire** to mean *to result in, be the cause of* in sentences like the following:

   C'est la nuit que l'alcool **fait** le plus de victimes.

Notes culturelles

1. Un coût de 30 milliards signifie 30 milliards de francs français.
2. En français on emploie la virgule dans les décimales là où en anglais on emploie le point: 0,80 g veut dire huit dixièmes de gramme.
3. Le litre, du système métrique, est une mesure de capacité (*liquid measure*) équivalente à 1,2 *quarts*.
4. Selon (*According to*) l'heure officielle, 18h c'est 6 heures du soir, et 20h c'est 8 heures du soir.

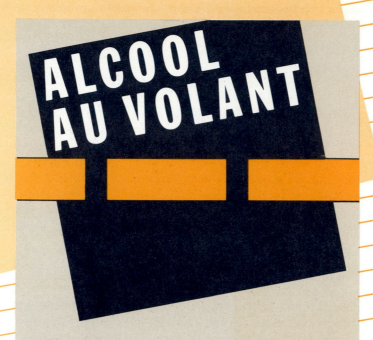

Banal.

Boire à table, avec des amis, après le travail, puis, prendre le volant.
On croit avoir la maîtrise de son véhicule. On se sent sûr de soi.

Moins banal.

L'Alcool au volant a fait 5 000 tués de la route en 1983! Coût : 30 Milliards !

Les paris stupides.

A 0,80 g d'alcool par litre de sang, les risques d'accidents sont multipliés par 10.

Et pourtant.

Près de la moitié des Français reconnaît avoir déjà conduit en état d'ébriété. Chaque année, 40 % des accidents mortels de la route sont dus à l'alcool.

Ministère des Transports. Sécurité Routière.

Des idées fausses, des risques en plus.

Les responsables d'accidents, ce sont "les autres", les alcooliques.
Il n'est pas nécessaire d'être alcoolique pour être un "danger public".
Conduire après un dîner bien arrosé suffit pour faire partie des "autres".

On peut boire sans risques avant un petit trajet.
Au contraire, c'est sur les courts trajets que les accidents mortels sont les plus nombreux, en rase campagne comme en ville.

Même si on a un peu bu, le soir les routes sont plus sûres.
C'est au contraire entre 18 h et 3 h du matin que l'alcool au volant fait le plus de victimes, avec une pointe entre 18 h et 20 h, au retour du travail. Les nuits de week-end sont les plus dangereuses.

Quand "on tient bien l'alcool", au volant aussi on reste maître de soi.
Dès 0,50 g, le comportement est modifié, même si on ne s'en rend pas compte.
A 0,80 g, les réflexes sont troublés, la vigilance baisse, la perception du danger diminue, la conduite devient dangereuse.
Au-delà de 1,5 g, les réflexes sont détruits, entraînant la perte totale de contrôle du véhicule.

Contrôlez-vous avant.

Avant d'être contrôlés.

Ce que dit la loi.

Depuis 1983, conduire un véhicule avec un taux d'alcoolémie égal ou supérieur à 0,80 g par litre de sang, est un délit jugé par le tribunal correctionnel.

L'aggravation des peines. Suspension ou annulation du permis de conduire. Amendes de 500 à 8 000 F. Prison de 1 mois à 1 an.

Le malus alcool. La prime d'assurance sera fortement majorée (jusqu'à 150 %, Article A 335 92 du 2 septembre 1983) pour le responsable d'un accident dans lequel l'alcool est en cause.

En outre, c'est à leurs risques et périls que les passagers acceptent de voyager avec un conducteur alcoolisé : en cas d'accidents, ils ne seront pas indemnisés intégralement.

PALAIS DE JUSTICE

Vocabulaire

l'**aggravation** *f.* increase (*in punishment*)
l'**alcoolémie** *f.* alcohol in the blood
alcoolisé alcoholic (*of drinks*)
l'**amende** *f.* fine (*penalty*)
l'**annulation** *f.* cancellation
arroser to drink to
l'**assurance** *f.* insurance
baisser to lower
banal trivial, common
le **comportement** behavior
le **conducteur** driver
la **conduite** behavior
(**se**) **contrôler** to check (oneself)
le **coût** cost
le **délit** offense
détruit destroyed
entraîner to lead to
le **fléau** scourge, plague

fortement heavily
indemniser to compensate for damages
intégralement completely
juger to try (*a case in court*)
la **loi** the law
la **maîtrise** control, mastery
majorer to increase (*price*)
le **malus** (*pron.* /malys/) insurance premium surcharge
la **moitié** half
mortel fatal
le **pari** bet
la **peine** punishment, penalty
le **permis de conduire** driver's license
la **perte** loss
le **plus de** most

la **pointe** peak
pourtant however
la **prime** insurance premium
reconnaître to admit
le **réflexe** reflex
le **responsable** the person responsible
le **risque** risk
routier road (*adj.*)
suffire to be enough
sûr sure, safe
le **taux** rate
le **trajet** trip, drive
le **tribunal correctionnel** police court (*a lower court*)
troubler to confuse
le **tué** fatality
la **vigilance** alertness
le **volant** (steering) wheel
y (*here*) about it

Expressions

à leurs risques et périls at their own risk
au-delà de beyond, over
au retour du travail when returning home from work
au volant at the (steering) wheel
bien tenir l'alcool to hold one's liquor well
dû (due, dus, dues) à due to
égal à equal to
en cause involved
en état d'ébriété in a state of intoxication

en outre besides
en plus additional, in addition
en rase campagne in open country
faire partie de to belong to, be part of
près de (*here*) almost, close to
se rendre compte de quelque chose to realize something
rester maître de soi to remain in control of oneself
se sentir sûr de soi to feel sure of oneself
supérieur à higher than

Supplément

l'**alcootest** (l'**éthylotest**) *m.* breath-test devices
le **ballon** colloquial name for the breathalyzer test apparatus
se droguer to take drugs
s'enivrer to get drunk

ivre drunk
l'**ivresse** *f.* drunkenness
l'**ivrogne** *m.* (l'**ivrognesse** *f.*) drunkard
la **prise de sang** blood test
routier of the road
soûl drunk (*coll.*)

le **soûlard** drunkard (*coll.*)
se soûler to get drunk (*coll.*)

prendre un verre to have a drink

ACTIVITÉS

Pour la compréhension du texte

1. Pourquoi ne doit-on pas prendre à la légère (*lightly*) l'acte de boire en dînant et de prendre le volant après?
2. Qu'est-ce qui arrive quand un automobiliste a 0,80 grammes d'alcool par litre de sang?
3. Qu'est-ce qui vous montre que l'alcool au volant est un problème assez grave en France?
4. Corrigez ces idées fausses sur les accidents routiers où l'alcool est en cause:

    a. Ce sont seulement les ivrognes qui sont responsables des accidents.
    b. Un petit trajet n'est pas dangereux, même si on a bu.
    c. La nuit, les routes sont plus sûres parce qu'il y a moins de voitures qui circulent (*driving around*).
    d. Ceux qui tiennent bien l'alcool ne présentent pas de risque au volant.
    e. La loi n'est pas sévère à l'égard des (*with regard to*) conducteurs alcoolisés.

5. Comment est-ce que les compagnies d'assurances punissent le conducteur alcoolisé?
6. Expliquez la devise (*slogan*) de la campagne pour la sobriété routière: **«Contrôlez-vous avant. Avant d'être contrôlés.»**

Prenez la parole!

1. Expliquez pourquoi quelqu'un qui a trop bu ne doit pas conduire.
2. Est-ce que l'abus d'alcool est un problème dans votre école? Quels sont les risques pour les étudiants qui boivent trop?
3. Est-ce que votre école fait des efforts pour freiner (*to check*) l'alcoolisme des étudiants? Quels efforts? Lesquels conseilleriez-vous au proviseur (*principal*) ou au président?
4. Êtes-vous pour ou contre la consommation de boissons alcoolisées? Pourquoi?

Boissons	Volume (en cl)	Grammes d'alcool pur
Bière à 5°.	50	20,0
Vin ordinaire à 11°.	50	44,0
Vin d'appellation (1/2 bouteille).	37	39,0
Champagne (1/2 bouteille).	37	36,0
Cognac, armagnac 40°.	4	12,8
Whisky, rhum 44°.	4	14,0
Liqueur 35°.	3	8,4

Exercice de vocabulaire

Complétez chaque phrase avec le mot ou l'expression convenable (*appropriate*).

1. Il est défendu de conduire un véhicule avec —— d'alcoolémie de 0,80 g par litre de sang.

   a. une peine   b. un taux   c. un conducteur

2. Le conducteur qui a trop bu n'a pas —— de sa voiture.

   a. la maîtrise   b. le volant   c. l'ivresse

3. Même en —— campagne il y a beaucoup d'accidents mortels dus à l'alcool.

   a. rase   b. soûle   c. fausse

4. L'alcool au volant —— beaucoup de tués chaque année.

   a. conduit   b. baisse   c. fait

5. Après mon accident, on a —— ma prime d'assurance.

   a. majoré   b. indemnisé   c. annulé

6. Il y a —— de victimes faites par l'alcool entre 18h et 20h, au retour du travail.

   a. un maître   b. un coût   c. une pointe

Prenez la plume!

- **Traduisez en français**

  1. It's dangerous to take the wheel after having had one or two drinks.
  2. You (**On**) don't realize that your behavior is changed after two glasses of wine.
  3. If you accept a ride (= to travel) with a drunk driver, it's at your own risk.
  4. Fatal accidents are most numerous on short rides in the open country.
  5. The police are checking drivers with a breathalyzer.

- **Composition:** *Les idées fausses*

  Ce n'est pas seulement sur les risques de l'alcool que l'on se fait des idées fausses — les idées fausses, il y en a sur tous les sujets. Rédigez-en trois (*Write three of them*) sur l'école, sur les jeunes, sur les drogues, ou sur un thème de votre choix. Puis corrigez chaque idée fausse en suivant le modèle du texte.

  Un exemple:

  > **Il suffit d'étudier deux ou trois heures la veille** (*the night before*) **pour l'examen de fin d'année en français.**
  > Une langue étrangère ne s'apprend pas en un jour. Il faut un effort continu, un peu tous les jours, pour maîtriser tout le vocabulaire et toute la grammaire.

La présentation orale

● **Conversation:** *Comment mettre quelqu'un en garde* (*to warn someone*) *contre un danger*

Vous êtes avec un(e) ami(e) à une surprise-partie (*party*) où l'on a servi à boire. Votre camarade a pris trois ou quatre verres et vous avez l'impression que son comportement en est modifié. Cette personne vient de vous dire pourtant qu'elle compte rentrer en voiture. Vous avez peur de la voir prendre le volant parce que vous pensez au risque d'un accident de la route. Essayez de mettre votre ami(e) en garde contre ce risque.

AMI(E):   Say that you're leaving now. Ask your friend if he (she) wants a lift.

VOUS: Say "Listen" (**Écoute**), then tell your friend why you don't think that he (she) should drive.

AMI(E):   Tell your friend not to be silly (**ne sois pas bête**), that you had only four glasses of wine.

VOUS: Point out that his (her) behavior is not normal, and state specifically what you see that makes you worry.

AMI(E):   Tell your friend not to worry because you hold your liquor very well and have only a short trip to make.

VOUS: Answer these objections.

AMI(E):   Say what a good driver you are, that you have a perfect driving record. Say that you're tired and that you want to go home.

VOUS: Make several suggestions about how to get home safely.

ALCOOL : LA FRANCE EN CAMPAGNE

● **Discussion**

Le gouvernement français a monté (*has mounted*) une campagne importante contre l'alcoolisme et la consommation excessive de boissons alcoolisées. Voici quelques autocollants (*stickers*) et quelques dessins satiriques utilisés dans la campagne. Parlez avec vos camarades de classe du message de chacun.

Quelques mots:

   les **dégâts**   damage   **t'es = tu es** (*coll.*)
    le **foie**   liver

1 verre, ça va.
3 verres...
BONJOUR LES DÉGATS !

cfes comité français d'éducation pour la santé

Pour
notre santé
choisissons
la modération.

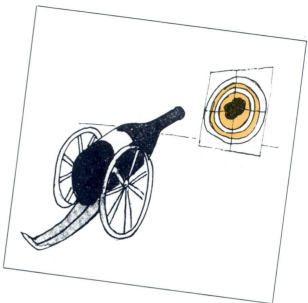

Du kiosque

Les couleurs peuvent guérir

La médecine moderne est en pleine évolution, profondément altérée par des théories anciennes telles que (*such as*) l'acupuncture. En France la médecine traditionnelle a toujours reconnu des thérapies que les médecins américains ont ignoré (*didn't know about*) ou ont mis beaucoup de temps à accepter — par exemple, les eaux de sources (*springs*) naturelles (le thermalisme), l'eau de mer (la thalassothérapie) et l'homéopathie (voir la **Note culturelle** à la page 193). L'article que vous allez lire servira d'introduction à la chromothérapie, c'est-à-dire l'utilisation des couleurs pour guérir (*to cure*) les maladies. En France il y a déjà trois centres de chromothérapie où l'on étudie et met en pratique cette théorie médicale venue de l'Orient.

LA SANTÉ EN COULEURS

La chromothérapie, une nouvelle médecine naturelle surgie tout droit des fouilles de notre mémoire, que des chercheurs passionnés sont en train de remettre au goût du jour, et qui, par l'étendue de ses applications, n'a pas fini de nous étonner...

Savez-vous que, si vous êtes dépressive, il faut vous habiller de rouge. Si vous avez des problèmes de digestion, vous devez préférer le jaune. Le vert en cas d'insomnie... Vous ferez alors appel à l'une des plus vieilles médecines du monde : la chromothérapie.

Il faut savoir, en effet, que la chromothérapie trouve ses racines dans la nuit des temps, mais que nous n'en avons pas encore épuisé toutes les possibilités. Elle fait partie aujourd'hui de ces thérapies naturelles que nous redécouvrons pour rééquilibrer en douceur nos organismes soumis aux tensions continuelles de la vie moderne.

Ce sont les Indes qui ont le mieux contribué à la découverte des thérapies naturelles les plus importantes. Des médecines qui utilisent à la fois les plantes, la diététique, les massages, les nettoyages internes, la respiration et... les couleurs. Ce sont les Indiens qui ont su, les premiers, établir les relations entre les couleurs et les sept plexus du corps humain, ces fameux chakras qui distribuent dans notre organisme l'énergie vitale. A chaque plexus correspondrait une couleur de base. En cas de mauvais fonctionnement, il suffirait alors de recharger le plexus en cause par une exposition plus ou moins longue au rayonnement de la couleur correspondante. Et c'est cela que, aujourd'hui, certains praticiens et certains magnétiseurs remettent à l'honneur.

Roseline Bontemps, qui dirige un centre de chromothérapie, s'étonne du scepticisme que certains manifestent encore. Le laser, en effet, qui est largement entré dans les mœurs et les hôpitaux, n'est-il pas à lui tout seul une forme particulière de la chromothérapie ? Car, en fait, utiliser les couleurs qui agissent par leurs longueurs d'onde n'est pas plus étrange que soigner par les ondes hertziennes (maintenant reconnues comme thérapie majeure en cas d'inflammation et régénération des tissus). L'action des couleurs s'explique, en effet, par leurs vibrations, et leurs effets curatifs par leurs différences de longueurs d'onde. (Pour vous initier aux propriétés curatives des couleurs, tournez la page.)

LES PROPRIÉTÉS CURATIVES

Le rouge: élément des médecines chinoise et indienne, c'est le stimulant universel, apportant la chaleur indispensable à toute vie. Il stimule le sang et facilite la régénération cellulaire.

L'orange: couleur anti-fatigue par excellence. Il stimule le système respiratoire et facilite l'assimilation du calcium.

Le jaune: il stimule le système nerveux central, la fonction digestive et le tonus. Il améliore la digestion, ce qui est d'ailleurs son action la plus notable.

Le vert: il détend le corps et l'esprit. Il permet d'équilibrer psyché et soma et, surtout, de diminuer «stress» et soucis. On l'utilise avec succès pour lutter contre l'insomnie et l'irritabilité.

Le bleu: il augmente les dé- fenses immunitaires et facilite la régénération cellulaire. Il est particulièrement indiqué en cas d'infection et de maladies virales.

L'indigo: couleur qui possède un grand pouvoir anesthésique. Il stimule également la thyroïde. À utiliser en cas d'obésité, de migraines et de sinusite.

(De *Marie France*)

VOCABULAIRE

agir to act
anesthésique anesthetic, pain-killing
apporter to bring
certains certain people, some people
le **chercheur** researcher
curatif curative
détendre to relax
la **diététique** diet
épuiser to exhaust
l'**équilibre** *m.* balance
l'**esprit** *m.* mind
l'**étendue** *f.* extent
s'**expliquer** to be explained
l'**exposition** *f.* exposure
le **fonctionnement** functioning, operation
la **fouille** archeological dig; (*here*) depth
les **Indes** *f. pl.* India

largement widely, fully
la **longueur d'onde** wavelength
le **magnétiseur** magnetizer
manifester to show
le **nettoyage** cleaning
la **nuit des temps** the mists of time
l'**onde hertzienne** *f.* *type of electromagnetic wave*
l'**organisme** *m.* body
le **plexus** plexus (*a part of the body where there is an intertwining of blood vessels or nerves*)
le **pouvoir** power
le **praticien** practitioner
la **psyché** (*Greek: pron.* /psiʃe/) soul

le **rayonnement** radiation
reconnu recognized
rééquilibrer to restore the balance of
la **régénération cellulaire** building new cells
la **respiration** breathing
la **sinusite** sinus attack
soigner to care for, treat (*an illness*)
le **soma** (*Greek*) body
le **souci** care, worry
soumis subjected
surgir to arise
le **tonus** (*pron.* /tonys/) muscle tone
vital vital, life (*adj.*)

EXPRESSIONS

à la fois at the same time
à lui tout seul all by itself

à utiliser to be used
d'ailleurs besides
de base basic
en cause concerned
en couleurs (in) color
en douceur gently
en fait in fact
entrer dans les moeurs to become a custom
être en train de (+ *inf.*) to be in the process of
faire appel à to call on, resort to
faire partie de to belong to
ne pas finir de (+ *inf.*) to keep on
remettre à l'honneur to restore to an honorable position
remettre au goût du jour to make fashionable again
tout droit straight

Pour la compréhension du texte

Selon (*According to*) l'article, dites si les observations suivantes sont vraies ou fausses. Corrigez les observations inexactes.

1. L'utilisation des couleurs pour guérir est une technique récente.
2. Le jaune est utile pour les problèmes digestifs.
3. La chromothérapie est un système de traitement naturel.
4. Ce sont les Chinois qui ont le mieux contribué à développer l'emploi thérapeutique des couleurs.
5. Les **chakras** sont des parties de la colonne vertébrale (*spinal column*).
6. Pour chaque plexus il existe une couleur qui a des propriétés curatives en cas de mauvais fonctionnement.

6

Vers l'avenir

Vers l'avenir

- Le TGV: voler sur la voie ferrée
- Le choix d'une carrière
- L'ordinateur personnel
- Minitel: la communication par ordinateur
- La banque à domicile

Du kiosque — *La télévision par satellite*

Le TGV: voler sur la voie ferrée

Introduction

The TGV: flying on railroad tracks

Il faut prendre un avion pour voler, n'est-ce pas? Pas du tout! En France on *arrive à* voler sur la voie ferrée. «Impossible», *rétorquez-vous.* Mais c'est *pourtant* vrai. En 1982 la SNCF (Société Nationale des Chemins de Fer Français) *a mis en service* le premier TGV (*Train à Grande Vitesse*) entre Paris et Lyon. Ce train, qui *roule* à une vitesse de 270 *km/h*, a réduit un voyage de cinq heures et demie en un *trajet* de deux heures. Le TGV *desservira* bientôt tout le territoire français. Confortable, rapide, ponctuel, le TGV est vraiment le train de l'avenir. Pour connaître ce train merveilleux, lisons quelques *extraits* du «Guide du voyageur TGV» publié par la SNCF.

can

you reply

however

inaugurated

High-Speed Train

travels/(= kilomètres à l'heure)

trip

will serve

excerpts

Pour faciliter la lecture

1. What kind of information would you expect to find in a brochure about a new kind of train? What would be the most convenient way to structure this information? Scan the text to familiarize yourself with the information and how it is organized. Is the organization effective?
2. Notice in the following expressions that French prefers a noun where English uses a subordinate clause:

| **la mise en service (du bar)** | when (the café) opens |
| **l'occupation des toilettes** | whether or not the rest room is occupied |

PARIS → LYON									
Nº du TGV		651	603/731	701/803	605	653▲	609	607	857	737/619
Restauration		▣	▣	▣		▣		▣	▣	
Paris-Gare de Lyon	D	6.15	6.45	7.00	7.00	7.30	7.54	8.00	8.20	10.00
Le Creusot TGV	A	7.41					9.20			
Lyon-Part-Dieu	◀ A	8.23	8.45	9.00	9.00	9.30	10.02	10.02	10.20	12.02
Lyon-Perrache	◀ A	8.33	◆8.58		9.10	9.40	10.12	10.12	10.30	■12.15

Notes culturelles

1. Les trains français offrent la possibilité de voyager dans des voitures de première ou de deuxième classe. Un billet de première coûte à peu près 50% de plus qu'un billet de deuxième. Les voitures de première ont des sièges (*seats*) plus confortables que celles de deuxième et accueillent (*take on*) moins de passagers. On voyage donc avec moins de monde (*people*).
2. Le TGV est capable d'atteindre une vitesse de 350 km/h, soit (*that is*) 218 milles à l'heure.

LA RÉSERVATION TGV : OBLIGATOIRE

Dans le TGV, pour votre plus grand confort,
tous les voyageurs sont assis.
Pour qu'il n'y ait pas plus de passagers que de places assises,
la réservation est **obligatoire.**

Pour votre voyage en TGV, vous devez être muni :
- du billet qui correspond au trajet effectué,
- de la réservation, obligatoire.

LES SERVICES A BORD DU TGV

LA RESTAURATION

1 - LE BAR

Dans chaque rame, le bar est ouvert pendant toute la durée du trajet. Ce bar offre aux voyageurs des deux classes : • des plats simples chauds et froids • des sandwichs • des boissons chaudes et froides.

2 - LA RESTAURATION A LA PLACE EN Iʳᵉ CLASSE

Un service à la place est assuré dans les voitures Iʳᵉ classe réservées à la restauration de tous les TGV circulant aux heures habituelles des repas.

Ce service propose :
- le matin, un petit déjeuner,
- à midi et le soir un menu complet avec choix entre plat du jour chaud ou froid ou une grillade.

3 - LA RESTAURATION EN 2ᵉ CLASSE

Un service de coffrets-repas froids, sans réservation, est proposé dans les voitures de 2ᵉ classe de certains TGV.

LES AUTRES SERVICES

Un coin boutique situé dans le bar vous propose :
- tabac • journaux et revues.

Handicapés

Une place dans une voiture de Iʳᵉ classe peut être réservée pour une personne handicapée désireuse de voyager sur son fauteuil roulant. Cette personne paye le tarif de 2ᵉ classe.

VOTRE VOYAGE EN TGV

Les aménagements intérieurs du TGV ont été conçus pour vous assurer les meilleures conditions de confort :

DANS LA VOITURE, UN CONFORT SUR MESURE

- Chaque voiture est intégralement spécialisée, soit "Fumeurs", soit "Non-fumeurs".
- En aucun cas, vous ne serez placé sur les roues (elles sont entre les voitures).
- Vous choisissez vous-même l'inclinaison de votre siège.
- Pour votre plus grande liberté de mouvement, ont été disposés face à vous une tablette rabattable et des emplacements pour ranger vos revues, poser votre verre et votre bouteille.
- Des voyants lumineux indiquent la direction du bar, la mise en service de la restauration ainsi que l'occupation des toilettes.

Le TGV: voler sur la voie ferrée **243**

Vocabulaire

ainsi que as well as
l'**aménagement** *m.* outfitting, equipping
assurer to guarantee
la **boisson** drink
le **choix** choice
circuler to travel
le **coffret-repas** boxed lunch or dinner
le **coin boutique** shopping corner
conçu (*p. part. of* **concevoir**) conceived
désireux desiring (who wants) to
desservir to serve, stop at (*train, plane, bus*)
disposer to arrange
la **durée** duration, time
effectuer to accomplish; (*here*) to make

l'**emplacement** *m.* holder, place
l'**extrait** *m.* excerpt
le **fauteuil roulant** wheelchair
le **fumeur** (le **non-fumeur**) smoker (nonsmoker)
la **grillade** broiled meat
l'**inclinaison** *f.* angle of inclination
intégralement completely
intérieur inside (*adj.*)
la **liberté de mouvement** freedom of movement
lumineux electrically lit
le **menu** fixed-price meal
la **mise en service** opening
la **place assise** seat
placer to seat
le **plat** dish (*food*)
poser to put down

pourtant however
proposer to offer
rabattable that can be pulled down
la **rame** group of railway cars
ranger to put away
la **restauration** food services
rétorquer to retort, reply
la **roue** wheel
rouler to travel
le **siège** seat
la **tablette** tray table
le **tarif** rate
les **toilettes** *f. pl.* rest room
le **trajet** trip
la **voie ferrée** railroad tracks
la **voiture** railway car
le **voyant** signal

Expressions

à la place at one's seat
arriver à (+ *inf.*) to succeed in, manage to, be able to
assurer un service to provide a service
aux heures habituelles des repas at usual meal times
correspondre à to match, correspond to
en aucun cas in no case
être muni de to be supplied with

face à facing
l'**occupation des toilettes** *f.* whether or not the rest room is occupied
mettre en service to inaugurate
pour votre plus grand confort for your maximum comfort
réservé à la restauration in which food is served
sur mesure made to order, tailor-made

Supplément

les **cabinets** *m. pl.* rest room (toilet)
debout standing
le **guichet** ticket window
le **parcours** route (*train, bus*)

le **wagon** railway car
à destination de (bound) for
descendre du train to get off the train

En voiture! All aboard!
monter dans le train to get on the train

Pour la compréhension du texte

1. Pourquoi n'y a-t-il pas de voyageurs debout dans le TGV?
2. Quels sont les deux tickets dont il faut être muni pour voyager en TGV?
3. Qu'est-ce qu'on peut prendre au bar du TGV? Quand est-ce que le bar est ouvert?
4. Quel service de restauration est proposé aux voyageurs en première? En quoi consistent ces repas?
5. Qu'est-ce que les voyageurs de deuxième classe peuvent s'acheter à manger?
6. Est-ce qu'il faut absolument prendre son journal avant de monter dans le train?
7. Expliquez le service proposé aux handicapés.
8. Est-ce qu'une personne qui ne fume pas risque de sentir la fumée de cigarette pendant son voyage en TGV?

Prenez la parole!

1. Avez-vous jamais fait un voyage en train aux États-Unis? Que diriez-vous du confort et de la ponctualité des trains américains?
2. Le train est un des moyens de transport les plus utilisés par les Français. En 1984 presque 800 millions de personnes ont voyagé sur les rails de France (sans compter les personnes qui utilisent les trains de banlieue [*suburban*]). Comment les Américains préfèrent-ils voyager? Pourquoi est-ce que le train est moins apprécié aux États-Unis qu'en France?
3. Comparez, au point de vue du confort, un voyage que vous avez fait en train ou en autocar (*intercity bus*) avec un voyage en TGV.
4. Est-ce que le train dessert votre région? Est-ce que la gare est proche ou loin de chez vous? Dans quelles parties du pays peut-on voyager en partant de la gare la plus proche?

WEEK–END DECOUVERTE ET

DETENTE DANS LE HAUT–JURA

AVEC LE TGV

Exercice de vocabulaire

Les synonymes

Reliez (*Link*) chaque mot de la colonne A à son synonyme de la colonne B.

A	B
1. le parcours	a. arranger
2. circuler	b. les toilettes
3. le siège	c. voyager
4. la voiture	d. le voyage
5. les cabinets	e. la route
6. le trajet	f. le signal
7. disposer	g. le wagon
8. le voyant	h. la place

Prenez la plume!

- ### Traduisez en français

  1. Before you get on the train, you have to have (be supplied with) a reservation.
  2. We ate at our seats during the trip. We bought a box lunch.
  3. Food Services provides service at your seat in first-class cars.
  4. I don't want a seat over the wheels.
  5. The arrangement (**la disposition**) of the seats has been thought out (conceived) for your comfort.

- ### Composition

  Imaginez que vous avez pris le TGV pour aller de Paris à Marseille. Ce parcours, auparavant (*previously*) de 8 heures, est maintenant de 4 heures 40 minutes. D'après (*According to*) le texte que vous avez lu, décrivez en un bref paragraphe votre voyage imaginaire. Commencez par une phrase telle que (*such as*):

  Nous sommes arrivés à la Gare de Lyon à 10 heures pour prendre le TGV à destination de Marseille à 10 heures 23 . . .

La présentation orale

- ### Conversation: *Comment acheter un billet de chemin de fer*

  Allez au guichet à la Gare de Lyon et achetez le billet aller et retour et la réservation sur le TGV Paris–Marseille que vous voyez à la page 247. Jouez la scène avec un(e) camarade de classe. L'un(e) de vous sera l'employé(e), l'autre sera le voyageur. Le voyageur posera toutes les questions nécessaires, et l'employé(e) y répondra en utilisant les informations qui paraissent sur ces billets. Bon voyage!

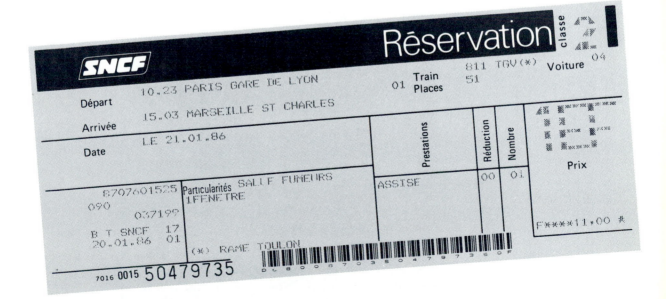

● **Débat:** *Le train ou la voiture?*

Divisez-vous en deux groupes, l'un qui défend les avantages du train, l'autre qui soutient (*upholds*) les avantages de l'automobile. Soyez prêts à démontrer les inconvénients (*disadvantages*) du moyen de transport préconisé (*advocated*) par l'autre groupe.

Par exemple:

L'automobile est responsable de la pollution de nos villes.
Le train ne dessert pas la plupart des petites villes du pays.

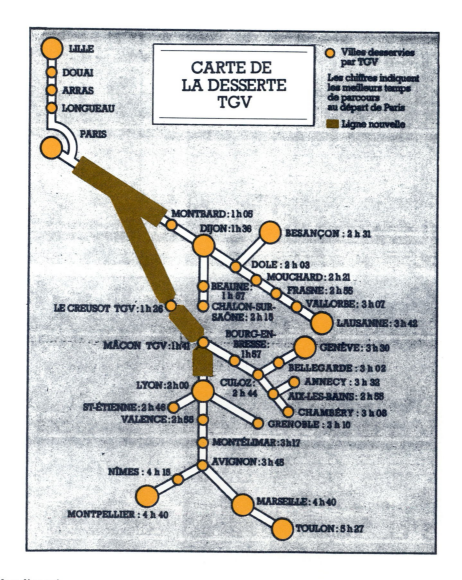

Le choix d'une carrière

Introduction

Pour les jeunes il n'y a peut-être aucune décision plus critique que le choix d'une carrière. Et c'est un choix qui *entraîne* d'autres décisions. Comment se préparer au *métier* qu'on désire *exercer*? Où recevoir la *formation* nécessaire? Comment *se renseigner sur* les *filières* à suivre? Vous allez lire trois annonces pour trois formations très différentes. La première prépare à la carrière d'ingénieur industriel; la deuxième, à celle d'agent de police; la troisième, à celle d'assistant de *gestion informatique*. Laquelle vous intéresse le plus?

entails
line of work
to be in/training
to get information about/courses of study

data processing management

Pour faciliter la lecture

There are several key words that you need in order to read and talk about professional schools. Study them before you read the material.

le concours (*competitive examination*)
l'enseignement (*teaching, instruction*)
la formation (*professional training*)

l'inscription (*registration*)
le stage (*work-study program, practical experience*)

Abréviations

BTS Brevet de technicien supérieur (*technical degree*)
h heures
(M) métro

RER Réseau Express Régional (*suburban railways*)
SNCF Société Nationale des Chemins de Fer Français (*French railways*)

Notes de langue

1. Note the difference between **le mémoire** (*report, thesis*) and **la mémoire** (*memory*).
2. The verb **jouir** is always followed by **de** + a noun. It is not used by itself as English *to enjoy* sometimes is to mean "to have a good time."

Notes culturelles

1. **Les gardiens de la paix**, ou **les agents de police**, dépendent de la police nationale. Ce sont eux qui règlent la circulation et font respecter la loi dans les villes. Le mot **gendarme**, souvent employé aux États-Unis pour n'importe quel agent de police, ne s'applique qu'aux membres de la Gendarmerie Nationale, force de l'ordre qui dépend des forces armées.
2. Le recrutement des services nationaux en France se fait par concours. Ce concours est à comparer avec le «Civil Service Examination» américain.

Institut Supérieur Industriel de l'Etat

I.S.I.B.

158, rue Royale — 1000 BRUXELLES

Tél. : 02/217.45.40 - 02/217.45.53

— **Chimie Industrielle et Radiochimie**
— **Construction Civile**
— **Electricité et Electronique**
— **Energie Nucléaire**
— **Mécanique**
— **Informatique**

Initie-toi aux lois qui régissent les phénomènes.

Elargis ton univers en participant aux explorations modernes de la science et de la technique.

Deviens de plus en plus capable d'agir sur la nature.

Et jouis de cette prérogative particulière des hommes :

PENSER

JUGER

BATIR

L'an 2000 t'attend !

STAGE ET FORMATION

Soucieux de l'intérêt de ses étudiants, la Direction de l'I.S.I.B. a créé une organisation officielle de stages, introduits dans la grille horaire de 4e année.

Un maître de stage est chargé de la prospection et de l'organisation de ces stages.

Ils sont orientés suivant les désirs des étudiants et axés suivant leur mémoire de fin d'études. Les grandes options proposées au choix de l'étudiant sont :

— industrie
— recherche
— laboratoire
— technico-commercial
— bureau de dessin
— bureau d'étude
— gestion, etc...

A son niveau, l'I.S.I.B. est une des très rares écoles à posséder une telle organisation, qui permet d'initier le futur ingénieur à l'ambiance qui lui sera propre dans sa vie professionnelle; cette mise en condition étant indispensable à sa formation.

LA VILLE DE PARIS

PROPOSE UNE PREPARATION

AU CONCOURS DE RECRUTEMENT DE GARDIENS DE LA PAIX DE LA POLICE NATIONALE

CONDITIONS *Habiter Paris et
être âgé de 17 à 28 ans*

LIEU *1 établissement scolaire
du 16e et du 20e arrondissements*

HORAIRES *4 soirs par semaine
de 18h 30 à 21h*

COURS *de Français et de Mathématiques*

*Ce stage comporte 90 heures d'enseignement réparties
sur 9 semaines et prépare
au concours du 6 MAI.*

Début des cours le 17 Février.

RENSEIGNEMENTS :

*Délégation Régionale au Recrutement et à la Formation
DRFF* ☎ 45.85.13.78

PRE-INSCRIPTIONS IMMEDIATES JUSQU'AU 15 JANVIER
A LA DELEGATION REGIONALE AU RECRUTEMENT ET A LA FORMATION
122, RUE DU CHATEAU DES RENTIERS 75013 PARIS

**LA BUREAUTIQUE:
UN PASSEPORT POUR L'AVENIR**

ASSISTANTE DE DIRECTION BUREAUTIQUE

En 2 ans: BTS Secrétariat (Diplôme d'Etat)
En 1 an: Diplôme de l'Ecole.

ASSISTANT DE GESTION INFORMATIQUE

En 1 an.
Matériel de l'établissement: IBM - APPLE.
Formations individuelles: Sténo-dactylo - Langues.
Traitement de texte - Informatique.

Aide au placement.

COURS CAUMARTIN
Ecole Moderne d'Administration des Entreprises
11, rue Caumartin 75009 Paris - Tél. (1) 47.42.50.12 +
Enseignement Privé.

Ⓜ Opéra/Madeleine/Havre Caumartin
RER Auber / SNCF St Lazare

252 Vers l'avenir

Vocabulaire

l'**administration des entreprises** f. business administration
agir to act
l'**aide au placement** f. assistance in finding a job
l'**ambiance** f. environment
l'**arrondissement** m. *administrative division of Paris*
axer to build, develop
bâtir to build
le **bureau d'étude** research unit
le **bureau de dessin** mechanical drawing office
la **bureautique** office automation
le **choix** choice
comporter to include
le **concours** competitive examination
les **conditions** f. pl. requirements
le **début** beginning
le **diplôme d'état** *nationally recognized degree*
la **direction** management, administration
élargir to broaden
l'**enseignement** m. teaching, instruction

entraîner to entail
l'**établissement scolaire** m. school
exercer to be (engage) in, carry on
la **filière** course (path) of study
la **formation** professional training, schooling
le **gardien de la paix** policeman
la **gestion** management
la **grille horaire** schedule
l'**informatique** f. data processing, computer science
l'**inscription** f. registration
introduire to introduce, insert
le **maître de stage** work-study director
le **matériel** hardware (*computer*)
le **mémoire** report, thesis
le **métier** line of work, occupation
la **mise en condition** conditioning
orienter to orient, direct, plan
particulier private, special

posséder (**je possède**) to possess
la **prérogative** prerogative, privilege
privé private (*not public*)
la **prospection** canvassing
la **radiochimie** radiochemistry (*the branch of chemistry dealing with radioactive phenomena*)
la **recherche** research
régir to govern
les **renseignements** m. pl. information
le **stage** work-study program, practical experience
la **sténo-dactylo** (= **dactylographie**) shorthand and typing
suivant following, according to
supérieur university-level
(le) **technico-commercial** commercial applications of technology
la **technique** technology
le **traitement de texte** word processing

Expressions

de fin d'études for graduation (a degree)
de plus en plus more and more
être âgé de X ans to be X years old
être chargé de to be responsible for
s'initier à (+ *noun*) to be introduced to, begin to study
jouir de (+ *noun*) to enjoy

les grandes options f. pl. the principal options
participer à to participate in
se renseigner sur to get information about
répartir quelque chose sur X semaines to distribute something over X weeks
soucieux de concerned about

Pour la compréhension des textes

1. Est-ce que l'Institut Supérieur Industriel de l'État est destiné aux jeunes (*intended for young people*) qui s'intéressent à la littérature? Pourquoi (pas)?
2. Expliquez le sens de la phrase «Deviens de plus en plus capable d'agir sur la nature» dans le contexte de cet institut technique.
3. En quoi cet institut est-il différent des autres établissements de formation technique? Quels sont les avantages de ce programme pour l'étudiant?
4. Quel moyen emploie-t-on pour le recrutement des agents de police?
5. Quelle sorte de préparation est-ce qu'on offre aux jeunes qui voudraient devenir agents de police?
6. Est-ce que l'établissement «Cours Caumartin» est une école publique ou privée?
7. Quelle différence y a-t-il entre les deux diplômes mentionnés dans l'annonce?
8. Quel genre (*kind*) de service à l'intention des étudiants (*intended for students*) est indiqué par les mots «Aide au placement»?

Prenez la parole!

1. Laquelle des trois écoles vous intéresse le plus? Voudriez-vous préparer une de ces carrières?
2. Est-ce qu'il y a dans votre école des programmes de formation qui rappellent (*remind you of*) ceux des annonces? Lesquels?
3. Est-ce que vous savez déjà ce que vous voulez faire dans la vie? Pourquoi est-ce que la carrière que vous avez choisie vous intéresse?
4. Quelles sont les filières professionnelles les plus choisies par vos camarades? Sauriez-vous expliquer les raisons de leur choix?

Exercice de vocabulaire

Reliez (*Link*) chaque définition de la colonne A au mot ou à l'expression qui y correspond dans la colonne B.

A	B
1. de niveau universitaire	a. soucieux
2. étude des possibilités	b. proposer
3. administration ou direction	c. mémoire
4. offrir le choix à quelqu'un	d. privé
5. agent de la police nationale	e. gestion
6. dissertation	f. supérieur
7. application des sciences	g. bureautique
8. qui porte un intérêt très vif	h. gardien de la paix
9. automatisation du bureau	i. technique
10. qui n'est pas financé par l'État	j. prospection

Prenez la plume!

- **Traduisez en français**

1. The principal (**le proviseur**) is responsible for canvassing for the work-study positions.
2. The program is built according to the students' senior thesis.
3. The course includes 50 hours of instruction divided over 6 weeks.
4. Computer science is a passport to the future.
5. The students want to participate in research.

- **Faites de la publicité** (*advertising*) **pour les études supérieures que vous voulez suivre**

Relisez le texte de l'I.S.I.B. Vous y voyez quatre phrases à l'impératif qui soulignent (*stress*) les avantages intellectuels d'une formation et d'une carrière techniques. Ensuite viennent trois infinitifs (**penser**, **juger**, **bâtir**) introduits par la quatrième phrase. À la fin il y a un slogan qui frappe le lecteur: **L'an 2000 t'attend!** Imitez ce modèle pour faire de la publicité pour les études supérieures qui vous intéressent: quatre phrases (au moins) à l'impératif, trois infinitifs et une formule «choc» (*a striking slogan*).

Par exemple, quelqu'un qui veut étudier des langues étrangères pourrait écrire:

Deviens un vrai citoyen du monde.
Utilise tes talents linguistiques pour:

PARLER
COMPRENDRE
CONNAÎTRE

Le monde est à toi!

La présentation orale

- **Conversation:** *Comment donner des conseils*

Vous connaissez deux écoles et un établissement qui offrent un stage de formation. Imaginez que vous êtes directeur (directrice) d'une école semblable (*similar*). Qu'est-ce que vous diriez à ceux qui vous demanderaient un conseil professionnel?

Notez qu'il y a plusieurs façons d'exprimer un conseil en français:

Vous devriez + *infinitif*
J'ai quelque chose qui va vous intéresser.
Dans ce cas, je vous conseille (suggère) de + *infinitif*
Il (vous) faut + *infinitif*

On peut aussi employer l'impératif:

Inscrivez-vous à + *nom du programme ou de l'école*
Étudiez + *nom de la matière*
Allez au numéro + *adresse* et demandez des renseignements sur + *nom du programme ou de l'école*

Maintenant donnez des conseils aux personnes suivantes en ce qui concerne (*concerning*) leur orientation professionnelle.

1. Je suis parisien et j'ai 23 ans. Je n'étais pas un très bon élève à l'école. Je voudrais devenir agent de police mais je ne réussirais pas au concours.
2. Je suis veuve. J'ai 58 ans. J'étais secrétaire avant de me marier, mais le travail de secrétariat a beaucoup changé. J'étais une très bonne dactylo (*typist*), mais ça ne suffit plus.
3. Je m'intéresse beaucoup à l'électronique et aux ordinateurs, mais j'en ai marre (*am fed up*) des cours trop abstraits et théoriques. Je veux suivre une formation plus pratique.

● **Discussion:** *Les filières de formation professionnelle*

Divisez-vous en groupes de 4 ou 5 étudiants. Discutez de vos projets pour l'avenir. Qu'est-ce que vous voulez devenir? Comment allez-vous vous préparer à cette carrière? Quelle formation faut-il suivre? Posez ces questions (et d'autres au même sujet) à chaque membre de votre groupe.

Secrétaires
Dactylos
Employées
de bureau

Le virage bureautique se négocie aujourd'hui!

L'ordinateur personnel

The personal
computer

Introduction

Quand vous voyez un ordinateur personnel, *vous rendez-vous compte* que son invention a produit une révolution dans *l'informatique* et *la bureautique*? La présence de l'ordinateur personnel dans tous les bureaux et dans beaucoup de *foyers* a donné à tout le monde la possibilité d'accès au *traitement* d'informations d'un très haut *niveau*. Un nombre *croissant* de familles françaises ont un ordinateur à la maison, et les revues et journaux abondent en annonces d'ordinateurs personnels. Parmi les ordinateurs vendus en France se trouvent plusieurs *marques* américaines, comme vous verrez par cette annonce pour l'Apple IIc, parue dans l'*hebdomadaire* «L'Événement du jeudi».

do you realize

data processing/
   office automation

homes

processing/level

growing

brands

weekly

Pour faciliter la lecture

Can you recognize these cognates having to do with computers?

la disquette	le moniteur
éditer	le programme

Abréviations

F   francs
Ko   kilo-octets (= *kilobytes: a measure of a computer's memory*)
TTC   toutes taxes comprises (= *including tax*)

Note de langue

The word **tout** may be used before **en** and the present participle to mean *while, at the same time that.*

   tout en jouant   while they play

Note culturelle

Parmi les marques européennes de micro-ordinateurs on trouve Olivetti, Siemens, Philips, Nixdorf, Thomson et Honeywell Bull.

Puisque nous ne savions pas de combien d'argent vous disposiez nous avons décidé d'être le moins cher possible.

Arlequin de CHAT MAUVE

Nombres boiteux de VIFINATHAN

Epistole de VERSION SOFT

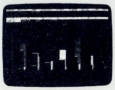

Version Calc de VERSION SOFT

Apple Works de APPLE

Un Apple IIc + un moniteur et son support + une souris + un logiciel Mouse Desk + un logiciel Epistole + 5 disquettes d'initiation pour 8936 F*TTC.

Avec ses 128 Ko de mémoire vive et son lecteur de disquette intégré, l'Apple IIc est un compagnon puissant et large d'esprit puisqu'il peut accéder à l'essentiel de la bibliothèque de logiciels de l'Apple II.

C'est ainsi qu'avec Epistole vous pourrez par exemple éditer des textes, jongler avec les chiffres, faire des mailings et communiquer avec d'autres ordinateurs.

Et vous ne manquerez pas d'autres logiciels pour tracer des graphiques, gérer des fichiers, élaborer vos propres programmes.

Avec la souris et le logiciel Mouse Desk, vous n'aurez pas besoin d'un long apprentissage pour que l'Apple IIc vous obéisse au doigt et à l'œil.

Mais l'Apple IIc est aussi d'un caractère très enjoué. Il ne lui déplaît pas de se transformer en joueur de tennis, en simulateur de vol ou en professeur d'anglais pour que vos enfants apprennent tout en jouant.

Enfin, il est suffisamment petit et compact pour prendre très vite une grande place dans votre vie.

Apple

Vocabulaire

l'**apprentissage** *m.* learning period
boîteux lame, limping
la **bureautique** office automation
le **chiffre** number, figure
croissant growing
élaborer to prepare, develop
enjoué cheerful
l'**essentiel** *m.* most (the greater part) of
le **fichier** file
le **foyer** home, household
gérer to manage
le **graphique** graph, chart

l'**hebdomadaire** *m.* weekly (*newspaper, etc.*)
l'**informatique** *f.* data processing, computer science
l'**initiation** *f.* instruction, introduction, training
intégré built-in
jongler to juggle
le **joueur de tennis** tennis player
le **lecteur de disquette** disk drive
le **logiciel** software
la **marque** (**déposée**) (registered) trademark, brand

la **mémoire vive** active memory
le **niveau** level
l'**ordinateur** *m.* computer
personnel (**personnelle**) personal
le **prix conseillé** suggested price
puissant powerful
le **simulateur de vol** flight simulator
la **souris** mouse
suffisamment enough, sufficiently
tracer to trace, draw
le **traitement** processing

Expressions

accéder à to access, give access to
c'est ainsi que thus
décider de faire quelque chose to decide to do something
disposer de to have available
il ne lui déplaît pas de (+ *inf.*) it doesn't mind (*doing something*)

large d'esprit broad-minded
manquer de quelque chose to lack (not to have) something
obéir à quelqu'un au doigt et à l'oeil to obey someone blindly
se rendre compte (**que**) to realize (that)
se transformer en to change into, become

Supplément

le **clavier** keyboard
l'**écran** *m.* screen
le **matériel** hardware
le **progiciel** software package

la **programmation** programming
le **programmeur** (la **programmeuse**) (computer) programmer

le **traitement de texte** word processing

appuyer sur une touche to press a key

Pour la compréhension du texte

1. Pourquoi est-ce que la société (*company*) Apple a décidé de ne pas fabriquer (*to manufacture*) un ordinateur trop cher?
2. Qu'est-ce qu'on a pour ses 8936 F?
3. Quelles possibilités d'utilisation sont créées par les 128 Ko de mémoire vive?
4. Quelles tâches peut-on réaliser avec l'Apple IIc?
5. Expliquez pourquoi l'expression **obéir au doigt et à l'oeil** est une locution (*phrase*) très juste ici.
6. En quoi l'Apple IIc peut-il se transformer?
7. Quel avantage éducatif apporte cet ordinateur aux enfants?
8. Quel paradoxe y a-t-il entre sa taille (*size*) et sa puissance (*power*)?

Prenez la parole!

1. Est-ce que vous étudiez l'informatique à l'école? Pendant combien d'heures par semaine?
2. Qu'est-ce que vous étudiez dans les classes d'informatique? La programmation ou les applications? Qu'est-ce qui est le plus utile, d'après vous (*in your opinion*)?
3. Comparez l'ordinateur que vous employez à l'école (ou celui que vous avez chez vous) avec l'Apple IIc. Lequel est le plus puissant? Lequel a la bibliothèque de logiciels la plus variée? Lequel est le plus facile à transporter?
4. Qu'est-ce qui vous intéresse le plus parmi tous les logiciels et toutes les applications mentionnés dans l'annonce? Pourquoi?

Exercices de vocabulaire

A. Où est-ce que ça se trouve?

Reliez (*Link*) chaque élément de l'ordinateur à la partie de la machine où il se trouve.

éléments	parties
1. la touche	a. la mémoire
2. l'écran	b. le moniteur
3. la disquette	c. le lecteur de disquette
4. les kilo-octets	d. le clavier

B. Pas de phrase complète sans verbe

Complétez chaque phrase avec le verbe convenable (*appropriate*) de la liste.

obéit   conseille   appuie   accède
élabore   gère   manque   trace

1. On —— un fichier.
2. On —— un graphique.
3. On —— un programme.
4. On —— sur une touche.

Prenez la plume!

- **Traduisez en français**

  1. We have decided to be as broad-minded as possible.
  2. The personal computer is a powerful companion.
  3. His children have a very cheerful nature (character).
  4. This computer has a built-in keyboard.

- **Composition**

  Dans un bref paragraphe, décrivez l'ordinateur que vous voudriez avoir. Parlez du matériel, de la mémoire, des logiciels et progiciels qui vous intéressent le plus, des tâches pour lesquelles vous voulez utiliser l'ordinateur, et ainsi de suite (*and so on*).

La présentation orale

- **Conversation:** *Comment vendre un produit*

  Imaginez que vous travaillez dans un magasin où l'on vend des ordinateurs. Un(e) client(e) est en train d'examiner l'ordinateur Apple IIc, mais il (elle) n'arrive pas à se décider (*can't make up his/her mind*). Essayez de le (la) persuader de l'acheter.

  CLIENT(E): Je ne sais pas si cet ordinateur a assez de mémoire. On m'a dit de ne rien acheter avec moins de 64 Ko.

  VOUS: . . .

  CLIENT(E): C'est bien, ça. Faut-il acheter un progiciel de traitement de texte en plus?

  VOUS: . . .

  CLIENT(E): Mes enfants aimeraient beaucoup avoir un ordinateur à la maison. Je suppose qu'il y a des jeux et des didacticiels (= logiciels éducatifs).

  VOUS: . . .

  CLIENT(E): Et le prix de l'ordinateur?

  VOUS: . . .

  CLIENT(E): Cet ordinateur fait mon affaire (*is just what I need*). Voici ma carte de crédit.

  VOUS: . . .

- **Débat:** *L'ordinateur—avantages et inconvénients* (*disadvantages*)

  On ne peut pas nier (*deny*) que l'ordinateur a profondément changé notre façon de travailler et d'écrire, notre façon de jouer et même notre façon de vivre. Est-ce que tous ces changements sont souhaitables (*desirable*), ou est-ce qu'il y a des dangers dans ce nouveau monde de l'informatique? Organisez-vous en deux groupes — l'un qui prône (*praises*) les bénéfices apportés par l'ordinateur (surtout l'ordinateur personnel), l'autre qui présente les inconvénients.

Minitel: la communication par ordinateur

Minitel: communication by computer

Introduction

La France est le pays le plus avancé dans *la mise en service* d'un système de vidéotex, qui permet la communication *à distance* avec un ordinateur. Ce système s'appelle Télétel. Les *P.T.T.* proposent le terminal Minitel aux clients qui désirent *accéder* aux services Télétel comme l'*Annuaire Électronique*, qui donne des informations sur tous les *usagers* du téléphone en France. Le Télétel permet aussi d'acheter des billets de chemin de fer ou d'avion, d'accéder à tous les services de banque sans sortir de chez soi, même de faire des achats et de les payer, *tout en tapant* sur le *clavier* de son terminal Minitel. Lisons la description du Minitel 10, ce nouveau terminal proposé par les P.T.T.

making available

long-distance
see Note culturelle 1

to access/Electronic Telephone Directory
users

simply by typing/ keyboard

Pour faciliter la lecture

Before reading the text, see if you know these technical terms dealing with computers and telephones.

l'annuaire   phone book
appuyer   to press (*a key*)
au bout du fil   on the line
composer   to dial
le correspondant   the person you are talking to on the phone

décrocher   to pick up (*the receiver*)
l'écoute   listening
la touche   key (*of a keyboard*)

Notes culturelles

1. Le sigle (*initials*) P.T.T. signifie Postes, Télégraphes et Téléphones, un ministère du gouvernement français. Ce ministère s'appelle aujourd'hui Postes et Télécommunications, mais on maintient le sigle ancien.
2. En 1986 il y avait deux millions de Minitels en service en France. On croit que le nombre d'usagers va augmenter d'un million par an.
3. L'Annuaire Électronique permet de chercher (24 heures sur 24) n'importe quel numéro de téléphone en France.
4. Sur la photo du dépliant vous voyez à l'écran du terminal une carte qui montre les villes desservies (*served*) par le TGV, le Train à Grande Vitesse (*High-Speed Train*) des chemins de fer français. C'est un exemple des informations sur les moyens de transport à la disposition des usagers (*available to the users*) du Minitel. Parmi les autres utilisations courantes du Minitel, citons la messagerie (*electronic bulletin board*), la météo (*weather reports*), des journaux et des jeux.

Minitel 10

Tous les avantages d'un super téléphone. Un accès plus facile aux services Télétel.

Voici le Minitel 10, un Minitel* encore plus performant pour communiquer encore plus facilement. Aussi simple à utiliser qu'un Minitel 1, le Minitel 10 apporte en plus tous les avantages d'un super téléphone : vous allez découvrir une nouvelle manière de communiquer, plus rapide et plus pratique, que ce soit avec un correspondant ou avec un service Télétel.

*Minitel : marque déposée

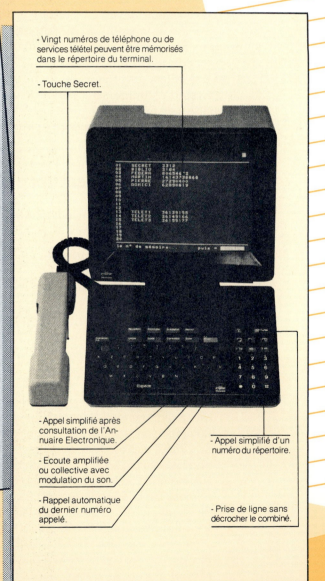

- Vingt numéros de téléphone ou de services télétel peuvent être mémorisés dans le répertoire du terminal.

- Touche Secret.

- Appel simplifié après consultation de l'Annuaire Electronique.

- Ecoute amplifiée ou collective avec modulation du son.

- Rappel automatique du dernier numéro appelé.

- Appel simplifié d'un numéro du répertoire.

- Prise de ligne sans décrocher le combiné.

Avec le Minitel 10, tout est plus simple. Plus besoin de décrocher : appuyez sur une touche, et la ligne est à vous. Appuyez sur une autre touche, et le Minitel 10 composera automatiquement l'un des vingt numéros de téléphone ou de services Télétel mis en mémoire dans son répertoire.

La ligne est occupée ? Pas de problème ! Avec la touche Bis, le Minitel 10 se chargera de rappeler votre correspondant et vous ne décrocherez que lorsqu'il sera au bout du fil.

Il n'y a plus de temps mort avec le Minitel 10.

Ainsi, lorsque vous aurez trouvé le numéro de téléphone de votre correspondant grâce à l'Annuaire Electronique, le Minitel 10 pourra composer directement le numéro.

Même la communication avec votre entourage est facilitée ! Grâce à l'écoute collective, vous pouvez organiser une conférence autour de votre Minitel 10, et si vous avez quelque chose à dire à votre entourage, appuyez sur la touche Secret : vous pourrez parler sans interrompre votre correspondant et sans qu'il vous entende...

Vocabulaire

l'**annuaire** *m.* telephone directory, phone book
l'**appel** *m.* call
automatiquement automatically
bis repeat (*key*)
le **clavier** keyboard
le **combiné** receiver (*phone*)
composer to dial
le **correspondant** person you are talking to on the phone
décrocher to pick up (*the receiver*)
l'**écoute** *f.* listening
électronique electronic

l'**entourage** *m.* the people around you
faciliter to make easier
interrompre to interrupt
la **ligne** line
lorsque when
la **manière** way, manner
la **marque déposée** registered trademark
l'**ordinateur** *m.* computer
par by (means of), through
performant high-performance
la **prise de ligne** answering (*phone*)

le **rappel** calling back
rappeler to call back
le **répertoire** alphabetical listing
le **son** sound
taper to type
le **temps mort** wasted (dead) time
le **terminal** (*pl.* **terminaux**) terminal
la **touche** key (*of a keyboard*)
l'**usager** *m.* (l'**usagère** *f.*) user
le **vidéotex** *long-distance communication via computers*

Expressions

à distance long-distance
à vous yours
accéder à (+ *noun*) to access, have access to
apporter tous les avantages de to have all the advantages of
appuyer sur to press (*a key*)
au bout du fil on the line
autour de around
se charger de to take care of

en plus moreover, in addition
grâce à thanks to
la mise en service de (+ *noun*) making available
mettre en mémoire to store in the memory (*of a computer*)
plus besoin de (+ *inf.*) (*here*) you don't need to . . . anymore
que ce soit whether it may be
tout en tapant (simply) while/by typing

Supplément

la **messagerie** electronic bulletin board

prendre la ligne to pick up (answer) the phone

Pour la compréhension du texte

1. Quelles différences y a-t-il entre le nouveau Minitel 10 et le Minitel 1?
2. Comment est-ce que le Minitel 10 vous aide à gagner du temps (*to save time*)?
3. Vous avez composé un numéro, mais la ligne était occupée. Qu'est-ce que vous pouvez faire avec un Minitel pour éviter de recomposer le numéro?
4. Comment est-ce que le Minitel vous fait gagner du temps si vous voulez appeler quelqu'un dont vous ne connaissez pas le numéro de téléphone?
5. Quels avantages y a-t-il dans l'écoute collective?
6. Quel est l'avantage de la touche Secret?
7. Combien de numéros de téléphone peuvent être mémorisés dans le répertoire du terminal?
8. Expliquez ce que veut dire **prise de ligne sans décrocher le combiné**.

Prenez la parole!

1. Quelles différences y a-t-il entre les possibilités de communication avec un Minitel et celles que l'on a avec un téléphone ordinaire?
2. Quelles possibilités de communication téléphonique du Minitel vous seraient utiles? Desquelles n'avez-vous pas besoin?
3. Combien de temps par jour passez-vous au bout du fil? Avec qui parlez-vous le plus?
4. Quels sont les avantages de l'Annuaire Électronique par rapport aux services d'informations que nous avons aux États-Unis?

Retrouver un correspondant : faites-le en Minitel.

Exercice de vocabulaire

Complétez chaque phrase avec le mot convenable (*appropriate*) de la liste.

| fil | son | performant | dernier | composer | répertoire |
| prise | écoute | décrocher | annuaire | rappel | correspondant |

1. Le nouveau Minitel est plus —— que l'ancien.
2. Avec la touche Bis le —— est automatique.
3. Le terminal a 20 numéros dans son ——.
4. Si vous appuyez sur cette touche, le Minitel pourra —— le numéro directement.
5. Qui est au bout du ——?
6. Pour parler au téléphone, il faut —— le combiné.
7. Grâce à l' —— collective, les conférences sont possibles.
8. En appuyant sur cette touche, vous pouvez moduler le ——.

Prenez la plume!

- **Traduisez en français**

1. You can say something to the people around you without the person you are talking to on the phone hearing you.
2. The computer will take care of dialing the number.
3. Press this key to answer the phone without picking up the receiver.
4. There is no more wasted time with this terminal.
5. How can we access the Electronic Phone Book?

- **Les inconvénients** (*disadvantages*) **du téléphone**

En suivant le modèle du Minitel 10, nommez cinq inconvénients du téléphone ordinaire. Par exemple:

> Si la ligne est occupée, il vous faut composer vous-même le numéro de votre correspondant jusqu'à ce que celui-ci (*the latter*) soit au bout du fil.

La présentation orale

- **Conversations:** *Donnons un coup de téléphone* (*Let's make a phone call*)

Voici des expressions utiles pour téléphoner en France:

(en décrochant)
> Allô, (j'écoute).

(pour savoir qui appelle)
> Qui est à l'appareil? (*Who's calling?*)
> C'est de la part de qui? (*May I ask who's calling?*)

(pour savoir avec qui votre correspondant[e] veut parler)
> Qui demandez-vous?
> À qui voulez-vous parler?

(pour demander son [sa] correspondant[e])
> C'est toi, Hélène? (*informal*)
> Est-ce que je peux parler à Madame Muret? (*formal*)

(pour dire à la personne qui téléphone qu'elle aura bientôt son [sa] correspondant[e])
> Un moment, s'il vous plaît./Un instant, je vous prie.
> Ne coupez pas./Ne quittez pas. (*Hold on.*)
> Je vais le (la) chercher.
> Je vais voir s'il (si elle) est là.
> Je vous le (la) passe. (*I'll put him [her] on.*)

(si le [la] correspondant[e] demandé[e] est absent[e])

> Je regrette, mais il (elle) n'est pas là.
> Je regrette, mais il (elle) est sorti(e)/vient de sortir.
> Voulez-vous laisser un message?
> Pouvez-vous rappeler dans une heure?

(pour prendre congé [*say good-bye*])

> Au revoir, Madame (Mademoiselle, Monsieur).
> Merci, Madame (Mademoiselle, Monsieur). Au revoir.

(d'autres cas)

> Vous avez composé un faux numéro. ⎫ (*You have dialed a wrong number.*)
> Vous vous êtes trompé(e) (de numéro). ⎬
> Je pourrais laisser un message? (*May I leave a message?*)
> Passe-moi un coup de fil. (*Give me a ring.*)
>
> téléphoner avec préavis (*to call person-to-person*)
> téléphoner en PCV (pé-cé-vé: < percevoir *to collect*) (*to call collect*)

Maintenant jouez ces conversations téléphoniques avec un(e) camarade de classe.

1. Vous téléphonez à un(e) ami(e). C'est son frère (sa soeur) qui répond.

    a. Dans le premier cas, votre ami(e) est là.
    b. Dans le second cas, votre ami(e) n'est pas là. Essayez de savoir quand vous pourrez lui parler.

2. Vous téléphonez au bureau d'une entreprise importante. Vous voulez parler avec Monsieur Delamarre.

    a. Dans le premier cas, il est là.
    b. Dans le second cas, il n'est pas là. Soyez prêt(e) à épeler (*to spell*) votre nom si vous laissez un message.

3. Quelqu'un qui vous appelle se trompe de numéro. Il (Elle) ne veut pas croire qu'il (qu'elle) s'est trompé(e).

● **Discussion:** *A-t-on besoin d'une imprimante* (*printer*)?

Lisez cette annonce pour une imprimante que l'on peut brancher (*hook up*) sur le Minitel. Vous avez déjà un Minitel. Avez-vous besoin de cette imprimante? Discutez-en avec un(e) camarade. Vous êtes pour, lui (elle) est contre, ou vice versa.

OFFREZ UNE IMPRIMANTE A VOTRE MINITEL

2980 F

Imprimante servant à recopier l'écran du Minitel (2 pages mémorisées) impression automatique de l'écran choisi.

2 possibilités :

1) Mode sans graphique,
2) Mode graphique.

Consultation possible pendant l'impression.
Imprimante couleur disponible (nous consulter).

La banque à domicile

Introduction

L'accès aux services bancaires sans sortir de chez soi était une promesse de la révolution apportée par l'ordinateur personnel. En France, grâce aux terminaux *Minitel*, le *compte en banque* par ordinateur est déjà une réalité. Si vous *disposez* d'un Minitel et si vous ouvrez un «Vidéocompte» avec le Crédit Commercial de France, vous pourrez *effectuer* toutes les opérations bancaires chez vous. *Figurez-vous*! Vous n'aurez plus besoin de *faire la queue* à la banque ni d'attendre l'ouverture de la banque le lundi matin. Sept jours sur sept vous aurez accès à toute information importante sur l'état de vos finances. Il suffit d'*appuyer sur* quelques *touches* du *clavier* . . . et vous voilà à la banque!

see Note culturelle/
bank account

have available

to carry out/Just
   imagine!
to stand in line

to press/keys
keyboard

Pour faciliter la lecture

You are going to read the advertising brochure put out by the Crédit Commercial de France to announce its new computerized account, **Vidéocompte**. Since the goal of the brochure is to encourage people to sign up for this new service, it will list the advantages of computerized banking at home. The brochure tries to personalize its message as much as possible by using the **vous** form rather than impersonal constructions. Compare the difference in impact between these sentences:

> Il est possible de commander ses chéquiers.
> Vous pouvez commander vos chéquiers.

The second sentence is much more likely to interest the prospective customer because it speaks directly to her or to him.

Abréviations

C.C.F.   Crédit Commercial de France (*name of bank*)
F   francs

LA BANQUE DES REUSSITES

Note culturelle

Minitel est le nom du terminal personnel de Télétel, le système français de télématique (*communication by computer*). Si vous voulez en savoir plus, rapportez-vous à la section précédente de ce livre.

VIDÉOCOMPTE CCF.
Le nouveau service de la banque des réussites

En mettant VIDÉOCOMPTE au service de sa clientèle privée, le Crédit Commercial de France vient de franchir une étape décisive vers la banque à domicile.

DES SERVICES MULTIPLES.

De chez vous, vous pouvez 7 jours sur 7 connaître instantanément l'état de vos finances au C.C.F., vérifier si vos comptes ont bien été crédités ou débités, connaître le détail des opérations sur l'ensemble de vos comptes C.C.F.

Vous pouvez ordonner des virements, commander vos chéquiers.

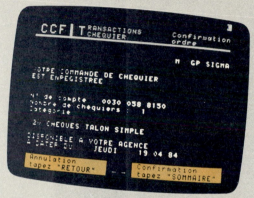

Vous êtes constamment avisé de l'actualité économique et bancaire et disposez d'une information régulière sur les marchés boursiers.

Vous accédez à l'ensemble de ces services en toute confidentialité, grâce à un code que vous choisissez vous-même.

EN TOUTE SÉCURITÉ.

Pour votre parfaite sécurité, il vous est attribué
un code confidentiel qui, seul, donne l'accès au service
VIDÉOCOMPTE. Ce n'est pas un code comme tous les
autres ; vous pouvez le modifier à tout instant à partir
de votre terminal : si vous craignez une indiscrétion,
vous pouvez le changer aussi souvent que vous
le souhaitez.

UN JEU D'ENFANT.

L'accès au service VIDÉOCOMPTE est d'une grande
simplicité. Vous pianotez sur votre minitel les trois initiales
du C.C.F. et vous serez automatiquement relié au service
qui se matérialisera sous vos yeux, à l'écran.
Il ne vous restera plus alors qu'à suivre pas à pas
les instructions affichées en langage clair.

Impossible de se tromper ;
tout a été prévu : erreurs,
annulations et même étourderies :
si vous "laissez en plan"
votre minitel, la communication
se coupera automatiquement
au bout de trois minutes.

Vocabulaire

l'**actualité** *f.* current news
afficher to post
l'**annulation** *f.* cancellation
bancaire bank, banking (*adj.*)
la **banque** bank, banking
le **chéquier** checkbook
le **clavier** keyboard
la **clientèle privée** individual customers
commander to order
le **compte (en banque)** (bank) account
constamment constantly, continuously
couper to cut off
craindre to fear
le **détail** detail
disponible available
effectuer to perform, carry out, execute

enregistrer to record
l'**ensemble** *m.* the whole (set)
l'**état** *m.* state
l'**étourderie** *f.* carelessness, careless act
les **finances** *f. pl.* finances
gratuit free (*no charge*)
l'**indiscrétion** *f.* indiscretion, revealing of confidential information
instantanément instantly
le **jeu d'enfant** child's play
le **marché boursier** stock market
se matérialiser to appear, become real
modifier to change, modify
l'**ordinateur** *m.* computer
ordonner to order
pianoter to type, key in

prévu foreseen, thought out in advance
relier to connect
le **retour** return (*computer key*)
la **réussite** success
souhaiter to wish
la **suite** continue (*computer key*)
le **talon** check stub
taper to type
la **touche** key (*of a keyboard*)
se tromper to make a mistake
vérifier to check
le **virement** *transfer of funds from one account to another*

Ma banque a tout prévu. Même l'impensable.

Expressions

à domicile at home
à l'écran on the screen
à partir de (starting) from
à tout instant at any moment
accéder à (+ *noun*) to have access to
appuyer sur to press (*a key*)
attribuer un numéro à quelqu'un to assign a number to someone
au bout de at the end of, after
aviser quelqu'un de quelque chose to inform someone about something
créditer (débiter) un compte to credit (debit) an account
disposer de quelque chose to have something at one's disposal (available)
en toute confidentialité in complete confidentiality
être d'une grande simplicité to be very simple

faire la queue to stand in line
Figurez-vous! Just imagine!
franchir une étape to go a step further, break new ground
il ne vous restera plus qu'à (+ *inf.*) all that remains for you to do is
laisser en plan to leave in the middle (without finishing)
mettre quelque chose au service de quelqu'un to offer a service to
pas à pas step by step
pour votre parfaite sécurité for your total safety
sept jours sur sept seven days out of seven, any day of the week
sous vos yeux before your eyes
veuillez (+ *inf.*) please, kindly (+ *verb*)

Pour la compréhension du texte

1. Qu'est-ce que c'est que Vidéocompte? Qui peut obtenir ce service?
2. Quand est-ce que vous pouvez vérifier l'état de vos comptes avec Vidéocompte?
3. Donnez quelques exemples des opérations bancaires qu'un client peut réaliser à partir de son terminal Minitel.
4. Qu'est-ce qui vous assure la confidentialité?
5. Qu'est-ce que vous pouvez faire si vous craignez que quelqu'un n'ait réussi à connaître le numéro de votre code?
6. Pourquoi est-il facile de réaliser des opérations bancaires une fois qu'on est relié au service?
7. Pourquoi est-il impossible de se tromper?
8. Qu'est-ce qui se passe si vous laissez votre terminal en plan?

Prenez la parole!

1. Quelle sorte de service bancaire avez-vous à votre disposition (*disposal*)? Un service par ordinateur ou une banque traditionnelle?
2. Pour quels services allez-vous à la banque? Comment réalisez-vous ces opérations?
3. Voudriez-vous avoir un service comme Vidéocompte à votre disposition ou préférez-vous la banque traditionnelle? Pourquoi?
4. L'ordinateur et la télématique vont jouer un rôle croissant (*growing*) dans notre vie. Quels sont les autres services à domicile dont vous pouvez envisager la réalisation? Est-ce qu'il y en a qui sont déjà une réalité?

Exercice de vocabulaire

Reliez (*Link*) chaque définition de la colonne A au mot ou à l'expression qui y correspond dans la colonne B.

A	B
1. disposé à l'avance	a. vérifier
2. transfert d'argent d'un compte à un autre	b. se tromper
	c. relier
3. voir si quelque chose est correct	d. chéquier
4. carnet de chèques	e. prévu
5. mettre une annonce sur un mur	f. virement
6. commettre une erreur	g. souhaiter
7. désirer quelque chose	h. afficher
8. établir une union entre deux choses	

Prenez la plume!

- **Traduisez en français**

1. You can order transfers (of funds) five days out of seven.
2. Customers can check the condition of their account.
3. Type the letters CCF on the keyboard (**le clavier**) of your computer and you will be connected to the home banking service.
4. Cancellations and carelessness have been planned for (foreseen).
5. Kindly follow the posted instructions step by step.

- **Pas à pas**

Que faudrait-il qu'un(e) client(e) de Vidéocompte fasse pour commander un chéquier? Pour l'aider, récrivez (*rewrite*) les instructions suivantes en les mettant en bon ordre.

1. Indiquez le nombre de chéquiers que vous désirez.
2. Suivez les instructions si vous voulez réaliser une deuxième opération.
3. Tapez le numéro de votre compte courant (*checking account*).
4. Tapez les caractères de votre code confidentiel.
5. Demandez l'écran «Transactions Chéquier».
6. Relisez votre commande.
7. Tapez sur le Minitel les initiales du service pour vous relier à Vidéocompte.
8. Tapez le mot «Sommaire» pour confirmer votre commande.

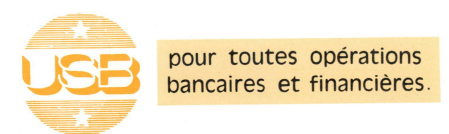

USB pour toutes opérations bancaires et financières.

La présentation orale

- **Conversation:** *Les opérations bancaires*

Vous êtes caissière (caissier) dans une banque. Aujourd'hui tous vos clients commettent des étourderies qui les empêchent (*prevent*) de réaliser les opérations pour lesquelles ils sont venus à la banque. Expliquez à chaque client(e) ce qu'il lui reste à faire pour mener à terme (*to carry out successfully*) son opération. Vous pouvez chercher les mots nécessaires dans la liste suivante:

l'**argent** *m.* money
le **bénéficiaire** payee
le **bordereau** bank slip
le **chèque** check
le **compte courant** checking account
le **compte d'épargne** savings account
   déposer to deposit (*money*)
   endosser to endorse (*a check*)
les **espèces** *f. pl.* cash
les **intérêts** *m. pl.* interest
le **livret de banque** passbook
le **montant** sum
le **relevé** (**de compte**) statement
la **remise** payment, remittance
   remplir to fill out
   retirer to withdraw (*money*)

tirer to make out (*a check*)
le **tireur** person who makes out a
   check
toucher to cash (*a check*)
le **versement** payment, remittance,
   deposit
verser to pay, remit

faire un dépôt (**versement**) to make a
   deposit
faire un retrait to make a withdrawal
mon (**votre**) **compte est à découvert**
   my (your) account is overdrawn
rapporter des intérêts de 7% to bear
   7% interest

1. Une cliente veut faire un dépôt. Elle a son livret mais elle a oublié de remplir un bordereau de versement.
2. Un client veut toucher un chèque mais il n'a pas encore signé son nom au dos.
3. Une cliente se plaint parce que la banque a retourné un de ses chèques. Elle ne savait pas qu'elle n'avait pas assez d'argent sur son compte courant.

• À la banque en France

Voici trois bordereaux de deux banques françaises: La Société Générale et Le Crédit Lyonnais. Étudiez les bordereaux avec attention et ensuite expliquez à un(e) ami(e) lequel des trois il faudrait remplir pour effectuer les opérations suivantes. Précisez (*specify*) comment il faut les remplir.

1. Transférer 1 000 francs de votre compte au compte de M. Georges Morel, à qui vous devez cette somme. Le compte de M. Morel est au Crédit Commercial de France.
2. Faire le dépôt des trois chèques suivants, tous tirés sur le Crédit Commercial de France, et dont vous êtes le bénéficiaire:

   350 F tirés par La Librairie «Occasions» à laquelle vous avez vendu des livres

   225 F tirés par Mme Suzuki Isobe à qui vous avez donné des leçons de français

   850 F tirés par John Ashford, étudiant américain qui loue une chambre chez vous

3. Déposer 3 529 F en espèces.

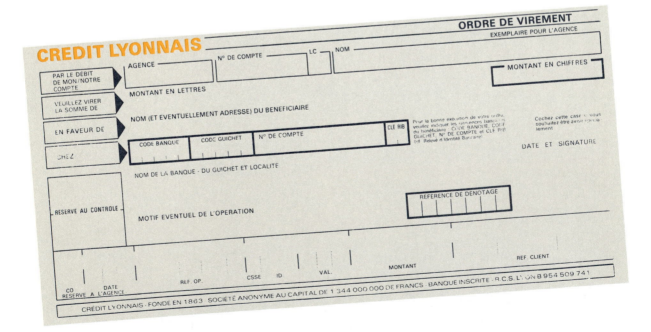

CREDIT LYONNAIS

BORDEREAU DE VERSEMENT D'ESPÈCES

VERSÉ PAR M. (Nom et Prénom)

BÉNÉFICIAIRE TITULAIRE DU COMPTE A CRÉDITER   POUR L'AGENCE

DATE	RÉF. DÉNOTAGE			AGENCE	COMPTE NUMÉRO	L.C.	NOM	

NOMBRE	PIÈCES	MONTANT	NOMBRE	BILLETS	MONTANT	REPORTS	
	20 F	,00		500 F	,00	TOTAL PIÈCES	,
	10 F	,00		200 F	,00	TOTAL BILLETS +	,
	5 F	,00		100 F	,00	SOUS-TOTAL =	,
	2 F	,00		50 F	,00	A RENDRE −	,
	1 F	,00		20 F	,00		
	1/2 F	,		10 F	,00	TOTAL DU VERSEMENT =	,
	0,20 F	,	TOTAL DES BILLETS A REPORTER		,00		
	0,10 F	,	Contrôle :			SIGNATURE DU VERSEUR :	
	0,05 F	,					
TOTAL DES PIÈCES A REPORTER		,					

CO	DATE	RÉF. OP.	CSSE	ID.	VAL.	MONTANT	RÉF. CLIENT

RÉSERVÉ A L'AGENCE

CRÉDIT LYONNAIS - FONDÉ EN 1863 - SOCIÉTÉ ANONYME AU CAPITAL DE 1 344 000 000 DE FRANCS - BANQUE INSCRITE - RCS LYON B 954 509 741

CREDIT LYONNAIS

ORDRE DE VIREMENT

EXEMPLAIRE POUR L'AGENCE

AGENCE   N° DE COMPTE   LC   NOM

MONTANT EN CHIFFRES

PAR LE DÉBIT DE MON/NOTRE COMPTE

MONTANT EN LETTRES

VEUILLEZ VIRER LA SOMME DE

NOM (ET EVENTUELLEMENT ADRESSE) DU BENEFICIAIRE

EN FAVEUR DE

Pour la bonne exécution de votre ordre, veuillez indiquer les références bancaires du bénéficiaire : CODE BANQUE, CODE GUICHET, N° DE COMPTE et CLÉ RIB (cf. Relevé d'Identité Bancaire)

Cochez cette case si vous souhaitez être avisé spécialement

CODE BANQUE	CODE GUICHET	N° DE COMPTE	CLÉ RIB

CHEZ

DATE ET SIGNATURE

NOM DE LA BANQUE - DU GUICHET ET LOCALITE

RÉSERVE AU CONTROLE

MOTIF EVENTUEL DE L'OPERATION

REFERENCE DE DENOTAGE

CO	DATE	REF. OP.	CSSE	ID	VAL.	MONTANT	REF. CLIENT

RÉSERVE A L'AGENCE

CRÉDIT LYONNAIS - FONDÉ EN 1863 - SOCIÉTÉ ANONYME AU CAPITAL DE 1 344 000 000 DE FRANCS - BANQUE INSCRITE - R.C.S. LYON B 954 509 741

Du kiosque

La télévision par satellite

Parmi les médias modernes, c'est sûrement la télévision qui exerce la plus grande influence sur notre vie. Présent dans presque tous les foyers (*homes*), le poste de télévision est devenu le premier fournisseur (*provider*) d'informations, de distractions (*entertainment*) et de culture. La télévision française — monopole d'État pendant des décennies (*decades*) et ouverte seulement dans les dernières années à trois chaînes privées — est très différente de la télévision américaine. Auparavant (*Previously*) le téléspectateur français ne connaissait que les programmes produits ou présentés par le gouvernement. Mais, grâce à (*thanks to*) des innovations technologiques, tout cela est sur le point de changer radicalement. Cet article tiré de *L'Express* vous donnera une idée de l'avenir de la télévision en France.

Captez 16 nouvelles chaînes

Pour son cinquantième anniversaire, la télévision abolit les frontières.

Un regard en Allemagne, un zeste d'Italie, les news en direct des Etats-Unis… Voici ce que nous pouvons d'ores et déjà voir sur nos téléviseurs. A condition de disposer d'un équipement, de moins en moins cher, pour accéder aux satellites. L'Express Aujourd'hui vous en donne les clés.

Par Gilbert Charles

Ce qui a changé ? Les progrès des enfants en langues vivantes : deux heures par jour devant des émissions anglaises et allemandes, ça les a bien dégourdis ! Chez Marc Chamelet, un ingénieur de la région parisienne, la télévision fonctionne depuis plus d'un an à l'heure européenne. Sur la pelouse du jardin, deux antennes pointées vers le ciel captent, en direct, dix-huit programmes transmis via satellite depuis les quatre coins du continent. S'y ajoutent, bien sûr, les six chaînes françaises, déjà reçues par les voies traditionnelles. De quoi être pris de vertige en manipulant la télécommande. Touche 7 (chaîne suisse Téléclub) : un film d'aventures en allemande ; touche 8 (la Rai) : des recettes de cuisine en italien ; touche 9 (Ghorizon) : un champion soviétique donne, en russe, un cours d'échecs ; touche 10 (C.n.n.) : en direct des Etats-Unis, un animateur présente le dernier modèle de la gamme Chrysler ; touche 11 (Sky Channel — chaîne britannique) : des variétés anglaises… Et ainsi de suite, jusqu'à la touche 24 !

Une minorité de branchés

Quelques milliers de Français captent déjà ce maelström d'images polyglottes. Soit parce qu'ils ont investi, comme les Chamelet, dans une installation satellite, complexe et onéreuse, environ 30 000 Francs ; soit parce qu'ils sont raccordés à un réseau de télévision par câble — une minorité de branchés en France. Ce privilège, pour l'instant réservé à quelques happy few, sera bientôt le lot de plusieurs millions de foyers. Car une nouvelle génération de satellites sera lancée à partir de l'an prochain : leurs émissions — doublées en plusieurs langues, avec un son hi-fi stéréo — pourront être reçues à l'aide d'antennes miniatures coûtant moins de 8 000 Francs ! Et ce n'est pas tout. On pourra bientôt disposer d'écrans haute définition, plus larges et surtout plus nets que nos bons vieux récepteurs actuels : leurs images auront la précision du cinéma 35 mm !

Images sans frontières

Pendant des décennies, des téléviseurs ne connaissent qu'une sorte d'émissions : celles du pays dans lequel ils fonctionnent, la portée limitée des émetteurs ne permettant pas de recevoir celles des voisins européens. C'est alors que les satellites sont arrivés, pour ouvrir un nouveau chapitre de cette petite histoire : celui des images sans visa. Placés sur l'orbite géostationnaire à 36 000 km d'altitude, ils tournent à la même vitesse que la Terre et paraissent donc immobiles au-dessus d'une même région. Plus de zones d'ombre : les images qu'ils retransmettent ne sont gênées par aucun obstacle naturel (montagne, forêt, immeubles...) et, surtout, se moquent des frontières. Car les émetteurs de l'espace peuvent couvrir d'immenses territoires, voire un continent tout entier.

Aujourd'hui, la vogue des grandes soucoupes blanches se répand dans les quartiers chics de toutes les grandes villes françaises, de Marseille à Dunkerque. « Nous en vendons une quinzaine par mois, précise Jean Nataf, directeur d'un magasin spécialisé à Paris. Pour l'instant, les gens ne sont pas encore très au courant. Ça marche par le bouche-à-oreille... » Des rayons « satellite » s'ouvrent un peu partout chez les revendeurs de matériel télé-vidéo, et même dans certains supermarchés, où les antennes se déploient au milieu des caddies !

VOCABULAIRE

l'**animateur** *m.* announcer, master of ceremonies
brancher to plug in, hook up
le **caddie** shopping cart
capter to receive, pick up (*broadcast*)
la **chaîne** channel
la **décennie** decade
dégourdir to sharpen (someone's) wits
se déployer to open, be spread out
doubler to dub
les **échecs** *m. pl.* chess
l'**émetteur** *m.* transmitter
l'**émission** *f.* broadcast
environ approximately

la **gamme** product line
gêner to hinder, bother, hamper
géostationnaire in a fixed position above the earth
lancer to launch
les **langues vivantes** *f. pl.* modern languages
le **millier** about a thousand
net clear
onéreux costly
la **pelouse** lawn
pointer to point
la **portée** range
préciser to specify
la **quinzaine** about fifteen
raccorder to hook up
le **rayon** department, section

se répandre to spread
le **réseau** network
le **revendeur** retailer
la **soucoupe** saucer
la **télécommande** remote control
le **téléviseur** TV set
les **variétés** *f. pl.* variety show
la **voie** path, track, way
voire even
le **zeste** slice of orange or lemon peel; (*here*) slice, piece

EXPRESSIONS

à condition de (+ *inf.*) with the condition that you (+ *verb*)

à l'heure européenne in tune with Europe
s'ajouter à to be added to
au courant aware
de moins en moins (+ *adj.*) less and less
de quoi (+ *inf.*) there's reason to
d'ores et déjà from now on
en direct broadcast live
et ainsi de suite and so on
être pris de vertige to get dizzy
se moquer de not to care about
par le bouche-à-oreille by word of mouth
pour l'instant for the moment
tout entier entire

Pour la compréhension du texte

1. Comment était la télévision en France jusqu'à maintenant?
2. Quel changement est-ce que la télévision par satellite apportera à la France?
3. Pourquoi est-ce que la télévision par satellite pourra se répandre maintenant dans des millions de foyers?
4. Que signifient les soucoupes blanches que l'on voit dans les quartiers chics des villes françaises?
5. Comment la transmission par satellite fonctionne-t-elle?

Vocabulaire

This Vocabulary contains all the words and expressions that appear in *En réalité* except for easily recognized cognates and items generally familiar to pre-intermediate French students. Nouns referring to persons are listed (where appropriate) in both the masculine and feminine form. Irregular noun plurals are given in parentheses. Adjectives are listed in the masculine form, and irregular feminine forms are given in parentheses. Verbs are listed in the infinitive form. Some irregular verb forms are listed separately.

The following abbreviations are used (both here and in the vocabulary sections of the text):

adj.	adjective	*intrans.*	intransitive
adv.	adverb	*lit.*	literally
angl.	anglicism	*m.*	masculine
approx.	approximately	*p. part.*	past participle
chem.	chemistry	*pl.*	plural
coll.	colloquial	*pres.*	present
conj.	conjunction; conjugated	*pres. part.*	present participle
f.	feminine	*pron.*	pronounced
ind. obj.	indirect object	*trans.*	transitive
inf.	infinitive		

A

à to, at, by, with
  à + noun + de + inf. it's up to X to (**Aux boulangers de le faire.** It's up to the bakers to do it.)
  à l'américaine American style
  à la semaine by the week
  à lui tout seul all by itself
  à utiliser to be used
  à vous yours
  la salade aux lardons salad with bacon bits
abaisser to lower
s'abattre sur to befall
abolir to abolish
abonder to abound, be abundant
l'abonnement *m.* subscription
s'abonner to subscribe
abordable reasonable
aboyer to bark
abri: à l'abri de safe from
s'absenter to be away

absolu absolute
l'abus *m.* abuse
abuser to abuse
  abuser de quelque chose to misuse something
  abuser du tabac to indulge in smoking
accabler to overwhelm, oppress
accéder à (+ *noun*) to access, have access to
  accéder au quai to walk (step) onto the platform
accélérer to accelerate (*trans.*)
  s'accélérer to accelerate (*intrans.*)
l'accident *m.* accident
  accident de la route traffic accident
accolé hugging, right next to
accompagné de accompanied by
accomplir to accomplish, perform, fulfill

accorder to grant, award
  s'accorder mal à to be in disharmony (out of sync) with
l'accotement *m.* shoulder (*road*)
l'accroissement *m.* increase
s'accroître to increase
accru (*p. part. of* **accroître**) increased
l'accueil *m.* welcome, hospitality
accueillir to welcome, receive, take on
s'accumuler to pile up
l'achat *m.* purchase
achever to complete
acidulé slightly fruity
l'acoustique *f.* acoustics, science of sound
acquérir to acquire
actif (**active**) working, employed
l'activité *f.* activity, activities, movement; employment
  mener des activités to lead (conduct) activities

l'**actualité** f. current news
actuel (**actuelle**) current
actuellement at present
l'**adaptation** f. adjustment
adapter to adapt
l'**adepte** m. member
l'**adhésion** f. membership
l'**administration** f. government office
  administration des entreprises business administration
adorer love
s'adresser à to apply to; to speak (*turn*) to; to inquire at
l'**adversaire** m. adversary, enemy
s'affadir to lose its taste
l'**affaire** f. bargain
  Ça fait mon affaire. It's just what I need.
  les affaires business
afficher to post
affréter to charter
affreux (**affreuse**) horrible
affronter to face
âgé elderly
  âgé de (+ *number of years*) (years) old
agencé arranged, put together
l'**agent** m. policeman (policewoman)
l'**aggravation** f. increase (*in punishment*)
agir to act
s'agir to be about
  dans ce film il s'agit de this film is about
l'**agneau** m. lamb
  agneau velours plush lamb's wool
  agneau voilé type of lambskin
agréable pleasant
l'**agression** f. attack
agricole agricultural
l'**aide** f. help
  à l'aide de with the help of
  aide au placement assistance in finding a job
  aide familiale mother's (household) helper
aider: s'aider de (+ *noun*) to avail oneself (make use) of
l'**aiguillette** f. slice(s)
ailleurs elsewhere

ainsi thus, so
  ainsi que as well as
  c'est ainsi que thus
  et ainsi de suite and so on
l'**air** m. tune
ajouter to add
  s'ajouter à to be added to
l'**alcoolémie** f. alcohol in the blood
alcoolisé alcoholic (*of drinks*)
l'**alcootest** m. *device for measuring the alcohol content of the blood via a breath test*
alentours: aux alentours de in the environs (vicinity) of
Alger Algiers
l'**aliment** m. food(stuff)
alimentaire food (*adj.*), dietary
l'**alimentation** f. diet (*food intake*)
alléchant tempting, enticing
l'**allée** f. walk, path
aller to go
  aller au charbon to exert oneself, work tirelessly (*slang*)
  aller bien à quelqu'un to look good on someone (*of clothing*)
  aller bon train to go at a good pace
  aller se rhabiller to try something else (*slang*)
allongé long
allumer to light; to turn on
  allumer le poste to turn on the set
l'**allure** f. pace
l'**alphabétisation** f. literacy
l'**alpiniste** m. or f. mountain climber
altérer to alter, change
alvéolé having small holes
l'**amant** m. lover
l'**amateur** m. enthusiast, person fond (of something)
l'**ambassade** f. embassy
l'**ambiance** f. environment
l'**amélioration** f. improvement
améliorer to improve
l'**aménagement** m. outfitting, equipping, fixing up, preparation

aménager to outfit, equip, fix up
l'**amende** f. fine (*penalty*)
amener to lead
  amener quelqu'un à faire quelque chose to lead someone to do something
amer (**amère**) bitter
l'**amitié** f. friendship
analogue similar
l'**ancêtre** m. or f. ancestor
ancien (**ancienne**) old, ancient; former
anesthésique anesthetic, pain-killing
l'**angle** m. corner of the street
l'**animateur** (**de spectacles**) m. master of ceremonies
l'**animation** f. leading a group, leadership; organized activity
animer to lead a group
annexe: en annexe de camping as an adjunct to a campground
l'**anniversaire** m. birthday
l'**annuaire** m. telephone directory, phone book
  Annuaire Électronique Electronic Telephone Directory
l'**annulation** f. cancellation
anormal abnormal
antillais West Indian
l'**apéritif** m. before-dinner drink
apicole pertaining to beekeeping
l'**apiculteur** m. beekeeper
apparaître to appear
l'**appareil** m. apparatus; system (*of the body*)
apparenté related
apparition: faire son apparition to make one's appearance
l'**appel** m. call
  faire appel à to call on, resort to
l'**appellation** f. designation, appellation
  appellation (**d'origine**) **contrôlée** *highest-quality French wines*
appétissant appetizing

apporter to bring
    apporter tous les avantages de to have all the advantages of
apprécier to esteem, value; to enjoy, savor
apprendre to teach; to learn
l'**apprentissage** *m.* learning (period)
l'**approche** *f.* approach
s'**approcher (de)** to approach, come (go) near
l'**approfondissement** *m.* deepening
l'**approvisionnement** *m.* supplying
appuyer to push, press
    appuyer sur (une touche) to press (a key)
l'**arbitre** *m.* referee
arbitrer to referee
l'**arche** *f.* ark, chest
l'**argent** *m.* money
    déposer (retirer) de l'argent to deposit (withdraw) money
s'**arranger** to be settled (*of a matter*)
l'**arrêt** *m.* stop(ping)
arrêter to stop
    s'**arrêter de** (+ *inf.*) to stop (*doing something*)
arrière: en arrière back (*adv.*)
l'**arrivée** *f.* arrival
    à l'arrivée when you arrive
    arriver à (+ *inf.*) to succeed in, manage (be able) to
l'**arrondissement** *m.* *administrative division of Paris*
arroser to water; to drink to
l'**arthrose** *f.* (degenerative) arthritis
artisanal handmade, made according to old-fashioned techniques
l'**artiste** *m. or f.* performer
les **ascendants** *m. pl.* parents (*formal language*)
l'**aspect** *m.* look, appearance
assimiler to assimilate, learn thoroughly
l'**assistant** *m.* (l'**assistante** *f.*) assistant
assister à to attend
associatif (associative) social; group (*adj.*)

associer to associate; to combine
assourdir to deafen
l'**assurance** *f.* insurance
assurer to guarantee; to take care of; to insure
    assurer un service to provide a service
l'**asthme** *m.* asthma
atchoum! atchoo! (*sneeze*)
l'**atelier** *m.* workshop
    atelier de chaudronnerie boiler factory
atteindre to reach
atteint stricken, suffering
    atteint de victim of
attendre to wait (for)
l'**attente** *f.* wait, waiting
    dans l'attente de while waiting for
attentif (attentive) attentive
attention: avec attention carefully
    Attention! Look (Watch) out!
    Attention à la bicyclette (au train)! Look out for the bicycle (the train)!
attirer to attract
l'**attrait** *m.* attraction
attraper to catch
attribuer to assign, confer
    attribuer un numéro à quelqu'un to assign a number to someone
au-delà de beyond, over
l'**augmentation** *f.* increase
augmenter to increase
auparavant previously
auprès de with, at, to
aussi (*beginning a sentence*) therefore, so
    aussi bien que as well as
autant de as much
    autant . . . que as much . . . as
    d'autant plus + *adj.* + **que** all the more (*adj.*) because
l'**autocar** *m.* (*also* le **car**) intercity bus
l'**autocollant** *m.* sticker
l'**automobiliste** *m. or f.* motorist
autoriser to authorize
l'**autoroute** *f.* superhighway
autour de around

l'**auxiliaire** *m. or f.* helper
avaler to swallow; to inhale (*smoke*)
avancer to bring up (in a discussion)
avant before (*time*)
    avant votre départ before you leave
l'**avenir** *m.* future
s'**avérer** to prove itself
avertir to warn
l'**avertissement** *m.* warning
aveugle blind
l'**avion de tourisme** *m.* private plane
l'**avis** *m.* consultation, advice; notice
    à (mon) avis in (my) opinion
    cet avis tient lieu de faire-part please accept this as the only notification
aviser to inform, notify
    aviser quelqu'un de quelque chose to inform someone about something
l'**avocat** *m.* avocado
avoir to have
    avoir à (+ *inf.*) to have to
    avoir lieu to take place
    Vous n'avez qu'à choisir. All you have to do is choose.
avouer to admit, confess
    s'**avouer** (+ *adj.*) to admit to being (*adj.*)
axer to build, develop
ayant (*pres. part. of* **avoir**) having

B

le **bac** *abbreviation of* **baccalauréat** (*coll.*)
le **baccalauréat** *French secondary school diploma*
la **baguette** long, thin bread
le **baladeur** personal stereo ("Walkman")
le **ballon** *colloquial name for the breathalyzer test apparatus*
banal trivial, common
bancaire bank, banking (*adj.*)
la **bande** band, strip
    bande cyclable bicycle lane

bande dessinée comic strip
bande (magnétique) (recording) tape
la **banlieue** suburb
la **banque** bank, banking
banque à domicile banking at home
le **baptême** baptism
les **bas** *m. pl.* stockings
la **base** basis
de base basic
bâtir to build
le **bâton** staff, stick
le **battement de coeur** heart-beat
bavarder to chat
baver: en baver to sweat blood
le (la) **bénéficiaire** payee
bénéficier (de) to benefit (from)
bénéficier de quelque chose to have the advantage of something
les **béquilles** *f. pl.* crutches
le **besoin** need
bête silly
beurré buttered
le **biais** slant
le **bien-être** well-being
la **bière** beer
la **biguine** beguine (*West Indian dance*)
biologique biological; organic
bis repeat (*computer key*)
le **bistro** (*also* **bistrot**) neighborhood restaurant
le **blanc** white (breast) meat
le **blouson** windbreaker
boire to drink
boire sucré to drink sugared drinks
le **bois** wood
boisé wooded, covered with forests
boiser to cover with trees
la **boisson** drink
la **boîte de vitesse** transmission (*car*)
boîteux (boîteuse) lame, limping
bon (bonne) good
Bon courage! Keep your chin up!
Bonnes vacances! Have a nice vacation!

le **bonheur** happiness
le **bord** bank (*of a river*); hem
au bord de la route at the side of the road
bordelaise (à la) in a red-wine sauce (*in the style of Bordeaux, city southwest of Paris*)
le **bordereau** bank slip
la **bordure** edge
la **botte** boot
bouché: avoir le nez bouché to have a stuffed nose
la **bouchée** mouthful
le **bouchon** traffic jam
la **bouclette** bouclé fabric (*nubby, rough-textured*)
le **bouillon** broth
le **boulanger** (la **boulangère**) baker
la **boulangerie** bakery
la **bourse** scholarship
bousculer to shake up
le **bout** end, tip, point
au bout de at the end of, after
au bout du fil on the line
la **boutique** shop, store
le **bouton** button
le **box** cubicle, separate room
la **boxe** boxing
brancher to hook up, plug in (*electronics*)
bras: les bras vous en tombent you are very surprised (shocked)
la **brasse** breaststroke
brasse papillon butterfly stroke
la **brasserie** restaurant serving informal meals (*lit.* beerhouse)
bref (brève) brief, short
le **brevet** patent, certificate, diploma
la **brioche** *French roll made with butter and eggs*
la **brochette** skewer
broncho-pulmonaire pertaining to the bronchia and lungs
bronzer to tan
bruire to rustle, hum, buzz (*of plants and animals*)
le **bruit** noise
brûlé burned
bruyant noisy
le **bulletin d'enneigement** snow report

le **bureau** desk; office
bureau de dessin mechanical-drawing office
bureau d'étude research unit
la **bureautique** office automation
le **but** goal
dans ce but to this end

C

le **cabinet** professional office
les **cabinets** *m. pl.* rest room, toilet
la **cacahouète** (*also* **cacahuète**) peanut
le **cachemire** cashmere
le **caddie** shopping cart
cadeau: faire un petit cadeau à quelqu'un to give someone a small gift
le **cadre** framework, scope; décor, setting
le **caillou** (*pl.* **cailloux**) small to medium-sized stone
la **caisse** savings bank
le **caissier** (la **caissière**) teller, cashier
le **calcul** calculation, figuring, arithmetic
le **caleçon** undershorts
calmer to calm, soothe
calmer la toux to soothe one's cough
la **caméra** movie camera
le **camion** truck
la **campagne** campaign; countryside
en rase campagne in open country
le **canard** duck
cancérigène carcinogenic
la **cancérisation** development of cancer
la **canicule** dog days, hot summer weather
cantonal pertaining to a **canton** (*administrative division of Switzerland*)
caoutchouteux (caoutchouteuse) rubbery
la **capacité** capacity, ability
les **capacités** abilities
capter to receive, pick up (*TV station, etc.*)
le **car** intercity bus

le **caractère** nature (*of person*)
la **caravane** trailer
  cardiaque heart (*adj.*)
le (la) **cardiologue** cardiologist (*heart specialist*)
  cardio-vasculaire cardiovascular
le **carnet** notices section (*newspaper*)
la **carrière** career
la **carte commerciale** business card
le **cas** case
  dans ce dernier cas in the latter case
  en aucun cas in no case
  en cas de in case of
  le cas échéant if need be
la **case** cabin, hut
le **casque** helmet
la **casquette** cap
le **casse-cou** daredevil
  casser to break
  casser la croûte to have a simple meal (bite), eat
  casser les oreilles à quelqu'un to make someone deaf (*lit.* to break someone's ears [eardrums])
  cause: en cause involved, concerned
la **causerie** chat, talk
la **caution** deposit
la **cave** wine cellar; selection of wines; nightclub
le **caveau familial** family vault, crypt
la **cavité bucale** mouth, oral cavity
  céder to give up, yield, hand over
  céder le passage to yield (*traffic*)
la **ceinture de sécurité** safety (seat) belt
la **cellule de base** nucleus, basic component
  celui-ci (celle-ci) the latter
le **centenaire** hundred-year-old person
  central centrally located
le **centre** center
  centre commercial shopping center
  centre nerveux nerve center
  cependant however
le **cerfeuil** chervil (*herb*)

  certain (*before noun*) (a) certain; (*after noun*) definite
  certains certain (some) people
  cesser to cease, stop
  cesser de (+ *inf.*) to stop (*doing something*)
  chacun(e) each one
le **chagrin** sorrow
la **chaîne** chain; channel
  chaîne hi-fi hi-fi system
  chaîne montagneuse mountain range
le **chalet** cottage
la **chaleur** heat
le **championnat** championship
  chanter to sing
  chanter la France to sing about France
la **chanteuse** female singer
le **chantier de construction** construction site
la **charcuterie** sausage (pork) products, cold cuts
  charge: rester à la charge de to remain the responsibility of
  chargé loaded down
  chargé de in charge of, responsible for
  se charger de to take care of; to be responsible for
la **charte** charter agreement
le **chaudron** caldron
le **chauffage** heating
la **chaussée** roadway
les **chaussettes** *f. pl.* socks
les **chaussures** *f. pl.* shoes
le **chef** chief, leader
  chef-d'oeuvre masterpiece
  chef d'orchestre conductor
  chef-lieu administrative center of a **département**
le **chemin** road, way
  chemin de fer railroad
le **chemisier** blouse
le **chêne** oak
le **chèque** check
le **chéquier** checkbook
le **chercheur** (la **chercheuse**) researcher
  cheval: monter à cheval to ride horseback, go horseback riding
le **chevalier** knight

  chez at the home (office, etc.) of
  chez soi at (one's) home
le **chiffre** number, figure
la **chimie** chemistry
  chimique chemical
les **chips** *m. pl.* potato chips
  choc: la formule «choc» a striking slogan
le **choix** choice
  au choix as you choose, chosen by you
le **chômage** unemployment
le **chômeur** (la **chômeuse**) unemployed person
la **choucroute** sauerkraut
  chouette swell, great, terrific (*coll.*)
la **chromothérapie** *medical theory based on the use of colors to treat illnesses*
  Chut! Sh!
  ci here
  ci-après (ci-dessous) below (*in a text*)
la **ciboulette** chives
le **cil** cilium
le **cinéma** movies, movie theater
  cinéma d'art et d'essai art movie theater
  cinéma de route drive-in (*rare in France*)
la **cinémathèque** film library
le **cinéphile** movie buff
le **circuit** tour
la **circulation** traffic
  circuler to travel, drive around
  citer to cite, quote, mention
le **citoyen** (la **citoyenne**) citizen
la **citoyenneté** citizenship
le **citron pressé** lemonade
la **classe** class, classroom
  classe d'éveil learning readiness class
  classe terminale last year of lycée
  classes préparatoires *f. pl. special secondary school classes that prepare students for competitive national examinations*
le **clavier** keyboard
la **clé** key
le **client** (la **cliente**) client, customer

la **clientèle privée** individual customers

le **clignotant** directional signal, blinker (*car*)

la **climatisation** air conditioning

climatisé air-conditioned

le **cocktail** cocktail party

la **cocotte** ramekin, baking dish

le **code de la route** rules of the road, traffic laws, driving regulations

le **coeur** heart

avoir le coeur qui bat to feel one's heart beating

le **coffret-repas** boxed lunch (dinner)

le **coin** corner

coin boutique shopping corner

le **col** collar

la **collaboration** cooperation

la **collation d'un titre universitaire** graduation

collectif (collective) collective, group (*adj.*)

le **collège** middle school

le **colloque** symposium

la **colonne vertébrale** spinal column

combattre to fight

le **combiné** receiver (*phone*)

combler to fill

combler les retards to make up for delays

le **comédien (la comédienne)** actor (actress) (*not necessarily comic*)

le **comité d'entreprise** worker-management board of a company

commande: faire une commande to place an order

commander to order

commanditer to sponsor

comme as, like; since

comme c'est le cas as is the case

comme il faut as one (you, *etc.*) should

commencer: à commencer par starting with

le **commerce** business, store

le **commis de cuisine** kitchen helper

commode convenient

la **commodité** convenience

communautaire community (*adj.*)

la **communauté** community

la **commune rurale** community

communiquer to communicate

le **compagnon de course** running companion

complémentaire à additional

complété completed

complété par supplemented (rounded out) by

compliqué complicated

le **comportement** behavior

comporter to make up, compose; to include

le **composant (la composante)** component

composé mixed

composer to compose; to dial (*phone number*)

le **compositeur (la compositrice)** composer

la **composition** ingredients

composter to validate (*a ticket*)

le **composteur** machine that validates tickets

comprendre to include

le **comprimé** tablet (*medicine*)

compris (*p. part.* of **comprendre**) included

le **compte** account

compte courant checking account

compte d'épargne savings account

compte en banque bank account

compte rendu (oral) report

créditer (débiter) un compte to credit (debit) an account

mon (votre) compte est à découvert my (your) account is overdrawn

prendre en compte to take into account

compter to count; to expect

à compter de starting from

compter faire quelque chose to intend (plan) to do something

le **comptoir de café** café counter

le **concentré de vitamines** vitamin concentrate

concerné involved

le **concours** competitive examination; contest

conçu (*p. part.* of **concevoir**) conceived, developed

conçu à leur intention thought out with them in mind

concurrencer to compete with

concurrencé par in competition with

condition: à condition de (+ *inf.*) with the condition that you (+ *verb*)

les **conditions** *f. pl.* requirements; price

conditions d'existence living conditions

le **conducteur (la conductrice)** driver

conduire to drive

la **conduite** driving; behavior

la **confession** religion

confessionnel (confessionnelle) religious, parochial

confidentialité: en toute confidentialité in complete confidentiality

la **confiserie** candy

confit preserved (*often in fat*)

la **confiture** preserves, jam

confort: pour votre plus grand confort for your maximum comfort

les **congés payés** *m. pl.* paid vacation

le **conjoint (la conjointe)** mate

conjointement jointly

la **connaissance** acquaintance

les **connaissances** knowledge

la **conquête** conquest

consacrer to dedicate, devote

conscience: prendre conscience to become aware

le **conseil** piece of advice; council

conseil d'administration school council

conseillé de advisable to

conseiller to advise

le **conseiller (la conseillère)** counselor

conseiller d'orientation guidance counselor

le **conservateur** preservative; warden

la **conservation** preservation, staying fresh

la **conserve** can

  en conserve canned

  conserver to keep; (*here*) to keep you looking young

le **consistoire** church district (*of the Protestant church*)

le **consommateur** (la **consommatrice**) consumer

la **consommation** consumption, intake

  consommer to consume (*to eat, drink, smoke, etc.*)

  constamment constantly, continuously

le **constat** official statement

la **constatation** finding

  constituer to form, create, present

  construire to build

  consulter to consult

  contact: au contact de (*here*) right next to

  contenir to contain

  contraignant demanding

  contre against

    contre vents et marées in spite of all obstacles, against all odds

  contribuer à (+ *inf.*) to play a part in

  contrôlable verifiable

  contrôle: sous contrôle de under the supervision of

  (se) contrôler to check (oneself)

  convaincre to convince

  convenable appropriate

  convenir to fit (*be appropriate*), be suitable

  coordonner to coordinate

la **cordée** roped party of mountain climbers

  coronaire coronary, heart (*adj.*)

  correspondant corresponding

    correspondant à (*here*) used in

le **correspondant** (la **correspondante**) person you are talking to on the phone

  correspondre à to match, correspond to

le **corrigé** answer key

  corriger to correct

le **costume** suit

la **côte** ribbing

le **coton** cotton

  couchage: le sac de couchage sleeping bag

  se coucher to go to bed

la **couleur** color

  en couleurs (in) color

le **coulis** broth

le **coup** blow

  coup de main helping hand

  coup de téléphone phone call

la **coupe** cutting

  à la coupe when you cut it

  couper to cut (off)

    à couper le souffle that can take your breath away, breathtaking

    Ne coupez pas. Hold on. (*on phone*)

  couramment commonly

  courant fluent

le **courant** current

  au courant aware

la **courbature** ache

le **cours** course (*of study*)

  au cours de in the course of, during

  en cours de during

la **course** running, race

le **coût** cost

  couver to incubate; to be getting (*an illness*)

  couvrir to cover

  craindre to fear

le **craquement** cracking, squeaking (*shoes*)

  craquer to crack; (*here*) to give way

la **crèche** day-care center for children aged 2 months to 3 years

  créer to create

    qui crée(nt) une habitude habit-forming

la **crémerie** dairy; cheeses

  crier (à tue-tête) to shout *or* scream (*one's head off*)

  crise: en crise in a slump

le **critère** standard

  critique critical

  croisé double-breasted

la **croissance** growth

  croissant growing

  croître to grow

le **crottin de chavignol** *type of goat cheese*

  croustillant crunchy, crisp

  croustiller to be crunchy (crisp)

la **croyance** belief

  croyant religious, observant

  cru raw

le **cru** special (type of) wine

le **cuir** leather

la **cuisine** cooking; kitchen

  cuisine plaisir cooking for pleasure

  cuit (*p. part.* of **cuire**) baked, cooked

le **culte** religion

  cultiver to grow (*trans.*)

la **culture** growing, farming, cultivation

  curatif (**curative**) curative

  cure: faire une cure to go for (medical) treatment

le **cyclomoteur** moped, motorbike

D

  d'abord first

la **dactylo** typist

  d'ailleurs moreover, besides

  dallé paved with flagstones (**la dalle**)

les **dames** *f. pl.* checkers

  d'après according to

    d'après (moi) in (my) opinion

  dater (de) to date (from)

    à dater du (+ *date*) starting

  de of, from, about

    de moins en moins (+ *adj.*) less and less

    de plus en plus more and more

    de quoi (+ *inf.*) there's reason to

    de trop too many

  débarquer to disembark, land

    débarquer à 3 ou à 4 to arrive by threes or fours

le **débouché** job opportunity

  déboucher sur to lead to

  debout standing

le **début** beginning
  début professionel start of one's career
  les débuts first signs
la **décennie** decade
le **décès** death, passing (away)
le **déchirement** loss
  décider to decide
  décider de (+ *inf.*) to decide to
  se décider to make up one's mind
la **décision** *f.* decision making
  découper to cut up
la **découverte** discovery
  découvrir to discover
  décréter to decree, affirm
  décrocher to pick up (*the receiver*)
  déçu (*p. part. of* **décevoir**) disappointed
la **déesse** goddess
  défavorisé disadvantaged, underprivileged
  se défendre to defend oneself
  défendu forbidden
le **défunt** (la **défunte**) the deceased
  dégager to clear; to release, emit
  dégager le nez clear the nose
  se dégager to be let off (emitted) (*aroma*)
les **dégâts** *m. pl.* damage
  dégourdir to sharpen (someone's) wits
  degré: du premier degré first-level
la **dégustation** tasting
  déguster to taste; to try; to eat
le **délaissement** friendlessness; neglect
le **délégué** (la **déléguée**) delegate
  délicat delicate; fastidious, fussy
le **délit** offense
  délivrer to dispense, furnish; to issue
  demeurer to dwell; to remain
  demeurer à la disposition de quelqu'un to be (always) available to someone
la **demi-journée** half day

la **demi-pension** room and half board (*one meal: lunch or dinner*)
  démontrer to demonstrate
  dénombrer to count, enumerate
  dénué de having no, without any
le **dénuement** poverty, destitution
le **dépannage** general repairs
le **départ** departure
  au départ at the outset
le **département** *administrative division of France*
  départemental pertaining to a **département**
le **dépassement** passing (*car*)
  dépasser to pass (*car*)
la **dépense physique** physical exertion
  se dépenser to exert oneself
le **déplacement** traveling, getting around
  déplaire to displease; to dislike
  il ne lui déplaît pas de (+ *inf.*) it doesn't mind (*doing something*)
le **dépliant** folder
  se déployer to open, be spread out
  déposer to deposit (*money*)
  dépôt: faire un dépôt to make a deposit
  dépourvu de devoid of, having no
  dépressif (**dépressive**) depressive, often depressed
  depuis since (then)
  depuis plus d'un an more than one year ago
  depuis près d'un demi-siècle for almost half a century
  depuis toujours (+ *pres. tense*) has always been
  déranger to bother, disturb
  dès from, starting with
  dès le petit matin starting in the early hours of the morning
  dès maintenant right now
  désagréable unpleasant
  descendre to go down, descend
  descendre dans un hôtel to stay at a hotel

  descendre du train to get off the train
le **déséquilibre** imbalance
la **désertification** expansion (spreading) of the desert
  désespérément desperately
  désireux (**désireuse**) **de** desiring (who wants) to
  désolé terribly sorry
  désormais henceforth; from that moment on
  desservir to serve, stop at (*train, plane, bus*)
le **dessin** drawing, cartoon
  dessins animés cartoons (*film*)
  destiné à intended for
le **détail** detail; retail
  détendre to relax (*something*)
  déterminé specific
  détourner to turn away
  se détourner de quelque chose to turn away from something
  détruit (*p. part. of* **détruire**) destroyed
  devenir to become
le **devis** estimate
la **devise** slogan
le **devoir** duty
  les devoirs homework
le **diagnostic** diagnosis
le **didacticiel** educational software
la **diététique** diet
  Dieu God
  différence: à la différence de unlike
la **difficulté** difficulty
  avoir des difficultés à faire quelque chose to have difficulty (in) doing something
  en difficulté who have problems
le **digestif** after-dinner drink
  dijonnaise (**à la**) in a mustard sauce (*in the style of Dijon, city southeast of Paris*)
  diminuer to decrease
la **diminution** impairment, lessening
le **diplôme** diploma
  diplôme d'éducateur de jeunes enfants *early-childhood education degree*
  diplôme d'état *nationally recognized degree*

le **diplômé** (la **diplômée**) graduate

dire to say, tell

c'est-à-dire that is (to say)

dire (+ *ind. obj., usually with* **ça** *as subject*) to be appealing to (**Ça te dit?** Do you like the idea? **Ça ne me dit rien./Ça ne me dit pas grand'-chose.** I don't find that at all appealing.)

Dis donc! Hey you! (*coll., impatient*)

direct: en direct firsthand, on the job; broadcast live

la **direction** management, administration; steering

direction assistée power steering

dirigé guided

diriger to conduct (*orchestra*); to direct

se diriger vers (+ *place*) to go over to, walk toward

disponible available

disposer to arrange

disposer de quelque chose to have something at one's disposal (available)

la **disposition** availability

à votre disposition at your disposal, available to you

mettre à la disposition de quelqu'un to make available to someone

se disputer to argue

distance: à distance long-distance

distinguer to differentiate

la **distraction** diversion, entertainment

distribuer to distribute

dit (dite, dits, dites) so-called

divers various

la **documentation** literature (*informational*)

le **domaine** field, area; estate

le **domicile** home, residence

à domicile at home; to one's residence

les **DOM-TOM** *overseas departments and territories*

dominer to overlook

les **dommages** *m. pl.* damage

le **don** gift

donner to give

donner lieu à (+ *noun*) to give rise to

donner sommeil (à quel-qu'un) to make (someone) sleepy

donner un coup de fil (à quelqu'un) to phone (someone)

donner un coup de main à to lend a hand to

se donner quelque chose pour objectif to set something as a goal

s'il nous était donné de (+ *inf.*) if we could, if it were possible for us to

dont of which, whose

doré golden

d'ores et déjà from now on

le **dos** back

d'où whence

doubler to dub

la **doublure** lining

Doucement! Softly! Quietly!

la **douceur** sweetness, gentleness

en douceur gently

la **douleur** pain, grief

dresser to draw up (*a list*)

la **drogue** drug

le **drogué** (la **droguée**) drug addict

se droguer to take drugs

le **droit** right (*privilege*)

avoir le droit de faire quelque chose to have the right to do something

droit single-breasted

du moins at least

dû (due, dus, dues) à due to

dur hard, difficult

dur d'oreille hard of hearing

la **durée** length of time

E

l'**eau** *f.* water

eau gazeuse soda water

eau minérale mineral water

ébaucher to draft

éblouissant dazzling

l'**ébriété** *f.* intoxication, drunkenness

en état d'ébriété in a state of intoxication

l'**écart** *m.* gap

à l'écart de far from

s'écarter de to deviate from

l'**échantillon** *m.* sample

échapper to escape

échapper à (+ *noun*) to escape, avoid

l'**écharpe** *f.* scarf

s'échauffer to warm up

l'**échec** *m.* failure

les échecs chess

l'**échelle** *f.* ladder; scale

sur une vaste échelle large-scale

l'**éclairagiste** *m.* lighting engineer

l'**éclaircissement** *m.* clarification(s)

éclairé enlightened

l'**école maternelle** *f.* nursery school

économiser to save money (*pay less than expected*)

l'**écoute** *f.* listening

à l'écoute de listening for

l'**écran** *m.* screen

à l'écran on the screen

l'**écrevisse** *f.* crayfish

l'**écrivain** *m.* writer

éditer to publish

l'**édition** *f.* publication

éducatif (éducative) educational

l'**éducation** *f.* upbringing

l'**effectif** *m.* actual number

effectuer to perform, carry out, execute, accomplish; (*here*) to make

s'effectuer to be carried out (performed)

l'**effet** *m.* effect

à cet effet for that purpose

effet secondaire side effect(s)

en effet in (as a matter of) fact

efficace efficient; effective

s'efforcer to strive

s'efforcer de (+ *inf.*) to strive to

effronté fresh, nervy

égal à equal to

également also, too, as well

l'**égard** *m.* regard, respect
  à cet égard in that respect
  à l'égard de with regard to, toward
église: en l'église de in the church of (*formal*)
l'**élaboration** *f.* preparation
élaborer to prepare, develop
élargir to broaden
l'**électronique** *f.* electronics
élevé high; raised; loud
élever to raise, bring up
  élever un vin to bring out the qualities of (cultivate) a wine
s'élever to go up, rise
les **éloges** *f. pl.* praises
élu (*p. part.* of **élire**) elected
l'**émanation** *f.* manifestation; (*here*) official office
s'emballer to get carried away
l'**embarras** *m.* difficulty, trouble
  l'**embarras du choix** too much to choose from
l'**embauche** *m.* hiring
embêtant boring, annoying (*coll.*)
l'**émetteur** *m.* transmitter
l'**émincé** *m.* thin slice(s)
l'**émission** *f.* broadcast
l'**emmanchure** *f.* sleeve hole
empêcher to prevent
  empêcher quelqu'un de faire quelque chose to keep someone from doing something
empirer to get worse
l'**emplacement** *m.* holder, place
l'**emploi** *m.* use
  emploi du temps schedule
l'**employé** *m.* (l'**employée** *f.*) office worker
employer to use
l'**employeur** (**employeuse**) employer
emporter to take (carry) away
  à emporter to take out
  l'**emporter sur quelqu'un** (**quelque chose**) to have the upper hand over someone (something)
l'**emprunt** *m.* borrowing

emprunter to borrow
  emprunter une route to take (drive on) a road
en in, on, at
  en avance early
  en ce qui concerne concerning
  en connaisseur like a connoisseur
  en effet in (as a matter of) fact
  en face opposite, from the opposite direction
  en gros approximately
  en or made of gold, golden
  en retard late
enchaîner to go on, continue (*in a conversation*)
en-deçà de on this side of; well within
endosser to endorse (*a check*)
l'**endroit** *m.* place
l'**enfance** *f.* childhood; children
enfumer to cover (fill [the air]) with smoke, to smoke up
s'engager to commit oneself
l'**engin** *m.* device
s'enivrer to get drunk
l'**enjeu** *m.* stake
enjoué cheerful
l'**enneigement** *m.* snow conditions
les **ennuis** *m. pl.* trouble(s)
  ennuyeux (**ennuyeuse**) boring
énoncer to state, express
l'**enquête** *f.* survey
enraciné deeply rooted
l'**enregistrement** *m.* recording, taping
enregistrer to record, tape
s'enrhumer to catch a cold
enrhumé: être enrhumé to have a cold
l'**enrhumé** *m.* (l'**enrhumée** *f.*) person sick with a cold
enrichir to enrich
l'**enseignement** *m.* teaching, instruction
l'**ensemble** *m.* total, whole range (set); woman's suit
ensoleillé sunny
ensuite then, next, afterwards

l'**enterrement** *m.* burial
entier (**entière**) whole
  à part entière fully, completely
  dans le (du) monde entier (from) all over the world
  tout entier entire
l'**entourage** *m.* the people around one (you)
  à votre entourage around you
l'**entraînement** *m.* training
entraîner to entail, bring about, cause; to drag, lead over; to induce
  s'entraîner to train, be in training
entre between, among
l'**entrecôte** *f.* rib steak
l'**entrée** *f.* appetizer; entrance
entreprendre to undertake
l'**entreprise** *f.* firm, business
  entreprise publique de droit privé *government-owned firm governed by civil regulations*
entrer to enter
  entrer dans la réalité to become reality
  entrer dans les moeurs to become a custom (normal practice)
envahir to invade
environ approximately
environné de surrounded by
l'**environnement** *m.* environment
l'**envol** *m.* takeoff
épargner to save money (*put money away*)
épatant terrific
épeler to spell
l'**épice** *f.* spice
épicé spicy
l'**épouse** *f.* wife, spouse
l'**épouvante** *f.* terror, fright
l'**épreuve** *f.* test
éprouver to feel
l'**épuisement** *m.* exhaustion
épuiser to exhaust
  s'épuiser to get exhausted
l'**équilibre** *m.* balance
équilibré balanced, even
l'**équipe** *f.* team, staff
l'**équipement** *m.* equipping, outfitting, installation

équiper to equip, furnish
  équiper quelque chose de quelque chose to equip something with something
l'ère *f.* era, age
l'esclave *m. or f.* slave
  esclave du tabac slave to tobacco
les espèces *f. pl.* cash
l'espérance *f.* expectation
l'esprit *m.* mind
l'esquisse *f.* outline
l'essai *m.* attempt, try
l'essentiel *m.* most (the greater part) of
  essor: en plein essor on the rise
l'essoufflement *m.* breathlessness
  s'essouffler to get out of breath
  établi living, residing
  établir to establish
l'établissement *m.* establishment
  établissement scolaire school
l'étalement *m.* spreading out
l'étalon *m.* standard
  étant (*pres. part.* of **être**) being
l'État *m.* national government
l'état *m.* state, condition
  en état de in a state of
  état civil marital status
  état grippal flulike condition
  éteindre to put out (*fire, etc.*); to turn off
  éteindre le poste to turn off the set
  s'étendre to extend
l'étendue *f.* extent
  éternuer to sneeze
l'éthylotest *m. device for measuring the alcohol content of the blood via a breath test*
l'étiquette *f.* label, tag, ticket
  s'étonner de to be astonished by
l'étourderie *f.* carelessness; careless act
  étranger (étrangère) foreign
  à l'étranger abroad
  être to be
  être à (+ *inf.*) to be intended to be

l'être humain *m.* human being
l'étrille *f.* type of crab
  étroitement closely
l'éveil *m.* readiness
  classe d'éveil learning readiness class
l'événement *m.* event
  éventuel (éventuelle) possible
  éviter de (+ *inf.*) to avoid (*doing something*)
  évolutif (évolutive) progressive
  ex aequo (*Latin*) the same, at the same level
l'exception *f.* exception
  exception faite de with the exception of
l'excitant *m.* stimulant
l'excitation *f.* excitation, intense stimulation
  exclusivité: en exclusivité first run (*of movies*)
  exercer to carry out, perform; to be (engage in), practice (*profession*); to exert
  exigeant fastidious, fussy; demanding
l'exigence *f.* demand
  s'expliquer to be explained
l'exposé *m.* oral report, talk
  exposer to lay out, express, expound
l'exposition *f.* exposure
  exquis exquisite
l'extérieur *m.* outside
l'extrait *m.* excerpt

F

la fabrication manufacture
  fabriquer to manufacture
  fabuleux (fabuleuse) fabulous
  face à facing
  faciliter to make easier
les facilités *f. pl.* opportunities
la façon way, manner
  de façon préventive as a preventive measure
  de toute façon anyway
  d'une façon (+ *adj.*) in a (an) (*adj.*) way
  facultatif (facultative) optional
  fade tasteless

la faiblesse weakness
  faim: avoir une faim de loup to be as hungry as a bear (*lit.* wolf)
  faire to do; to make
  faire attention à (+ *noun*) to pay attention to, watch out for
  faire contrôler l'état de son coeur to have the condition of one's heart checked
  faire découvrir quelque chose à quelqu'un to have someone discover something, open someone's eyes to something
  faire entendre raison à quelqu'un to make someone listen to reason
  faire ses trente-neuf ans to look her 39 years
  Qu'est-ce qu'on peut y faire? What can we do about it?
  se faire to be done
  se faire sentir to make itself felt
le faire-part notification, announcement (*printed card*)
  fait: en fait in fact
  fallut: il fallut (*simple past of il faut*) (< **falloir**)
  familial family (*adj.*)
la famille nombreuse family with 3 or more children
  fastidieux (fastidieuse) tiresome, annoying
le fauteuil seat
  fauteuil roulant wheelchair
  faux: un faux numéro a wrong number
  favoriser to favor, promote
les féculents *m. pl.* starchy foods
la fée fairy
  félicitations: Toutes nos (mes) félicitations! Our (My) heartiest congratulations!
la femme woman
  bonne femme woman (*affectionate term*)
  femme de ménage cleaning woman
la fente opening, slit (*back of jacket*)
  fer: de fer iron (*adj.*)

fermer to close; to turn off
  fermer le poste to turn off the set
la fermeture zip zipper (*usually* **la fermeture éclair**)
ferroviaire rail (*adj.*)
la fête holiday
  fêter to celebrate
le feu traffic light; fire
  mettre plein feu sur to go full steam ahead with
le feuilleton serial (story)
la fève bean
la fiabilité reliability
les fiançailles *f. pl.* engagement, betrothal
la fiche technique credits (*film*)
le fichier file
  fidèle faithful
le (la) fidèle believer
la fiducie trust (*bank*)
  fièvre: avoir de la fièvre to have (a) fever
  figurer to appear
  se figurer to imagine
la filière course (path) of study
la fillette little girl
le film film, movie
  film d'épouvante horror film
  film muet silent film
  film parlant talking film
  film policier detective film
  fin fine
la fin end
  de fin d'études for graduation
  en fin de repas at the end of a meal
  fin de journée end of the day
  finir to finish
  ne pas finir de (+ *inf.*) to keep on (*doing something*)
la finition finishing
la fixation attachment
  fixer to set
  se fixer sur to concentrate on, attach itself to
le flamand Flemish (*language*)
  flâner to stroll
le fléau scourge, plague
  fleur: à fleur de terre on the surface of the ground
le fleuve river

le flingue weapon (*slang*)
la flore et la faune flora and fauna (*plants and animals*)
la flotte fleet
le foie liver
  foie gras pâté made from goose or duck liver
la fois time (*occasion*)
  à la fois at the same time
  des fois sometimes
le foisonnement expansion
la folie passion, fondness; extravagance
  fonder to found
  fondre to melt; (*here*) to come down
le football (foot) soccer
  footing: faire du footing to jog
la forêt forest
le forfait package deal
la formation professional training, schooling, education
la forme physical condition, fitness; form, aspect
  arriver au mieux de sa forme to reach one's peak physical condition
  être en forme to be in shape (keep fit)
  pour une bonne forme for keeping fit
  sous toutes ses formes in all its aspects
la formule format, plan; formula
  fort loud
  fortement heavily
  fortuit random
  fortuné fortunate
le foudre large cask
la fouille archeological dig; (*here*) depth
le foulard scarf (*silk*)
la foule crowd
la foulée stride
le four oven
  fournir to furnish, supply
  fournir quelque chose à quelqu'un to supply someone with something
le fournisseur provider
le foyer home, household; center
  foyer d'étudiants dorm
les frais *m. pl.* expenses, costs
  frais du voyage travel expenses

franchir to clear; to surmount
  franchir une étape to go a step further, break new ground
  francophone French-speaking
  freiner to brake; to check, stop
les freins *m. pl.* brakes
  freins assistés power brakes
  fréquemment frequently
les friandises *f. pl.* sweets
  frictionner to rub down
le frigo refrigerator (*coll.*)
les fringues *f.* clothes, "threads" (*slang*)
le frisson shiver
la friture fried food(s)
  froid: prendre froid to catch (a) cold
le fromage blanc mild, non-fermented cheese
le froment wheat
la frontière border
  fructueux (fructueuse) fruitful
le fruit fruit
  fruits de mer seafood
  fruits de saison fruits in season
  fuir to flee
la fumée smoke
le fumeur (la fumeuse) smoker

G

  gâcher to ruin, wreck
les gages *m. pl.* wages
  à gages hired, for wages
  gagnant winning, a winner
  gagner to win
  gagner du temps to save time
la galette des Rois cake eaten on Epiphany (*January 6*)
la gamme range
la garde guard; watch
  mettre en garde to warn
  prendre garde to be careful
  garder to guard; to keep, save
  garder la ligne to keep one's figure
  garder un enfant to watch (look after) a child

la **garderie** day-care center (*general term*)
le **gardien** (la **gardienne**) **de la paix** police officer
la **gare** railway station
garer to park
garer sa voiture to park one's car
la **gastronomie** gourmet cooking
le **gâteau** cake
gâteau de mariage wedding cake
géant giant
gelée: en gelée in aspic (*savory gelatin mold*)
gêner to hinder, bother, hamper
le **généraliste** family doctor
génétique genetic
le **genre** kind, type
la **gentillesse** kindness
géostationnaire in a fixed position above the earth
gérer to manage, administer
le **gésier** tripe (gizzard) of fowl (poultry)
la **gestion** management, business administration
le **gibier** game
le **gigot** leg of lamb
global total
le **globule** corpuscle
gonflé souped-up
le **goudron** tar
le **goût** taste
goûter to taste
les **gouttes** *f. pl.* drops
gouttes pour le nez nose drops
gouvernemental government (*adj.*)
grâce à thanks to
la **graisse** fat, grease
grade: au grade de to the rank of
le **gramme** gram (*approx. 1/26 of an ounce*)
grand large, big; great
le **grand magasin** department store
le **grand public** general public
le **Grand Rabbin** Chief Rabbi
les **grandes lignes** *f. pl.* intercity trains
le **graphique** graph, chart
le (la) **graphiste** graphic designer

la **grappe** cluster
gras (**grasse**) fat, fatty, rich (*adj.*)
le **gratte-ciel** (*pl.* **gratte-ciel**) skyscraper
gratuit free (*no charge*)
grave serious
grignoter to nibble (snack) on
la **grillade** broiled meat
la **grille horaire** schedule
grillé toasted
grippal having to do with the flu
la **grippe** flu
grossir to get fat
guérir to cure
le **guichet** ticket window
le **guide touristique** guidebook
gustatif (**gustative**) pertaining to the sense of taste
la **gymnastique** calisthenics
le **g.r.** (= la **grande randonnée**) long-distance hike

H

s'habiller de (+ *color*) to dress in
l'**habitat** *m.* living arrangements (conditions)
l'**habitude** *f.* habit
habituel (**habituelle**) habitual, usual
l'**haltérophilie** *f.* weight lifting
le **handicapé** (la **handicapée**) handicapped person
harmonieusement harmoniously
hasard: par hasard by any chance
la **hausse** increase
hausser to raise, increase
haut high
Haut les flingues! Up with your weapons!
haute couture high-fashion dressmaking
he! hey!
Hé, vous là-bas! Hey you! (*coll., impatient*)
l'**hebdomadaire** *m.* weekly (publication)
hebdomadaire weekly (*adj.*)
l'**hébergement** *m.* lodging
l'**heure** *f.* hour, time

à l'heure européenne in tune with Europe
heures de moindre affluence nonpeak hours
heurter to strike, run (bump) into
se heurter à to come up against
hilare laughing (*adj.*)
le **homard** lobster
homéopathe, homéopathique homeopathic
l'**honneur** *m.* honor
l'**horaire** *m.* timetable, schedule
hôtelier (**hôtelière**) pertaining to hotels
l'**huître** *f.* oyster
la **hutte** hut

I

ignorer to be ignorant (not to know) about
illimité unlimited
l'**immigré** *m.* (l'**immigrée** *f.*) immigrant
immodéré immoderate
immuable unchanging
immunitaire immune
impitoyable merciless
impliquer to implicate
importance: de toute importance of any size
importer to matter
n'importe où anywhere
n'importe quel(le)(s) any
imposer to impose
s'imposer avec acuité to make itself keenly felt
l'**imprimante** *f.* printer
l'**imprudence** *f.* indiscretion
imprudent unwise, foolhardy
l'**impureté** *f.* impurity
incitateur (**incitatrice**) encouraging, of inducements
inciter to incite, encourage
inciter quelqu'un à faire quelque chose to urge someone to do something
inclinable reclinable
l'**inclinaison** *f.* angle of inclination
l'**inconvénient** *m.* disadvantage
incroyablement incredibly

indemniser to compensate for damages
indépendant self-employed
les Indes f. pl. India
l'indice m. index
indien (indienne) Indian
indigeste hard to digest
indiqué indicated, recommended
l'indiscrétion f. indiscretion, revealing of confidential information
inégalable unequaled
l'infarctus m. heart attack
infléchir to bend, modify
l'informatique f. data processing, computer science
l'infusion f. herbal tea
l'ingénieur m. engineer
l'inhumation f. burial
l'initiation f. *elementary instruction in a subject or skill*
initier to introduce, give initial instruction
s'initier à quelque chose to begin to study something
inodore odorless
inquiétant upsetting
l'inquiétude f. worry
l'inscription f. registration
s'inscrire to enroll, register
inscrit enrolled
insérer to place (*newspaper ad*)
s'insérer to integrate oneself
l'insertion f. integration
insinuer to hint
l'inspecteur m. inspector; superintendent
inspecteur d'académie school-district superintendent
l'installation f. moving in
l'instant m. instant, moment
à tout instant at any moment
pour l'instant for the moment
instantanément instantly
instituer to institute
intégralement completely
intégré built-in
intention: à l'intention de intended for
l'interdiction f. prohibiting, forbidding

interdire to forbid
s'intéresser à to be interested in
les intérêts m. pl. interest
intérieur inside (*adj.*)
l'intérieur m. inside
à l'intérieur de within, inside (of)
d'intérieur at home, lounging
interne internal
interpeller to address (*someone*)
interpréter to perform
interrompre to interrupt
intituler to entitle
l'intoxication m. absorption of toxic substances, poisoning
l'intrigue f. plot
introduire to introduce, insert
invalidant disabling
investir to invest
l'invité m. (l'invitée f.) guest
l'irritabilité f. irritability
l'isolement m. isolation
isoler to isolate
ivre drunk
l'ivresse f. drunkenness
l'ivrogne m. (l'ivrognesse f.) drunkard

J

le jardin garden
jeter to throw
jeter un coup d'oeil sur to look (have a glance) at
se jeter dans to flow into
le jeu game
jeu de boules bowling
jeu de société board game
jeu d'enfant child's play
les jeunes mariés m. pl. the newlyweds
jogging: faire du jogging to jog
la joie joy
avoir la joie de (+ *inf.*) to be thrilled to
jongler to juggle
jouer to play; to act (out)
jouer aux boules to bowl
jouer bien (mal) to act well (badly)

jouer de (+ *instrument*) to play (an instrument)
se jouer sur le terrain de to be played on the field of
le joueur (la joueuse) player
jouir de (+ *noun*) to enjoy (*have the benefit of*)
le jour férié legal holiday, day off (*from work*)
le judaïsme Judaism
le jugement de valeur value judgment
juger to judge; to try (*a case in court*)
juif (juive) Jewish
les jumeaux m. pl. (les jumelles f. pl.) twins
la jupe skirt
le jus juice
jus de fruits fruit juice
jus de légumes vegetable juice
jusqu'à (ce que + *subjunctive*) until
juste fair

K

le kilométrage number of kilometers
klaxonner to honk (*car horn*)

L

la laine wool
laïque secular
laisser to leave
laisser en plan to leave in the middle (without finishing)
laisser le passage to yield (*traffic*)
le lait milk
la lampe de lecture reading lamp
le lancement launching
lancer to launch
se lancer à (+ *inf.*) to embark on, start to
se lancer dans (+ *noun*) to begin, jump into, take up (*an activity*)
les langues vivantes f. pl. modern languages

le **lardon** bacon bit

    la salade aux lardons salad with bacon bits

large wide, broad

    large d'esprit broad-minded

largement fully; by a lot

le **lauréat** (la **lauréate**) prize-winner

le **lavabo** sink, washbasin; washroom

le **lecteur de disquette** disk drive

la **lecture** reading

le **légume** vegetable

le **lendemain** next day

la **lenteur** slowness

    levée: la levée du corps aura lieu the funeral procession will leave

    liaison: en liaison avec in cooperation with

    libanais Lebanese

    libérer to free, liberate

la **liberté de mouvement** freedom of movement

la **licence** academic degree (*approximate equivalent of master's degree*)

    lien: en lien avec in cooperation with

    lier to bind, tie up

le **lieu** (*pl.* **lieux**) place

    avoir lieu to take place

la **ligne** line

    prendre la ligne to pick up (answer) the phone

    liquide: en liquide in cash

    lisse smooth

le **lit du d'sus** (= **dessus**) the bed (bunk) on top

le **litre** liquid measure (*1.2 quarts*)

    liturgique liturgical, pertaining to religious ritual

la **livraison** delivery

    livraison à domicile home delivery

    livrer to deliver

le **livret de banque** passbook

la **location** renting, rental

    à la location when you rent

le **local** (*pl.* **locaux**) place, site, premises

    locomoteur (**locomotrice**) pertaining to movement

la **locution** phrase

le **logement** lodging

se loger to lodge, stay

le **logiciel** software

la **loi** law

    loin: n'être pas loin d'arriver to be imminent

lointain distant

les **loisirs** *m. pl.* leisure time activities

    lombaire back (*adj.*)

    longer to run (go) alongside

la **longueur** length

    longueur d'onde wavelength

    lors de during, at the time of

    lors de la location when you rent

    lorsque when (*conj.*)

le **losange** diamond-shaped form

    louer to rent

    lourd heavy

    lucratif (**lucrative**) lucrative, profitable

la **lumière** light

    lumineux (**lumineuse**) electrically lit

    lutter to struggle, fight

M

machinalement mechanically

le **maelström** (*Dutch*) whirlpool

le **Maghreb** North Africa

    maghrébin North African

le **magistrat** magistrate, judge

le **magnétiseur** magnetizer

le **magnétophone** tape recorder

le **magnétoscope** videocassette recorder (VCR)

le **maillon** link (*chain*)

le **maillot de corps** undershirt

le **maintien** maintenance

le **maire** mayor

la **mairie** city hall, local government

    maison (*adj.*) made with special recipe of the chef

la **maison d'édition** publishing house

le **maître** master; conductor

    maître de stage work-study director

    rester maître de soi to remain in control of oneself

la **maîtrise** control, mastery; master's degree

    majorer to increase (*price*)

    malentendant hard of hearing (*medical term*)

la **malformation** deformity

le **malus** insurance premium surcharge

    malvoyant visually impaired

le **mal** harm; pain, ache

    avoir du mal à (+ *inf.*) to have difficulty (*doing something*), be hard to

    avoir mal à la tête (**à la gorge, aux reins**) to have a headache (sore throat, backache)

    avoir mal au coeur to be nauseated (nauseous)

    faire du mal à quelqu'un to harm (hurt) someone

la **manche** sleeve

    manche montée sleeve sewn at the shoulder

le **mandat** mandate

la **manière** way, manner

    ma manière à moi my own way

    manifester to show

    manipuler to manipulate, handle

la **manoeuvre** maneuver, move

    manquer to miss

    manquer de quelque chose to lack (not to have) something

    manquer son train to miss one's train

le **manteau** coat

    manuel (**manuelle**) pertaining to manual dexterity; manual, craft (*adj.*)

le **manuel scolaire** school textbook

la **marche** walking

le **marché** market

    faire son marché to do the food shopping (marketing)

    le marché boursier stock market

    marcher to work, function

la **marque** brand, trademark

    marque déposée registered trademark

marre: en avoir marre (de) to be fed up (with)

la **masque** diver's mask

le **massif** bed (*of flowers*)

la **mastication** chewing

mastiquer to chew (*usual term in speech:* **mâcher**)

le **match** sports meet; (*here*) contest

se matérialiser to appear, become real

le **matériel** equipment; hardware (*computer*)

matériel (de table) tableware

maternel (maternelle) nursery school (*adj.*)

la **maternité** maternity ward

matière: en matière de as regards, in matters of

la **maturité** maturity, ripeness

méchant mean, unkind

le **médicament** medicine

médico-éducatif *having staff specialized in teaching the handicapped*

même same

en même temps que at the same time that

faire de même to do likewise (the same thing)

la **mémoire** memory

mettre en mémoire to store in the memory (*of a computer*)

le **mémoire** report, thesis

le **ménage** couple (*husband and wife*)

faire bon ménage to go well together, get along

faire le ménage to do the housework

mener (je mène) to lead

mener à terme to carry out successfully

mener de pair profession et enfants to manage both one's profession and one's children at the same time

mener une enquête (un sondage) to take *or* conduct a survey (poll)

mener une vie to lead a life

le **mensuel** monthly (*publication*)

la **mentalité** outlook, mindset, way of thinking

la **menthe** mint, peppermint

la **mention** endorsement, qualification

le **menu** fixed-price meal

le **mérite** merit

merveille: faire merveille to work wonders

la **messagerie** electronic bulletin board

la **messe** mass

la **mesure** measure, gauge, standard

mesure de capacité liquid measure

mesures de rattrapage reverse discrimination measures

prendre des mesures to take steps

sur mesure made to order, tailor-made

la **météo** weather report(s)

la **méthode** method, course of study

le **métier** line of work, occupation, trade

le **mets** food, dish

mettre to put (on)

mettre du temps à (+ *inf.*) to take time to

mettre le poste to turn on the set

mettre quelqu'un en garde to warn someone

mettre un terme à (+ *noun*) to put an end to

meurtrir to bruise, damage

Mexico Mexico City

le **micro-ordinateur** microcomputer, personal computer

le **Midi** South of France

la **mie** soft inside of the bread (*opposite of crust*)

le **miel** honey

le **mieux** best (*adv.*)

le **milieu** environment, milieu, area, setting

au milieu de in the middle of

le **mille** mile

le **milliard** billion

le **millier** about a thousand

le **mimétisme social** imitating one's peers

miner to undermine

le **Mirage** *French warplane*

mis (*p. part. of* **mettre**) put

mis en bouteilles bottled

la **mise** putting, setting

mise en condition conditioning

mise en oeuvre implementation

mise en pots packing in jars

mise en service de (+ *noun*) opening, making available

la **misère** poverty

mixte for both boys and girls, coed

le **MLF (le Mouvement de la Libération de la Femme)** Women's Liberation Movement

la **mode** fashion

le **mode** kind, mode, method

la **modération** moderation, restraint

modéré moderate, middle

modérer to regulate

la **moëlle** marrow

moins less

de moins en moins (+ *adj.*) less and less

moins l'âge less your age

la **moitié** half

le **môme** kid, child (*coll.*)

moment: au moment de at the time of

le **monde** world; people

le **moniteur** coach; monitor (*computer*)

le **monopole** monopoly

avoir le monopole de (+ *noun*) to have a monopoly on

le **montant** sum

monter to mount; to act out

monter à cheval to ride horseback, go horseback riding

monter dans le train to get on the train

monter une campagne to mount (organize) a campaign

montréalais of Montreal

se moquer de not to care about

le **morceau** (*pl.* **morceaux**) piece, selection (*music*)

mortel (mortelle) fatal

la **mosquée** mosque

moteur (motrice) pertaining to movement, motor (*adj.*)

la **moto** motorcycle

se **moucher** to blow one's nose

le **mouchoir** handkerchief

la **mousse** whipped soufflé

moutonné fleecelike

le **mouvement** movement

le **moyen de transport** means of transportation

moyen (moyenne) average (*adj.*)

moyennant by means of

la **moyenne** average

en moyenne de (+ *number*) on an average of

les **moyens** *m. pl.* means

multi-fonctions multifunction (*adj.*)

muni: être muni de to be supplied with

la **muqueuse** mucous membrane

musulman Moslem

la **mutation** change, transformation

le **myocarde** heart muscle

la **myrtille** whortleberry (*European blueberry*)

N

la **nage** stroke, style of swimming

nage libre crawl (*also* le **crawl**)

nage papillon butterfly stroke

nager to swim

nager sur le dos to do the backstroke

la **naissance** birth

donner naissance à to give rise to

prendre naissance to originate

naisse *pres. subjunctive of* **naître**

la **natation** swimming

nature: de toute nature of all kinds

nature plain (*adj.*)

ne: ne + *verb* + **que** only

néerlandais Dutch

néfaste pernicious, harmful

nerveux (nerveuse) nervous

net (nette) clear

nettement clearly

le **nettoyage** cleaning

nier to deny

le **niveau** (*pl.* **niveaux**) level

niveau sonore sound level, volume

les **noces** *f. pl.* wedding

noces d'or golden wedding anniversary

nocif (nocive) harmful

la **nocivité** harmfulness

le **nombre** amount, number (*unit of counting*)

être au nombre de to number

nombreux (nombreuse) large (*of a family*); numerous

nommer to name, nominate

le **non-fumeur** (la **non-fumeuse**) nonsmoker

le (la) **non-scientifique** *person who has not majored in a scientific field*

notamment particularly

la **note** mark, grade

la **notice** note, account

se **nourrir** to nourish oneself

la **nouveauté** new release

nuire à (+ *noun*) to harm

la **nuisance** nuisance; harm

nuisance sonore sound nuisance

la **nuit** night

la nuit at night

la nuit des temps the mists of time

le **numéro** number (*in a series, such as a room number, phone number*)

le **nutriment** nutrient

nutritionnel (nutritionnelle) nutritional

O

obéir (à) to obey

obéir à quelqu'un au doigt et à l'oeil to obey someone blindly

l'**objectif** *m.* goal

obligatoire mandatory, obligatory

obtenir to get, obtain

obtenir le feu vert to get the green light (go ahead)

occasion: à l'occasion de on the occasion of

occasionner to cause

l'**occupation** *f.* occupation

l'occupation des toilettes whether or not the rest room is occupied

l'**oeuf** *m.* egg

oeuvre: mettre en oeuvre to implement

l'**office** *m.* religious service

offrir to give (*as a gift*)

olfactif (olfactive) pertaining to the sense of smell

l'**ombre** *f.* shade

l'**onde** *f.* wave

onde hertzienne type of electromagnetic wave

onéreux (onéreuse) costly

l'**opération** *f.* operation; transaction (*bank*)

l'**orchestre** *m.* orchestra

l'**ordinateur** *m.* computer

ordonner to order

oreille: faire la sourde oreille to turn a deaf ear

l'**organigramme** *m.* organization chart

s'**organiser** to be organized

l'**organisme** *m.* human body (frame)

l'**orientation** *f.* guidance

orienter to orient, direct, plan

orienter son action sur to direct its action towards

original unique, different

orthodoxe (Greek or Russian) Orthodox

l'**orthographe** *f.* spelling

oublier to forget

oublier de (+ *inf.*) to forget to

l'**ouïe** *f.* (sense of) hearing

l'**outil** *m.* tool

outre besides

d'outre-mer overseas (*adj.*)

en outre besides

l'**ouverture** *f.* overture

l'**ouvrier** *m.* (l'**ouvrière** *f.*) worker (*blue-collar*)

l'**oxyde de carbone** *m.* carbon monoxide

P

le **pain** bread
    pain au son bran bread
    pain brioché egg bread
    pain complet whole wheat bread
    pain de campagne round, rustic-style bread
    pain de mie soft-crusted bread (*like American white bread*)
    pain de seigle rye bread
le **palais** palate
la **palme** flipper (*diver's*)
la **panne** mechanical breakdown
le **panneau** road sign
le **pantalon** pants
    par by (means of), through
    par contre on the other hand
    par le bouche-à-oreille by word of mouth
    par séquence de in sequences of
    paraître to be issued (published)
    parcourir to travel up and down
le **parcours** route (*train, bus*); (life's) road
le **pardessus** overcoat
    pareil (pareille) similar
    parfois sometimes
le **pari** bet
le **parler** speech, dialect
    parler bas to speak softly
    parmi among
le **parrain** (la **parraine**) godfather (godmother)
la **part** share, part
    C'est de la part de qui? May I ask who's calling?
    de la part de by
    faire part de to inform (let know) about, announce (*an event*)
    partager to share
le **particulier** individual
    particulier (particulière) particular; individual, private
    en particulier especially, in particular
la **partie** part
    en partie partially

    faire partie (intégrante) de to be (an integral) part of
    partir to leave
    à partir de (starting) from; based on
    à partir de trois pièces with a minimum order of three pieces
    en partant de based on
    partir de zéro to start from scratch
    partir en vacances to go away on vacation
    partout everywhere
    partout ailleurs anywhere else
le **pas** step
    pas à pas step by step
le **passage** passing by
    passant passing
    passant de + *number* + **à** going from . . . to . . .
    passer to continue on through
    passer à (+ *noun*) to go on to
    passer son permis de conduire to take one's driving test, go for one's driver's license
    passer un coup de fil à quelqu'un to give someone a call
    passer un examen to take a test
    passer un film to show a film
    se passer de (+ *noun*) to do without something
la **passerelle** gangplank
    passionnant thrilling, very interesting
    passionné enthusiastic
le **passionné** (la **passionnée**) enthusiast
les **pâtes** *f. pl.* pasta, macaroni products
la **pâtisserie** pastry; pastry shop; pastry department
    pâtisserie à la crème cream pastry
le **pâturage** pasture land
    payant (*here*) extra charge
le **pays** country
    pays en voie de développement developing nation

la **peau** skin
la **pêche** fishing
    pêcher to fish
    pédagogique educational
le **pédalo** pedal boat
la **pédiatrie** pediatrics
la **pègre** underworld
la **peine** punishment, penalty
le **pèlerin** pilgrim
la **pelouse** lawn
    pénible painful; troublesome
    penser to think
    penser à quelque chose to think of something
la **pension complète** full board
le (la) **pensionnaire** resident (*of a school, institution*)
la **pente** slope
    être sur la bonne (mauvaise) pente to be on the right (wrong) track
    percevoir to perceive; to collect (*see* **téléphoner en PCV**)
le **perfectionnement** upper-level instruction
    perfectionner to improve
    se perfectionner en arabe to improve (make progress) in Arabic
    performant high-performance (*adj.*)
le **péril** danger, peril
la **période blanche (bleue)** nonpeak hours
la **périphérie** surrounding area
    permanence: en permanence at all times
    permettre to permit, allow
    permettre à quelqu'un de faire quelque chose to allow someone to do something
le **permis de conduire** driver's license
la **perspective** point of view, angle
    dans cette perspective with this aim in mind
la **perte** loss
    perte de poids weight loss
    perturber to disturb
    pétarader to backfire

petit small, little
>**le petit écran** TV
>**le petit-enfant** grandchild
>**le petit mot** note (*short letter*)
>**le petit trot** jogging
>**le petit zinc** café (*slang*)

peu: bien peu de (+ *noun*) very few

la peur bleue terrible fear

le phosphore phosphorus

la photothèque photo library

physique physical

pianoter to type, key in

le piéton (**la piétonne**) pedestrian

le pignon de pin pine nut

le pilier pillar

la piqûre injection

la piscine swimming pool

la piste track
>**piste cyclable** bicycle path

la place place, seat
>**à la place** at one's seat
>**place assise** seat
>**sur place** on location, on the spot; (*here*) once you're there

placer to place, put; to seat

plaindre to pity, feel sorry for
>**se plaindre de** (+ *noun*) to complain about

la plainte complaint

plaire: s'y plaire to like it there

le plaisir pleasure
>**avoir le plaisir de** (+ *inf.*) to be happy to
>**faire plaisir à quelqu'un** to be a pleasure (delight) for someone

le plan plan
>**laisser en plan** to leave in the middle (without finishing)
>**sur le plan** (+ *adj.*) from the (*adj.*) point of view
>**sur le plan de** (+ *noun*) from the point of view of

la planche à voile windsurfing

le plant sapling

la plante plant

la plaque de cuisson burner (*stove*)

plat flat

le plat dish (*food*)
>**faire tout un plat de** (+ *noun*) to make a fuss (do a big song and dance) about (*slang*)
>**plat de résistance** main course

le plateau de fromages assorted cheese platter

plein full
>**en pleine croissance** while they grow
>**plein (de quelque chose)** a lot, loads (of something) (*coll.*)

la pleine lune full moon

le plexus plexus (*a part of the body where there is an intertwining of blood vessels or nerves*)

la plongée deep-sea diving
>**plongée en apnée** snorkeling

plonger to dive

la plupart du/de la/des most (of)

plus more
>**en plus (de)** in addition (to)
>**le plus de** most
>**les plus de quarante ans** people over forty
>**ne . . . plus** no more, not . . . anymore
>**plus besoin de** (+ *inf.*) (you) don't need to . . . anymore

la pneumo-phtisiologie *diseases of the lungs, especially tuberculosis*

la poche pocket
>**poche ville** side pocket

le poids lourd big truck

le point point
>**être sur le point de faire quelque chose** to be about to do something
>**point de départ** point of departure, starting point
>**points de repère** guidelines

la pointe peak

pointer to point

la pointure shoe size

la poire pear

le poireau leek

le poisson fish

la poissonnerie fish store

la politique policy

le polyamide *a synthetic fabric*

polyglotte polyglot, in many languages

la pommade salve

le pommier apple tree

pomper to pump

le pompier fireman

la popot(t)e eating area (*coll.*)

populaire working-class (*adj.*); of the people, people's

le port wearing

la portée range

porter to carry
>**porter aux nues** to praise to the skies
>**porter bonheur** to bring good luck
>**se porter à gauche** to proceed to the left

poser to place, put down
>**poser les bases** to lay the foundation
>**poser un problème** to present a problem

posséder to possess

postérieur à subsequent to, following

post-cure: en post-cure after treatment

le poumon lung
>**à pleins poumons** with deep breaths; (*here*) fully

pourcentage: le pourcentage sur l'ensemble the percentage of the total

pourtant however

poussiéreux (poussiéreuse) powdery

le pouvoir power
>**les pouvoirs publics** the authorities

le praticien (**la praticienne**) practitioner

pratiquant religious, observant

pratique practical

la pratique observance; practice; use (*of a language*)

pratiquer to do, perform; to engage in, play (*a sport*)

préavis: avec préavis person-to-person

précédent preceding, one before

préciser to specify, be precise

préconiser to advocate
prédilection: avec prédilection by preference
pré-élémentaire preschool (*adj.*)
préemballer to prepackage
préjudiciable harmful
prendre to take
  prendre à la légère to take lightly
  prendre congé de quelqu'un to say good-bye to someone
  prendre des billets to buy tickets
  prendre des mesures to take steps
  prendre parti to take a position
  s'y prendre to go about it
préoccuper to worry
préparer à to lead up to
la **prérogative** prerogative, privilege
près near, close
  de près closely
  près de (*here*) almost, close to
présence: en présence de in the presence of
présenter to present; to introduce
  présenter ses meilleurs voeux de to offer one's best wishes for
  se présenter au permis de conduire to go for one's driver's license, take one's driving test
  se présenter devant le juge to appear in court (before the judge)
présidence: sous la présidence de under the chairmanship of
la **pression** pressure
  pression artérielle blood pressure
prestigieux (prestigieuse) prestigious
prétendre to claim
le **prêt-à-porter** ready-to-wear clothes
  prêter attention à to pay attention to
prévenir to warn, alert; to prevent

prévu (*p. part. of* **prévoir**) foreseen; thought out in advance
prier to pray (to); to ask, request
  prier quelqu'un de faire quelque chose to request (ask) someone to do something
la **prière** prayer
la **prime** insurance premium
primordial fundamental
le **principe** principle; constituent (*chem.*)
prioritaire having priority
prirent *simple past of* **prendre**
la **prise** taking, capture
  prise de ligne answering (*on phone*)
  prise de poids weight gain
  prise de sang blood test
  prises de vue shooting (*film*)
privilégié privileged
le **prix** price
  au prix de at the cost of
  au prix de 3 F pièce at a price of 3 francs each
  prix conseillé suggested price
le (la) **pro** professional (*slang*)
le **problème** problem
proche nearby (*adj.*)
  proche de near, close to
les **proches** *m. pl.* relatives
le **prodige** prodigy, genius
produire to produce
les **produits laitiers** *m. pl.* dairy products
la **profession de foi** communion
professionnel (professionnelle) professional, vocational
profit: au profit de for the benefit of
profiter de (+ *noun*) to take advantage of
profond deep, hidden
le **progiciel** software package
la **programmation** programming (*computer, etc.*)
le **programme de cinéma** movie listing
le **programmeur (la programmeuse)** (computer) programmer

les **progrès** *m. pl.* progress
  progresser to progress; to increase
progressif (progressive) progressive, gradual
promouvoir to promote
promu (*p. part. of* **promouvoir**) promoted
prôner to praise, extol
le **prophète** prophet
  être prophète en son pays to be listened to even in one's own country
proposer to propose, suggest, offer
propre (of) one's own
la **propriété** property
la **prospection** canvassing
  se prosterner to prostrate oneself
la **protéine** protein
la **provenance** origin
  provenant de coming from
  provençale: à la provençale with garlic and tomatoes
la **province** the provinces (*the part of a country outside the capital*)
le **proviseur** principal (*school*)
  provoquer to provoke, produce
prudent careful
la **psyché** (*Greek*) soul
les **P.T.T.** *f. pl.* Postes, Télégraphes et Téléphones (*French Post Office*)
  publicitaire advertising (*adj.*)
la **publicité** advertising
la **puéricultrice** nurse trained in child care
  puis then, next
  puiser dans to draw from
la **puissance** power
  puissant powerful
le **pull** sweater
la **pulsation** beat (*heart, pulse*)

Q

le **quai** platform
  qualifiant degree-granting (*adj.*)
le **quart de litre** quarter-liter (*approx. 10 ounces*)
le **quartier** neighborhood

que that; whether

    que ce soit whether it (may) be

quel: quel(le)(s) + que + *subjunctive of* **être +** *noun* whatever + *noun* + may be (**Quelle que soit votre forme physique . . .** Whatever your physical condition may be . . .)

    quelque peu somewhat

la **queue** tail; line (*of people waiting, etc.*)

    faire la queue to stand in line

la **quinzaine** about fifteen

quittez: Ne quittez pas. Hold on. (*on phone*)

quoi what

    Quoi d'autre? What else?

quotidien (quotidienne) daily

R

le **rabais** discount

le **rabat** flap

rabattable that can be pulled down

le **rabbinat** rabbinate

raccorder to hook up

la **racine** root

le **radeau** raft

la **radiochimie** radiochemistry (*the branch of chemistry dealing with radioactive phenomena*)

raffiné refined

raffoler de to be crazy about

le **raifort** horseradish

la **raison** reason, right

    à raison de at a rate of

    en raison de on account of

raisonnable sensible

rajouter to add

(se) ralentir to slow down

la **rame** group of railway cars

ramener to bring back, drive someone (something) back

la **randonnée** hike

le **rang** row, rank

    dans les rangs in the ranks

le **rangement** storage space

ranger to put away

rapide: rapide d'action fast-acting

le **rappel** calling back

    rappel à Dieu passing (away), death

rappeler to call back; to recall; to remind

le(s) **rapport(s)** relationship

rapporter to bring back; to yield

    rapporter des intérêts de 7% to bear 7% interest

    se rapporter à (+ *noun*) to refer to

se rassasier to eat one's fill, gorge oneself

se rassembler to gather together

rassis stale

rater to fail (*test*)

rattaché linked

ravi delighted

    être ravi de to be delighted with

ravissant delightful, lovely

rayer to cross out

le **rayon** department, section

le **rayonnement** radiation

réalisable doable, feasible, achievable

le **réalisateur (la réalisatrice)** director

la **réalisation** carrying out, achieving, realization

réaliser to carry out; to direct

réalité: en réalité in reality, in fact, actually

la **recette de cuisine** cooking recipe

recharger to recharge

la **recherche** looking for, search; research

rechercher to seek

le **récit** story, narration

le **récoltant** owner (*who harvests his own crop*); grower

recommencer to start again

    Tout est à recommencer. Eveything has to be begun again.

récompenser to reward

recomposer to redial (*phone number*)

la **reconnaissance** recognition

reconnaître (*here*) to admit

reconnu (*p. part. of* **reconnaître**) recognized

    reconnu d'utilité publique working in the public interest, tax-exempt

le **recours** recourse

    avoir recours à to resort to

recouvrir to cover

récrire to rewrite

le **recrutement** recruitment

rédiger to draw up, draft; to write, compose

redoubler to repeat a year at school

    redoubler de vigilance to be even more watchful

le **redressement** straightening out, setting right again

réduire to reduce

rééquilibrer to restore the balance of

réfléchir to think

le **réfugié (la réfugiée)** refugee

la **régénération cellulaire** building new cells

le **régime** diet (*followed for a specific purpose*)

régir to govern

le **régisseur** stage manager

la **règle** rule

regrouper to group together

rehausser to raise

la **réinsertion** reintegration

la **relation** relationship

le **relevé (de compte)** statement

le **relief** relief (*projection*)

    mettre en relief to emphasize

relier to connect, link

remarquer to notice, remark

le **remède miracle** miracle cure

remettre to put back

    remettre à l'honneur to restore to an honorable position

    remettre au goût du jour to make fashionable again

la **remise** payment, remittance

remonter à to go (date) back to

remplir to fill out

la **rencontre** meeting

à la rencontre de meeting; let's meet

le **rendement** output, efficiency, productivity

rendre to return, give back

rendre des services to be useful

rendre quelque chose (+ *adj.*) to make something (*adj.*) (**Ça rend votre billet valable.** That makes your ticket valid.)

se rendre à (**en**) to go to (*formal style*)

se rendre compte (+ **de** + *noun*)/(+ **que** + *clause*) to realize

se rendre sourd to make oneself (get) deaf

renoncer to give up, renounce

renouveler to renew, replace

renouveler une flotte de voitures to overhaul a fleet of cars, replace defective cars in a fleet

se renouveler to renew, replace itself

les **renseignements** *m. pl.* information

renseigner to inform

se renseigner sur to get information about

le **rentier** (la **rentière**) person of independent means

renvoyer à to refer to

se répandre to spread

répandu widespread

répartir to allocate, distribute

répartir quelque chose sur X semaines to distribute something over X weeks

la **répartition** distribution

le **repas d'affaires** business meal

repérer to locate, find

le **répertoire** alphabetical listing

la **répétition** rehearsal

répondre to answer

répondre aux besoins to meet the needs

le **reportage** documentary

reprendre to resume

reprendre sa place to get back to one's place

représenter to represent; to perform

la **reprise** revival

le **réseau** (*pl.* **réseaux**) network

réserver to reserve

réserver un plaisir à quelqu'un to have a treat in store for someone

la **résistance** stamina, endurance, staying power

résistant tough, strong

résoudre to solve

la **respiration** breathing

respirer to breathe

responsable de responsible for

le (la) **responsable** person in charge

les **ressources** *f. pl.* funds, resources, means

la **restauration** food services

rester to remain, stay; to be left

il ne vous restera plus qu'à (+ *inf.*) all that remains for you to do is

rester à la charge de to remain the responsibility of

rester au lit to stay in bed

la **restitution** returning

le **rétablissement** recovery

retenir (*conj. like* **tenir**) (*here*) to keep in mind

retirer to withdraw (*money*)

rétorquer to retort, reply

le **retour** return; return key (*computer*)

au retour du travail when returning home from work

retrait: faire un retrait to make a withdrawal

la **retraite** retirement

se retrouver to meet again

réussir (**à**) to succeed (in)

la **réussite** success

revanche: en revanche on the other hand

le **rêve** dream

réveiller to awaken

le **revendeur** (la **revendeuse**) retailer

revendicatif (**revendicative**) that demands one's rights

la **revendication** demand for change

revendiquer to demand

revenir (*conj. like* **venir**) to come back, return; (*here*) to cost, come out to (*a price*)

revenir en arrière to go back

rêver to dream; to daydream

revêtir to put (take) on; to assume

revêtir une importance particulière to take on a special importance

revêtu (*p. part.* of **revêtir**) coated

la **révision** review

le **rhume** cold (*illness*)

le **ricanement** snicker

le **risque** risk

à leurs risques et périls at their own risk

risquer to risk

risquer de faire quelque chose to risk doing something

le **rognon** kidney

le **ronflement** roar, roaring (*motor*)

le **roquefort** fermented sheep's milk cheese

la **roue** wheel

rouler to ride; to roll (over); to travel

routier (**routière**) of the road

la **rubrique** section (*book, newspaper*)

le **rythme** rhythm

rythme cardiaque heart rate

rythme d'assimilation rate (speed) of digestion

S

le **sabayon** sweet sauce

le **sac** bag, handbag

sac de couchage sleeping bag

sain healthy

le **salarié** (la **salariée**) wage earner, salaried worker

salé salty

le **salon** reception hall
sans without
  sans précédent unprecedented
la **santé** health
le **sapin** fir tree
satirique satirical
satisfaire to satisfy
sauf except
  sauf indication contraire unless otherwise posted
le **saumon** salmon
sauver to save
la **saveur** taste
savoureux (savoureuse) delicious
les **sciences humaines** *f. pl.* social sciences
scolaire school (*adj.*)
la **scolarité** schooling
la **séance** performance, showing; session
la **sécheresse** drought
secouer to shake
le **secours** help
la **sécurité** security, safety
  en toute sécurité when it's absolutely safe (to)
  pour votre parfaite sécurité for your total safety
  sécurité sociale *French national health insurance*
le **seigle** rye
seize: les 16–25 ans *m. pl.* people 16–25 years old
le **séjour** stay
le **sel** salt
sélectionner to select, choose
selon according to
semblable similar
la **semelle** sole (*shoe*)
le **séminaire** conference, convention
sensibiliser to sensitize
sensible sensitive
sensiblement noticeably
sensoriel (sensorielle) of the senses
sept seven
  sept jours sur sept seven days out of seven, any day of the week
la **série** series
serrer to press; to grip
  serrer à droite to keep as far right as possible, stay to the right

le **service** service (charge)
  de service public government-run
  mettre en service to inaugurate
  mettre quelque chose au service de quelqu'un to offer a service to someone
  service en salle serving at tables; being a waiter (waitress)
  services publics public sector (*employed by the government*)
servir to serve
  servir à to be used for
  servir de (+ *noun*) to serve (be used) as (a)
  se servir de (+ *noun*) to use
sévir to be severe; to rage
le **siège** seat
le **sigle** (set of) initials
signaler to report
la **signalisation** traffic signal (sign)
le **signe** gesture, sign
le **silence** silence, pause
la **simplicité** simplicity
  être d'une grande simplicité to be very simple
le **simulateur de vol** flight simulator
le **sinistre** disaster
le **sinistré (la sinistrée)** disaster victim
sinon if no(t), or else
sinuer to wind (*of a road; rare*)
la **sinusite** sinus attack
le **site** place, location
la **situation** situation; location
situé located
se situer to be situated
le **ski nautique** waterskiing
le **slip** briefs; panties
la **société** society; company
la **soie** silk
soigné careful
soigner to care for, treat (*an illness*)
  se soigner to take care of oneself
le **soin** care
  avec nos meilleurs soins with the utmost care
la **soirée** evening party
soit or, in other words, that is

les **soldes** *m. pl.* clearance sale
solliciter to push (*by physical effort*)
le **soma** (*Greek*) body
la **somme** sum
le **sommeil** sleep
  donner sommeil (à quelqu'un) to make (someone) sleepy
somptueux (somptueuse) sumptuous
le **son** bran; sound
  son et lumière sound and light show
le **sondage** poll
le **sondeur (la sondeuse)** pollster
la **sono** sound system
le **sonorisateur (la sonorisatrice)** sound technician
la **sortie** (*here*) excursion, expedition
le **souci** care, worry
  se soucier de to be concerned about
  soucieux (soucieuse) de concerned about
la **soucoupe** saucer
le **souffle** breath
souffler to prompt (*theater*)
le **souhait** wish
souhaitable desirable
souhaité wished for
souhaiter to wish; to hope
soûl drunk (*coll.*)
le **soûlard (la soûlarde)** drunkard (*coll.*)
se soûler to get drunk (*coll.*)
souligner to underline, stress, emphasize
soumis subjected
le **souper** late-night supper
la **source** spring (*water*); source
  source sonore sound source
sourd deaf
la **souris** mouse
sournois sly, sneaky, deceitful
sous under
  sous vos yeux before your eyes
le **sous-développement** underdevelopment
sous-marin undersea
soutenir to support, uphold
soutenu lofty, dignified

le **soutien-gorge** brassiere
le **sport** sport(s)
le **sportif** (la **sportive**) athlete
  sportif (**sportive**) having to
    do with sports; athletic
  se stabiliser to be stabilized
le **stage** practical-training
    (work-study) program,
    practical experience
le **steack de gigot** lamb steak
le **steak-frites** steak and
    French fries
la **sténo-dactylo** shorthand
    and typing
la **structure d'accueil** ways of
    receiving, lodging
  subi undergone
la **succursale** branch (*of busi-
    ness*)
  sucré sugary
  suffire to be enough
    Ça suffit! That's enough!
    il vous suffit de (+ *inf.*)
      all you have to do is
  suffisamment enough
  suffisant sufficient
  suggérer to suggest
la **Suisse romande** French-
    speaking Switzerland
la **suite** continuation; con-
    tinue (*computer key*)
  à la suite de following
  suivant following, accord-
    ing to
  suivre to take (*a course,
    class*); to follow
    **suivre un programme de
      TV** to watch a TV
      show
le **sujet** topic
la **sujétion** subservience
  supérieur university-level
    supérieur à higher than
le **supplément** additional
    price; supplement
  supportable bearable
  supporter to tolerate, bear
la **suppression** elimination,
    canceling
  supprimer to eliminate
  sur on, out of (*in propor-
    tions, percentages*); in (*a
    photo, etc.*)
  sur place at your location
  sur rendez-vous by
    appointment
  sûr sure, safe
    être sûr de (+ *inf.*) to be
      sure of (*doing something*)

  se sentir sûr de soi to
    feel sure of oneself
la **surdité** deafness
  surgelé frozen
  surgir to arise
  surprendre to surprise
la **surprise-partie** party
  surveiller to watch (over)
  survenir to happen
  survoler to fly over
  susciter to call for, initiate
le **syndicat** union (*labor*)
le **synthé** synthesizer

T

le **T.G.V.** (**Train à Grande
    Vitesse**) *French high-speed
    train*
  tabac: faire un tabac to be a
    huge success (*slang*)
le **tabagisme** tobacco addic-
    tion, (habit of) smoking
la **table** (*here*) tablet (*slab*)
le **tableau** information board
la **tablette** tray table
  tâcher (**de**) to try (to)
la **taille** size; clothing size;
    waist
le **talon** check stub; heel
  tandis que while, whereas
  tant . . . que . . . both . . .
    and . . .
  taper to type
le **tapis** rug, carpet
  tapis de prière prayer
    mat
  tapis roulant conveyor
    belt
  tapisser to carpet; (*here*) to
    line
le **tarif** rate
  tarif réduit (**T.R.**)
    reduced ticket price
  tarif unique one price for
    all
la **tartine** French bread and
    butter
  tartiner to butter
le **taux** rate
(le) **technico-commercial** com-
    mercial applications of
    technology
la **technique** technology
  tel (**telle, tels, telles**) such
    tel que such as
    tel quel as it is

la **télécommande** remote con-
    trol
le **téléfilm** made-for-TV film
la **télématique** communica-
    tion by computer
  téléphoner to (tele)phone
    téléphoner en PCV to
      call collect
  téléphonique phone (*adj.*)
le **téléspectateur** (la **téléspec-
    tatrice**) viewer
  télé-vidéo of TV and VCR
le **téléviseur** TV set
le **temple** Protestant church
le **temps mort** wasted (dead)
    time
la **tendinite** tendinitis
  tendre to stretch out
  tenir to last; to hold
    bien tenir l'alcool to
      hold one's liquor well
    **tenir compte de quelque
      chose** to keep some-
      thing in mind
la **tension** (**artérielle**) blood
    pressure
la **tentative** attempt
la **tente** tent
la **tenue** dress, way of dress-
    ing
la **terminale** last year of lycée
la **terrasse** *outdoor section of a
    café*
la **terre** earth
    mettre en terre to plant
la **terrine** stewpot
  t'es = tu es (*coll.*)
  tête: à la tête de at the top
    of
le **thé à la menthe** pepper-
    mint tea
la **thérapie** therapy, treat-
    ment
  thermal thermal, pertain-
    ing to hot springs
le **thermalisme** *system of cures
    using mineral water baths*
  thoracique chest (*adj.*)
  tiède lukewarm, with the
    chill out
  tirer to pull, draw, throw;
    to make out (*a check*)
    tirer au sort to draw lots
    tirer les Rois to divide
      up the **galette des Rois**
    tirer son origine de to
      originate in
le **tireur** (la **tireuse**) person
    who makes out a check

tisser to weave

le **tissu** tissue, fabric, material

le **titre** title

    à titre temporaire temporarily

le (la) **titulaire** holder

les **toilettes** *f. pl.* rest room, toilet

    tomber to fall

    Ça tombe bien. It comes at the right time.

    faire tomber to knock down

le **tonus** muscle tone

    torchon: le torchon brûle chez eux they are having a domestic squabble

    tôt early

la **totalité** whole, entirety

la **touche** key (*of a keyboard*)

    toucher (*here*) to affect; to cash (*a check*)

    tour à tour taking turns

le **tourisme** tourism

    tourisme de masse mass tourism

    tourisme social trips for working-class people

    touristique tourist (*adj.*)

la **tournée** work-study tour

    tourner to turn

    tourner un film to shoot a film

    tous (*pronoun*) everyone

    tousser to cough

    tout all, everything

    tout à fait quite

    tout comme just like

    tout droit straight, directly

    tout en (+ *pres. part.*) while, by (*doing something*)

    tout fait (toute faite) ready made

    tout genre all kinds

la **toux** cough

la **toxicité** toxic elements

la **toxicomanie** drug addiction (abuse)

    tracer to trace, draw

    trafiquer to doctor up

    train: être en train de (+ *inf.*) to be in the process of (*doing something*)

    traîner to drag

le **trait** characteristic

le **traitement** treatment, processing

traitement de texte word processing

traitement d'informations information processing

    traiter to treat; to deal

    traiter avec to deal with (*commercial*)

le **traiteur** caterer

le **trajet** trip, drive

la **tranche** slice

    tranche d'âge age group

    tranquillement leisurely

    se transformer en to change (be transformed) into, become

les **transports** *m. pl.* transportation

    travailler to work

    travailler à plein temps (à temps partiel) to work full-time (part-time)

le **travailleur** (la **travailleuse**) worker

    traverser to cross (*street, etc.*)

le **tribunal correctionnel** police court (*a lower court*)

le **troisième** (3ᵉ) **âge** old age

    tromper to deceive

    se tromper to make a mistake

    se tromper de numéro to dial the wrong number

le **trot** trot

    (aller) au petit trot (to go) at a jog, jogging

    trotter to trot; to run around

    trotter dans la tête à quelqu'un to run through someone's head (*said of an idea*)

    trottiner to trot

le **trottoir** sidewalk

    troubler to disturb

le **troupeau** herd

le **truc** thing (*slang*)

le **tuba** snorkel

le **tué** (la **tuée**) fatality

    tuer to kill

le **tueur** (la **tueuse**) killer

U

    unanime unanimous

l'**unité** *f.* unit

    unité de base basic unit

unité de formation et de recherche university department

    universitaire university (*adj.*)

l'**urgence** *f.* emergency

l'**usage** *m.* use

l'**usager** *m.* (l'**usagère** *f.*) user (*of the phone, road, etc.*)

l'**usine** *f.* factory

    d'usine mass-produced

    usité commonly used

    utile useful

    utiliser to use

V

les **vacances** *f. pl.* vacation

le **vacancier** (la **vacancière**) vacationer

le **vacarme** racket

    vaincre to conquer

    valable valid

    valide nonhandicapped

    valoir to be worth

    valoir de l'or to be worth gold

    se valoir to be the same as each other

    vanter to praise, extol

la **vaporisation** spraying

    faire une ou deux vaporisations dans le nez to spray once or twice in one's nose

les **variétés** *f. pl.* variety show, review

    vedette: en vedette featuring

la **veille** day before, evening before

    veiller to watch over

    veiller à (+ *noun*) to see to, take care of

le **vélo** bicycle (*coll.*)

la **vente** sale

    en vente on sale

le **ventre** stomach

    vérifier to check

    véritable real, true

le **verre** glass; drink (*alcoholic*)

    prendre un verre to have a drink

    vers toward(s)

le **versement** payment, remittance, deposit

    faire un versement to make a deposit

verser to pay, remit
vertébral pertaining to the spine
le **vertige** vertigo, dizziness
être pris de vertige to get dizzy
la **vessie** bladder
la **veste** sport jacket
veste en laine woolen jacket
veuillez (+ *inf.*) please, kindly (*written language*)
la **veuve** widow
la **viande** meat
vibrer to vibrate
le **vide** void
la **vidéographie** screen graphics
le **vidéotex** *long-distance communication via computers*
la **vie** life
vie sociale life among people
la **vieillesse** old age
vieillir to grow old, age
la **viennoiserie** sweet roll
la **vigilance** alertness
la **vigne** vine
le **village de vacances** group of summer homes
le **vin** wine
«**À bon vin, point d'enseigne.**» "Good things are their own recommendation." (*For a good wine, no [need of a] sign.*)
le **virement** *transfer of funds from one account to another*
la **virtuosité** talent, skill

viser to aim (at)
viser à (+ *inf.*) to aim at (*doing something*)
le **vison** mink
vis-à-vis de with regard to, compared with
vit *simple past of* **voir**
vital vital, life (*adj.*)
la **vitesse** speed
vitesse maximale speed limit
vitesse minimale minimum speed
viticole wine-growing
la **vitrine** shop window; showcase
la **vivacité** liveliness
vivement keenly, eagerly
vivement recommandé highly recommended
les **voeux** *m. pl.* (good) wishes
la **voie** lane (*road*); way, route, path, track
en voie de développement developing
voie ferrée railroad tracks
le **voilier** sailboat
voire even
le **voisin** (la **voisine**) neighbor
la **voiture** car (*auto*); passenger car (*train*)
En voiture! All aboard!
voiture de tourisme private car
la **voix** voice
le **vol** flight
vol affrété charter flight
vol intérieur domestic flight
la **volaille** fowl, poultry

le **volant** (steering) wheel
l'alcool au volant drinking and driving (*lit.* alcohol at the wheel)
prendre le volant to take the wheel
volant marque-place reservation card holder (*on back of seat*)
voler to fly
le **volet** flap
la **volonté** will (*volition*)
vous-même you yourself
le **voyant** signal
la **vue** view
en vue de with a view to
vue imprenable unobstructed view

W

le **wagon** railway car

Y

y (*here*) about it
y compris including
le **yaourt** yogurt
yeux: aux yeux de in the eyes of

Z

le **zeste** slice of orange or lemon peel; (*here*) slice, piece
la **zone de vacances** vacation area